权威·前沿·原创

皮书系列为
"十二五"国家重点图书出版规划项目

中国社会科学院创新工程学术出版资助项目

文学蓝皮书

BLUE BOOK OF CHINA'S LITERATURE

中国文情报告
（2015~2016）

ANNUAL REPORT ON CHINA'S LITERATURE
(2015-2016)

主编/白 烨

社会科学文献出版社
SOCIAL SCIENCES ACADEMIC PRESS (CHINA)

图书在版编目(CIP)数据

中国文情报告.2015~2016/白烨主编.—北京：社会科学文献出版社，2016.5
（文学蓝皮书）
ISBN 978-7-5097-9005-2

Ⅰ.①中… Ⅱ.①白… Ⅲ.①中国文学-当代文学-研究报告-2015~2016 Ⅳ.①I206.7

中国版本图书馆 CIP 数据核字（2016）第 070242 号

文学蓝皮书
中国文情报告（2015~2016）

主　　编／白　烨

出 版 人／谢寿光
项目统筹／宋月华　张倩郚
责任编辑／张倩郚

出　　版／社会科学文献出版社·人文分社（010）59367215
　　　　　地址：北京市北三环中路甲29号院华龙大厦　邮编：100029
　　　　　网址：www.ssap.com.cn
发　　行／市场营销中心（010）59367081　59367018
印　　装／北京季蜂印刷有限公司
规　　格／开本：787mm×1092mm　1/16
　　　　　印张：17.5　字数：233千字
版　　次／2016年5月第1版　2016年5月第1次印刷
书　　号／ISBN 978-7-5097-9005-2
定　　价／49.00元

皮书序列号／B-2011-194

本书如有印装质量问题，请与读者服务中心（010-59367028）联系

▲ 版权所有 翻印必究

《文学蓝皮书》编委会

主　编　白　烨

编　委　何向阳　贺绍俊　陈福民　李朝全　李兆忠
　　　　王　冰　马　季　陶庆梅　周　瓒　孟繁华

秘　书　刘　卓

内容提要

《中国文情报告》为目前国内唯一一本有关年度文学现状的宏观考察报告,课题组成员由中国社会科学院文学研究所和中国作家协会各有专长的文学专家联合组成。出自他们之手的这份年度报告,具有丰盈的信息量和显著的前瞻性。在文化环境日益繁复,文学自身不断变异的情况之下,本书实为文坛内外人士查考年度文情所必备,概要了解文学与文坛所必读。

《中国文情报告》(2015~2016),设长篇小说、中篇小说、短篇小说、纪实文学、散文、诗歌、戏剧、网络文学、理论批评9个专题,分门别类地对年度的文学创作、文学现象、文学论争与文学事件等,进行了全面的梳理与概要的描述。翔实的文坛资讯,精到的学术提炼,尤其是对一些焦点性现象与倾向性问题的捕捉与评说,突出地显示了年度文学的客观走向、基本风貌,及其发展演进中的主要特点与存在的主要问题。

Abstract

2015 Report of Chinese Literature is the only one annual macroscopic observation on Chinese literary developments, written by experts and scholars from Chinese Academy of Social Sciences and Chinese Writers Association. This Report is well – known for its richness of information and significant prospection on the backdrop of the more and more complicated literary environment and prosperous developments, which would be a must – have reference book for researchers and amateurs.

*2015 Report of Chinese Literature*has is designed for nine sections: novel, novella, short story, nonfiction, prose, poem, drama, internet literature, literary theory and criticism, as well as voices of annual literature, and carried out a sophisticated analysis and general description on the literary works, phenomena, discussions and events. Featuring on abundant information, expert analysis, insightful comments focal points and trends, this report attempts to grasp and demonstrate the objective tendencies, basic frameworks, and major characteristics and problems in the trajectory of literary development.

目 录

B.1 总报告 …………………………………………………… 001
  一 年度大事与大势 ……………………………………… 002
  二 值得关注的动向 ……………………………………… 006
  三 问题举要与简析 ……………………………………… 011

B.2 长篇小说：现实人生的多点透视 ……………………… 017
  一 小人物命运的独到勾陈 ……………………………… 018
  二 反腐题旨的多点深化 ………………………………… 021
  三 情感疲态的深度审视 ………………………………… 023
  四 乡土现实的内蕴拓展 ………………………………… 026
  五 抗战题材的艺术刷新 ………………………………… 029

B.3 中篇小说：品相、能指与写实的想象 ………………… 032
  一 小说故事的品相 ……………………………………… 033
  二 作品人物的能指 ……………………………………… 036
  三 关于写实与想象 ……………………………………… 041

B.4 短篇小说：无处不在的"情义"危机 ………………… 043
  一 由情入手又与情无干 ………………………………… 044

　　二　情义危机的写作个案 …………………………………… 052
　　三　多人笔下的情义困境 …………………………………… 056

B.5　纪实文学：彰显中国经验和中国故事的共同价值 ………… 062
　　一　纪实文学保持着蓬勃生机与活力 ……………………… 063
　　二　"新抗战文学"正在崛起 ……………………………… 067
　　三　中国故事与"中国梦"主题书写勃兴 ………………… 079
　　四　对社会焦点热点问题的关注和报告 …………………… 085

B.6　散文：正在开疆拓土的个体化写作 ………………………… 089
　　一　内为识，外为力 ………………………………………… 090
　　二　背井离乡的艺术法则 …………………………………… 097
　　三　文化诱惑与现实忧郁 …………………………………… 102
　　四　散文的常态与散文的实验 ……………………………… 106
　　五　其他散文家的散文创作 ………………………………… 109

B.7　诗歌：游弋于"资本"与"云端"的突围表演 ………… 112
　　一　观察：升温中的诗歌活动、诗歌奖项和
　　　　诗歌出版 …………………………………………………… 112
　　二　热点：余秀华爆红与工人诗歌争议 …………………… 119
　　三　深度：长诗写作批评及其他 …………………………… 125

B.8　戏剧：国家资本助推产业发展与美学建设 ………………… 131
　　一　国家资本助力主流戏剧的发展 ………………………… 131
　　二　《战马》与中国的戏剧产业 …………………………… 140
　　三　民族复兴视野下的戏剧的中国化 ……………………… 146

B.9 网络文学：趋向主流化，酝酿新格局 …………………… 160
　　一　推动网络文学发展的六大因素 …………………… 161
　　二　年度网络文学重要作品 …………………………… 164
　　三　年度网络文学重要事件 …………………………… 167
　　四　年度网络文学热点 ………………………………… 169

B.10 理论批评：为着振兴的自审与自省 …………………… 175
　　一　学习习近平《在文艺工作座谈会上的讲话》…… 176
　　二　理论界的自我反思 ………………………………… 180
　　三　批评家的自我检省 ………………………………… 183
　　四　"强制阐释论"引发热议 ………………………… 187

B.11 附录一　2015年度文学声音 …………………………… 195

B.12 附录二　2015年文坛大事记 …………………………… 226

B.13 附录三　2015年度文学图书排行 ……………………… 262

皮书数据库阅读使用指南

CONTENTS

B.1 **General Report** / 001

    1. General Trend and Event / 002

    2. Important Tendencies / 006

    3. Pivotal Topics and Analysis / 011

B.2 **Novel: Multi-perspectives on Reality** / 017

    1. Outlines of the Fate of Minor Character / 018

    2. Intensified Exploration of Anti-corruption Theme / 021

    3. Close Examination of Sentiment World / 023

    4. Further Enunciation of Rural China / 026

    5. Innovated Artistic Representation of Anti-Japanese Theme / 029

B.3 **Novella: Figuration, Signifier and the Imagination of realism** / 032

    1. Figuration of Storytelling / 033

    2. Signifier of Character / 036

    3. On Realistic and Imaginative / 041

B.4 **Short Story: Overwhelming Crisis of "Emotion and Righteousness"** / 043

    1. In and Beyond "Emotion" / 044

CONTENTS

    2. Case Study of Crisis of "Emotion and Righteousness" / 052

    3. Dilemma of "Emotion and Righteousness" in Various Writers / 056

B.5 Nonfiction: Representing the Universal Value of Chinese Stories and Experiences / 062

    1. The Vitality of Nonfiction Writing / 063

    2. New Writings on Anti-Japanese Theme / 067

    3. Chinese Stories and the Uprising of Chinese Dream Theme / 079

    4. Reportage on Social Problems / 085

B.6 Prose: Influential Expansion of Individualized Writing / 089

    1. Understanding as Interior and Power as Exterior / 090

    2. Artistic Principles of Uprooted Experiences / 097

    3. Allure of Culture and Melancholy of Reality / 102

    4. New Formal of Prose as well as Experimental Practices / 106

    5. Others / 109

B.7 Poetry: Breakout of the Surrounding of 'Capital' and 'heaven' / 112

    1. Examination: Increasing Attention on Poem Activities, Awards and Publications / 112

    2. Hot Spot: Poet Yu Xiuhua and Dispute on Workers' Poems / 119

    3. Deepened Observation: Critique on Poem Writing and Others / 125

B.8 Drama: Industrial and Aesthetic Development Aided by State Capital / 131

    1. Mainstream Drama Sponsored by State Capital / 131

    2. War Horses and Chinese Drama Industry / 140

    3. Drama with Chinese Characteristics from the Perspective of
National Rejuvenation　　　　　　　　　　　　　　　　　/ 146

B.9   Internet Literature: Toward Mainstream and
New Configuration　　　　　　　　　　　　　　　　　　/ 160
    1. Six Factors of Internet Literature Development　　　　　/ 161
    2. Annual Works of Internet Literature　　　　　　　　　　/ 164
    3. Annual Event of Internet Literature　　　　　　　　　　/ 167
    4. Annual Focal Points of Internet Literature　　　　　　　/ 169

B.10   Theories and Criticisms: Critical Examination
and Self-Reflection　　　　　　　　　　　　　　　　　　/ 175
    1. Learning on Xi's Talk at Forum on Literature and Art　　/ 176
    2. Self-reflection of the Field of Theories　　　　　　　　　/ 180
    3. Self-reflection of Theoreticians　　　　　　　　　　　　/ 183
    4. Discussions around "Imposed Interpretation"　　　　　　/ 187

B.11   Appendix Ⅰ   Literary Voices of 2015　　　　　　　/ 195

B.12   Appendix Ⅱ   Literary Events of 2015　　　　　　　/ 226

B.13   Appendix Ⅲ   Ranking of Literary Books of 2015　　/ 262

B.1
总报告

摘　要： 2015年的文坛，在纷繁缭乱的景象之中，一些重点现象和重要事件也自然凸显，从而呈现出头绪纷繁错综有主线、形态丰繁多端有重点的基本特点。长篇小说创作中小人物描写的艺术突破，网络文学中创作与运营的双轮推动，理论批评中认真反思与深入检省，构成年度值得注意的动向；而写作的分化，传播的变化，阅读的泛化，批评的弱化，又给进入新世纪十五年的当代文学，增添了新的问题，提出了新的挑战。

关键词： 走势概观　动向观察　问题评说

辞别2015年，新世纪文学就跨过了第15个年头，这使得新世纪文学的特有状态与诸多特征等，都更加突出和彰显，这就是自从文学在新世纪进入全媒体时代之后，文学的内部分野与外部泛化带来的种种冲突与抵牾，既在逐步增多，又在进而放大。因此，有关文学的各种焦点与热点纷至沓来，各种争论与事件层出不穷，就日益成为文坛的基本状态。

2015年的文坛，因为一系列重大事件的发生和重要活动的主导，在纷繁缭乱的景象之中，一些重点现象和重要事件自然凸显，从而呈现出头绪纷繁错综有主线、形态丰繁多端有重点的基本特点。这一切

文学蓝皮书

都向人们表明，文学在新的时代的持续活跃与不断演进中，既遇到了新的问题、新的挑战，也内含了新的机遇、新的可能。

一 年度大事与大势

2015年间，党中央就文学艺术事业的繁荣与发展做出重要决定，推出重大举措，是年又适逢世界反法西斯战争胜利70周年，这些都在文学界激起重大的回响，引起积极的响应，使得文学界从文学创作到理论批评，从组织领导到基层活动，都呈现出情绪高涨、状态活跃、大事频仍、走势蓬勃的基本情形。

发生于2015年间的重大事件，首要的当属习近平的《在文艺工作座谈会上的讲话》（以下简称《讲话》）的公开发表，以及《中共中央关于繁荣发展社会主义文艺的意见》的正式发布。习近平在2014年10月15日主持召开文艺工作座谈会并发表重要讲话后，在文艺界内外引起热烈反响，成为一个时期文艺界人士的热议话题。但这个讲话一直尚未全文公开发表，人们的学习与谈论只能以新华社的相关报道为依据，这在一定程度上对学习领会和贯彻落实其基本精神构成了一定的制约。2015年10月14日，在习近平主持召开文艺座谈会并发表重要讲话一周年之际，习近平的《在文艺工作座谈会上的讲话》全文公开发表，近两万字的讲话，从"实现中华民族伟大复兴需要中华文化繁荣兴盛"、"创作无愧于时代的优秀作品"、"坚持以人民为中心的创作导向"、"中国精神是社会主义文艺的灵魂"和"加强和改进党对文艺工作的领导"五个方面，联系文艺的新实际，针对文艺的新问题，提出了很多新思想、新论断、新观点，充分体现了党中央对文艺工作的高度重视、对文艺工作者的亲切关怀、对文艺事业繁荣发展的殷切期望。这一重要讲话的公开发表，使得人们更为全面地了解了讲话的内容，为文坛内外的人们认真把握讲话的要点，深入领会讲话的精神，以及理论批评界、文化学术界进一步的理论解读与学术研究提供了重要的文献与必要的条件。

2015年10月3日，中共中央政治局审议通过的《中共中央关于繁荣发展社会主义文艺的意见》（以下简称《意见》）正式下发。《意见》以理论原点的扼要阐述，方针重点的精要提示，工作重点的全面部署，构成了对于习近平文艺工作座谈会讲话精神的深入贯彻和具体落实，为新世纪文艺工作构制了一份清晰的路线图，提供了有力的政策与制度保障，堪为新的世纪繁荣发展社会主义文艺的新的指针。这些重要的文献与文件从思想指导和政策引领的高度，有力地推动了学习贯彻习近平文艺座谈会讲话精神的活动进一步地走向深入。

自《讲话》公开发表和《意见》正式下发之后，中央到地方，都纷纷召开专题会议，座谈和研讨习近平文艺座谈会讲话和中共中央《意见》的精神重点与理论要点，及其贯彻落实的部署与措施。10月20日，中共中央宣传部在京召开"繁荣发展社会主义文艺推进会"，强调要深入贯彻习近平在文艺工作座谈会上的重要讲话精神，贯彻党中央关于繁荣发展社会主义文艺的意见，提高思想认识，强化文化担当，深化落实措施，巩固文艺繁荣发展的良好局面。10月22日，中国文联在京举办深入学习贯彻习近平文艺工作座谈会讲话精神、学习贯彻《中共中央关于繁荣发展社会主义文艺的意见》专题研讨班，深入学习领会中央精神，研究贯彻中央部署，思考谋划文联工作，积极推动文艺发展。10月23日，中国作协召开第八届主席团第八次扩大会议，会议深入学习习近平在文艺工作座谈会上的重要讲话和《意见》，对中国作协今年以来的工作进行了总结，对深入学习贯彻习近平在文艺工作座谈会上的重要讲话精神、学习贯彻《意见》作出部署。同个时期，全国各地的文联、作协，都先后召开类似的会议，就学习习近平文艺座谈会讲话和贯彻落实中共中央《意见》，结合实际进行研究和部署。《人民日报》《光明日报》等党报，《文艺

报》《文学报》《中国艺术报》等行业报，都开辟专栏，一些著名的理论家、批评家、作家和艺术家纷纷撰文，畅谈自己的学习体会，发表自己的文艺见解，使得学习《讲话》和贯彻《意见》，成为2015年文学人的自觉行动、文学界的重要事件。

2015年，是世界人民反法西斯战争胜利和中国人民抗日战争胜利七十周年。为了纪念这个对于中国和世界都别有重要意义的历史事件，文学界在充分准备、精心运筹的基础上，举办了一系列重大活动，推出了一系列重要作品，以丰富多样的活动和精心打造的作品，使抗战文学成为2015年度格外引人注目的亮点。文学界除去组织作家举行"走进抗战历史"采风活动，承办"血肉筑起的长城——抗战中的文学"展览，召开"纪念中国人民抗日战争暨世界反法西斯战争胜利70周年"座谈会之外，一些实力派作家在长期积累和精心构思的基础上，推出了一批在表现过往历史上，角度有新意、思想有深度的力作。如曹文轩的《火印》、黄国荣的《极地天使》、何顿的《黄埔四期》、纳兰香未央的《若爱重生·周旋1946》等长篇小说，王树增的《抗日战争》（上、中、下）和"回望东方主战场"丛书（含《苏联出兵东北》《诺门坎1939》《游击战之光》《中日秘密战》《汉奸现象剖析》）等纪实文学。这样一些精品力作的联袂而来，使得抗战题材的文学作品在2015年间，数量上既有较大幅度的增多，质量上也有较为明显的提高。

纵观2015年的文学创作，题材的丰繁多样，写法的不拘一格，仍是一个基本的态势。但令人可喜的是，在各个门类的文学写作中，现实题材的写作不仅数量上显著增长，而且在质量上也有明显提高，这使得2015年的文学创作较之往年，更接生活的地气，更具时代的生气。

从小说创作来看，长篇小说在写作题材上，较多地集中于官场"反腐"、小人物命运、乡土变异、情感疲态等几个方面，这可以说是从不同的侧面与层面，体现了对于现实的直面观察与切近反映。周大新的《曲终人在》、陶纯的《一座营盘》、迟子建的《群山之巅》、陈彦的《装台》、东西的《篡改的命》、刘庆邦的《黑白男女》、王华的《花村》、周瑄璞的《多湾》、刘春龙的《垛上》、冯积岐的《关中》、张者的《桃夭》、弋舟的《我们的踟蹰》、韩东的《欢乐而隐秘》等，都是不同题材领域里的扛鼎之作。长篇小说的现实题材写作，不仅名家与新秀一起上阵，而且在现实领域的开拓，生活层面的勘采，人生底蕴的探掘等方面，都较以前表现出不主故常的创意，钩深致远的深意，使得这些现实题材的作品，或因内蕴独到而令人回味无穷，或因写法新异而令人为之惊喜。在中短篇小说的创作中，生活现实中的情感"现在时"，似乎成了许多作家着意看取和用意探究的重要方面。如张欣的《狐步杀》、董立勃的《梅子和恰可拜》、黄咏梅的《证据》、张楚的《略知她一二》、葛水平的《望穿秋水》等作品，都由情感的迷离、爱情的迷失，写出了缭乱生活既给情感提供了广阔的天地，又给情感制造了无尽的迷局的两重性。而由罗伟章的《声音史》、鬼金的《薄悲有时》等作品可以看出，中短篇小说还在写实与想象的两相结合中，营造出新的意境，体现出新的进取。

纪实文学因为体裁本身的规定性，反映当下现实一直是其主要使命，而2015年，既有沙志亮的《中国航母舵手——辽宁舰纪实》、许晨的《第四极——中国"蛟龙号"挑战深海》、陈新的《嫦娥揽月》、殷允岭的《"雪龙"纪实》等作品，聚焦中国高新科技发展前沿领域的重要工程，又有郑云云的《手指上的中国》，高艳国、赵方新的《"中国梁"传奇——农民梁希森的梦想三部曲》，李春雷的《寻找"红衣姐"》，曾德强的《脚上有路》等作品，追踪描写各个领域的实干家的创业足迹，从国家和个人的两个层面，歌吟了当代中国人在追求"中国梦"的奋斗历程中的丰功伟绩与非凡风采。

散文随笔向来以表现对象的散点与表述文笔的散漫见长，但在

文学蓝皮书

2015年，人们却由姜博瀚的《我和父亲的过去与现在》、王小忠的《红尘往事》、刘云的《乡村纪事》等作品，感受到深刻的乡村记忆与浓烈的乡土情怀在散文写作中的强劲流淌，而这显然使当下的都市与过往的乡村有了无法割断的情感系连与文化勾连。

2015年的诗歌，最引人注目的，当是余秀华诗歌的陡然走红和"工人诗歌"引起的热议，而这两件事情都使得人们深入反思当下的诗歌文化，认真审视新兴传媒与诗歌创作的传播接受，重新认知诗歌与大众的内在关系。

戏剧方面，因为国家院团在创作与表演上的连续发力，一批以《代理村官》《老大》《鲁甸72小时》《我用生命守护你》等为代表的现实题材剧目，强化了现实题材的戏剧创作，使得切近百姓、关注民生的创作追求格外凸显，给戏剧舞台吹来一阵强劲的现实主义之风。

二 值得关注的动向

2015年，文学在自身的惯性运行和外力的不断推动之下，无论是文学创作，还是理论批评，都以多面拓进和多点开花，显现出经纬万端又异彩纷呈的繁盛景象。但现象有大小之分，动向有重轻之别，从全局的角度和发展的眼光来看，有一些现象和动向特别值得人们予以关注，因为它们所体现的新颖性，蕴含的成长性，使得这些现象和动向既构成了2015年文学的独有特点，又不限于2015年而具有一定的超越性意义。

这些值得关注的动向主要是三个方面。

一是，在小说创作尤其是长篇小说创作中，小人物的描写出现新的艺术突破。

小人物在过去的小说创作中比较常见，但一般多是两种情形：一种是传统文学中的主人公之外的"跑龙套"角色,主要以其落后的一面来衬托主人公形象的高大;一种是近年来"70后"作者笔下常写的边缘性人物,虽然在作品中也属主角,但常常是以其无奈的遭际来表现无常的人生。在2015年的长篇小说中,小人物不仅担当了大角色——作品主人公,而且在平凡中藏匿着不凡,弱小中含蕴着高大,把小人物的性格写出了新的光亮,把小人物的形象提高到了新的境界。如陈彦的《装台》中的刁顺子,装台工作既很辛苦又不稳定,家庭生活既有矛盾又难以化解,但就是这样一个疲于奔命又无人看重的小人物,却硬是承受着种种苦难,忍受着种种伤痛,以自己的瘦弱之躯和微薄之力,帮衬着一起装台的兄弟们,关照着他所遇到的不幸的女人。一个看似微不足道的装台人,却在艰窘的人生中释放出如萤火虫一样的自带的亮光,这份亮光也许还不够强盛,也不够灼热,但却在自己的默默前行中,映照着别人的行程,也温暖着他人的心怀。这样的小人物,让人们读来倍觉亲切,读后心中充满敬意。刘庆邦描写矿难家属的《黑白男女》,镜头对准的四个矿工家庭——周天杰、老吴儿媳郑宝兰一家,卫君梅及两个孩子一家,蒋志芳母子一家,半疯半痴的王俊鸟一家,都既是普普通通的小人物,又是创伤累累的困难户。但他们没有在矿难造成的种种苦难面前认命和屈服,而是默默地自我疗伤和顽强地自我奋起。尤其是通过身患癌症的周天杰、失去丈夫的卫君梅和浑浑噩噩的郑宝兰等人的自我拼搏,既写出了他们在灾难之后的命运抗争和精神成长,又由这些人物的走向自强相互砥砺,写出了绝望中不灭的希望,冷酷中自带的温暖。

　　这样的小中有大的小人物形象,无疑对于当下的创作如何写好小人物有着诸多的启迪意义。自90年代后期"70后"一代登上文坛之后,他们的个人化写作也从他们的角度把小人物的边缘化状态写得活灵活现,这在一定程度上弥补了宏大叙事写作在人物塑造上的某些不足。但也毋庸讳言,他们笔下的小人物,人生之无奈,命运之无常,

心境之无告,常常令人满眼灰暗,满心怅惘,传导给人们的也多是悲观与失望。而同样是小人物,陈彦笔下的刁顺子,刘庆邦笔下的矿难家属,就显得很有自己的气度与温度,他们以艰难境遇和坎坷命运中的坚韧与担当,既显示出其质朴的个性本色,又闪耀出其良善的人性亮色,让人们由平凡人物的不凡故事,看到小人物在生活中的艰难成长,在人生中的默默奉献。这种把小人物写成大角色,并让人掩卷难忘的写作,说明小人物完全可以写好,写"大",问题只在于怎么去写。陈彦、刘庆邦在写作上既眼睛向下,深接地气,又心怀期望,饱含正气,这使他们既写活了小人物,也释发出了正能量。这是陈彦的《装台》、刘庆邦的《黑白男女》等作品,告诉给我们的他们的写作经验,而这样的经验显然是值得更多的作者学习和汲取的。

二是,在网络文学中,创作与运营的双向异动推动着网络小说一路奋力前行。

作为与读者互动密切的网络小说,由于作者与读者在读写互动的相互启迪,也由于作者与读者在人生与艺术两方面的继续成长,在创作上出现了一批质量较高的作品,而且这些作品分属虚构与写实两个大的门类,使得网络小说创作中过去存在的虚构性写作一头独大的倾向有所改变。同时,无论是虚构一类,还是写实一脉,都在原有基础上既有内容的拓展,又有艺术的拓进。如玄幻仙侠类小说,开始从中国传统文化中寻找资源,并着力打造典型性的人物性格,作品在好读性中平添了耐读性。此类写作的代表性作品有猫腻的《择天记》、耳根的《我欲封天》、我吃西红柿的《雪鹰领主》、无罪的《剑王朝》、血红的《巫神纪》、风青阳的《吞天记》、观棋的《万古仙穹》、祈祷君的《木兰无长兄》等。而写实中的都市小说,不再普遍滞留于白领人群的情感纠葛,而是向经商、娱乐、医药等行业领域倾斜,作品由主要人物的独特命运,折射了不同行业的特色人物与特殊气韵,代表性的作品如跳舞的《天启之门》、全金属弹壳的《黄金渔场》、骁骑校的《穿越者》等。还值得注意的是，网络小说改编影视的趋势，在2015年不仅有增无减，而且频现亮点，如由《鬼吹灯》改编的两部电影《九层妖塔》《寻龙诀》和校园青春剧《何以笙箫默》先后搬上银幕，电视剧《琅琊榜》《花千骨》《芈月传》等相继掀起收视高潮，都以网络小说原作强力支撑了影视改编和影视作品，扩大了网络小说的传播面，表现出互利与双赢的可喜局面。

网络文学的资本经营与商业运作，在2015年也在日趋激烈的竞争中，出现新的变化与新的异动。中国移动领域的老大——中国移动手机阅读基地，化身为咪咕数字传媒有限公司，而PC客户端的龙头——"腾讯"，则兼并盛大文学成立阅文集团。两大网文巨头的强力介入和资产重组，释发出了网络文学必将做强做大的可靠信号。咪咕数字传媒依托海量移动手机用户，不断扩大其在数字阅读领域的天然优势。而阅文集团旗下因拥有创世中文网、起点中文网、云起书院、起点女生网、红袖添香、潇湘书院、小说阅读网、言情小说吧等网络原创阅读基地与多家图书出版公司，在小说原创、内容供给等方面，形成了链条式的品牌经营。

小说原创与产业经营，是网络文学的两大支柱，而2015年在这两个方面透露出来的信息，都以数量的增长、质量的增进，令人可喜，给人信心。由此也可以预计，由于美学的滋养、资本的供养两个方面的持续给力，网络文学发展的前景依然一片光明，而且方兴未艾。

三是，在理论批评中，理论的反思与批评的检省成为自觉的行动。

习近平的《讲话》和中共中央的《意见》，都高度重视文艺理论的研究与建设、文艺批评的加强与改进，与《讲话》和《意见》的高目标、高标准、高要求相比，我们的文艺理论研究与文艺批评现状，不仅差距很大，而且短板甚多。因此，反思理论研究的现状，检省文艺批评的问题,就成为理论批评界在2015年的热门话题。

文学理论现状的反思,主要集中于文艺理论迫切需要联系文学现实和创作实际,改变目前不接地气、缺少元气的贫弱状态等问题。不少研究者都认为文艺理论与文艺批评的严重分离,导致了批评的理论缺席,以及理论的孤芳自赏。还有人指出文艺理论存在着日趋学院化,严重脱离现实的倾向,由此提出理论要联系实际,切近时代,跟上现实变化的建言。大家普遍认为:无论就世界而言,还是就中国而言,当今的时代都是一个急剧变革的时代。新的社会形态,给理论提出了各种各样亟待解决的问题,刺激着理论家理论创造的热情。这样一个时代,不应该是理论死亡的时代,而应该是理论大有作为的时代。新的文学时代呼唤着文学理论的在场,文学理论也只有在应对新的文艺现实挑战的过程中获得新的发展,才能进而重新赢得自己曾经享有的尊严与地位。正是在这样的前提下,有的学者提出了文艺理论与文艺批评的深度结合问题,指出:理论要研究作家、文本、阅读和批评的现实,这样的理论,才是关于文学的理论,是用得上的理论。这并不是说,理论可以直接从创作和批评实践中生长起来,而是说,从事理论研究的人,要面向这些实践,使理论具有现实对应性,在现实的激发下发展。与此同时,要有深度的批评。批评要结合理论,从作品中总结出理论的意义,用理论阐发作品的意义。理论家们在反思中还看到,中国当代文学理论还缺少对自己的文论传统的探究、承继与转化,认为中国的文艺理论要重视自己的文学理论传统,当代中国的文学理论始终面临着马克思主义的理论传统、中国本土固有的理论传统和西方现代理论传统之间相互融合、吸纳、传承和创新的局面。

2015年有关文学批评的自省,首先是对于存在的主要问题的问诊与寻脉。大家从不同的角度谈了自己的看法,这些问题分别是批评的错位、批评的失衡、批评的不及物等现象,以及一方面是批评者主体性的阙如，另一方面是主体性的滥用。这主要表现为：有时屈从于强硬形式的某种权力，或服从于软实力关系，从而丧失自己的良知和判断力；有时则有意放大批评主体性的欲望，随意亵渎历史形成的审美准则甚至审美文化史本身，以自己的准则为普遍准则，打压健康的审美文化，竭力为那些与历史走向相悖，与文明发展相冲突，与审美发生规律不符的文艺现象、作品鼓呼。谈到文艺批评如何改变当下不如意的现状，一些论者首先提到要真正回到文学现场，密切联系创作实际。一些论者指出文学批评要恢复批评应有的锋芒，重建其在公众心目中的权威。还有论者分别提出重塑文学批评的文体意识，增强文学批评的权威性；通过各种综合性的工作，提高文学批评有效性；要以文艺争鸣的方式表达出不同的观点，不同的观点进行平等的学术讨论，真实形成"百花齐放，百家争鸣"的局面；需要建立良好的氛围，这既需要作家养成豁达的胸襟、评论界远离不正之风，有关管理部门也应该吸取前车之鉴，以宽容的胸怀营造百家争鸣的良好氛围；抛开西方强加于我们的自我认知，找到新的方法论，建构具有中国视野或者中国立场的文学批评，等等。如许角度不同又自有见地的意见，体现了批评家自我反省的多维与多向，也表明了文艺批评需要从多个方面予以改进与加强。

对于文学理论批评的反思与检省，不仅体现于理论批评家的署名文章，而且也体现于各种各样的学术会议。总体来看，查问题，找病根，已成为理论批评家在2015年的普遍作为与共性态度，这也向人们表明，对于文艺理论批评的自省与自问，已日益成为理论批评家们的一种自觉行为。

三 问题举要与简析

与以前的文学时期相比，进入新世纪之后的文学，因为社会生活

的疾速发展和文化环境的剧烈变异，遇到的问题和面临的挑战，日益由外部深入到内部，这使得文坛不能不相应地发生变化，而这种变化既是潜移默化的，又是极其巨大的。这种新演变带来的新问题，新问题造成的新挑战，当然不只局限于2015年，但在2015年问题更为突出，挑战更为严峻，却也显而易见。

新的演变带来的新格局、新形态，以及构成的新的问题和新的挑战，多以新旧杂陈的方式交织在一起，总体上又呈现出纷繁缭乱的状态，令人目迷五色，难以分辨；而即便是厘清了眉目，找到了症结，又因其盘根错节，犬牙相制，在如何处理和应对上又构成极大的挑战。

这些构成冲击与挑战的问题与难点，择要而言之，主要是以下四个方面。

一是写作的分化。文学写作日趋分化，已是不争的事实。这种分化从大的方面看，有靠近严肃文学的，有偏于通俗文学的。深入底里去看，严肃文学中又有为人生的，为人民的，为个人的，还有为艺术的，为评奖的；为评奖的写作中，还分别有为"茅奖"的，为"诺奖"的。而以网络文学为主的通俗文学写作中，有为兴趣的，为娱乐的，为出名的，为挣钱的，五花八门，不一而足。作为一种个人化的精神劳作，文学写作的各种追求，似乎都无可厚非，但实际上却是大可予以追问的。如果写作只是个人宣泄，只是文字游戏，没有更高的目标，缺少艺术的品质，不考虑读者的观感和社会的效益，这样的疏离世道人心的作品，很可能是既给读者添堵，又给社会添乱。文学与艺术创作中所以经常会出现一些庸俗现象与低俗乱象，盖因一些写作者秉持的理念只有基本的下线，不求较高的上线。

文学写作作为一种精神劳动，文学作品作为一种艺术成果，怎样在追求个人性中兼顾公众性，在信守自主性中兼顾社会性，在适从市场性中兼顾艺术性，在图求艺术性中兼顾思想性，需要写作者不断检省自己和校正路向，也需要文学从业者和关系人理清自己的思想观念，树立正确的判断尺度与健康的欣赏趣味，努力造成不失正鹄的审美风尚和光风霁月的文化环境。

二是传播的变化。文学传播较之过去，既在纸质化的方式上新增了电子化的传播方式，同时也借用和借重其他方式，使文学传播进而趋于多样化了。

电子与网络介入文学传播，一开始只是网络文学作品，现在则不限于此。纸质作品的电子化，网络作品的纸质化，这种双向转换已是出版领域的常态化方式，这使传统形态的主要以纸质形式传播的文学作品，越来越多地走向了电子化。现在不仅图书电子化了，而且期刊、报纸也电子化了。这种电子化延伸到手机之后，手机也变成了移动化的阅读工具，使得阅读在时间与空间上，得到了前所未有的扩伸与延展。

传播的变化带来的，不仅是在纸质形式之外又有了电子形式，它还打破了传统阅读的静态方式，超越了纸质作品的背靠背的阅读方式。它的动态型阅读，尤其是跟着作者更帖阅读的方式，使电子形式的传播充满了一种读写之间的密切互动，作者留意读者的跟帖，读者介入作者的更帖，这使传统的作者与读者的关系，变为了偶像与粉丝的特殊关系。这种读写互动的共同体，也构成了网络文学不同于传统文学的最大特征。

文学传播中的另一个新的现象，是影视改编作品对于小说原作的大众化推广。小说改编影视作品，这在过去多见于传统型的纸质作品，但现在则成为网络小说走向读者大众的一个重要方式，许多传布于网络之际的类型小说，通常先改编成影视作品，经由高水平的技术制作与艺术演绎赚取较高的收视率之后，再予出版纸质作品，进而占领出版市场，赢得更多读者。前几年的《后宫甄嬛传》《步步惊心》，近期的《琅琊榜》《花千骨》等，都是极为成功的典型例证。这种运

作方式的迭获成功，已使网络小说作者把改编影视作品看成最为重要的传播方式，而网络小说也由此成为影视作品改编的主要来源。

三是阅读的俗化。现在的阅读越来越趋于通俗，乃至低俗，是显而易见的。阅读的这种下滑性变化，有两个方面的主导因素与具体表现。

一个方面是娱乐性的欲求逐步凸显，消遣性的需求不断增强。这些年，随着娱乐化的文化潮流渐成风尚，消遣性的文化消费大力增长，文学作品尤其是流传于网络的类型小说开始注重娱乐性元素和游戏性功能，使得注重消遣与娱乐的文学阅读与文化消费，有了可供选择的丰富对象，供与需的两个方面形成互动关系，构成了一定的利益链条。这些年来，在文学图书的出版销售中，越来越呈现出两种不同的取向，一种是"圈子"里叫好的，一种是"场子"里叫座的，"圈子"里叫好的"场子"里不叫座，"场子"里叫座的"圈子"里不叫好。而那些"场子"里叫座的，要么是官场小说、职场小说，要么是玄幻小说、穿越小说，或者是改编了影视作品的小说原作。总之，一定是故事好看的，意趣好玩的，读来轻松的。

另一方面是随着网络科技蓬勃兴起的电子阅读。电子形式的阅读，带有轻阅读、快阅读、碎片阅读、图像阅读的诸多特征。这种阅读近似于浏览，主要以获取显见的信息与浅层的愉悦为主，与旨在精神陶冶和艺术审美的深度阅读相去甚远，但已成为青少年文学阅读的重要方式。2013年间，广西师大出版社做了一个"死活读不下去的书"的网络调查，数千名网友参与投票，把诸如《红楼梦》《百年孤独》等已有定评的中外文学名著一概投了进去，而且还位列前茅。这里蕴含的问题，既有现在的一些文学读者在观念上疏远经典的问题，也有一些青年读者用电子阅读的方式对待经典的阅读错位问题。还有一个实例是，2015年上半年，在北京大学图书馆、山东大学图书馆所做的学生借阅文学图书排行榜上，两所大学显示的结果都是

《盗墓笔记》排第一。即便《盗墓笔记》属于网络小说中的力作，但仍属于通俗性的类型文学，那么多的名校大学生竞相阅读，不免令人为之惊愕。现在的大学生，应属"90后"一代中精英，而他们在文学阅读上的取向与口味，无疑偏向了通俗。精英阅读尚且如此，其他人的阅读可想而知，这确实让人很不乐观。

四是批评的弱化。当下的文学批评，无论是与批评的过去时期相比，还是与创作的现状相比，都明显地趋于弱化了。这既跟文学批评的自身更新求变不够，未能与时俱进有关，更跟文学创作的发展日益泛化，新的文艺形态层出不穷有关。可以说，现在的情形大致是，相对滞后的批评，面对不断更新的创作，相对萎缩的批评，面对一个不断放大的文坛。

批评的问题，涉及理论的充实、方法的更新、视野的拓展、队伍的建设、力量的整合、新人的培育等诸多方面的问题。这些问题的切实解决，既要靠批评本身去努力奋斗、不断调整，也要靠整体的文学领域协调动作，通力协作，尤其是有关文学、文化领导部门的高度重视与认真对待。

就批评本身而言，如何在共识减少的情况下重建基本共识，在多元多样的状态下彰显核心价值，在文学的认知与批评的尺度上求同存异，形成合力，已是一个迫切需要解决的问题。现在的批评，如同现在的学术研讨，常常是言说者自说自话，与会者各说各的，看似一样的提法但各有各的说法，似乎同样的概念却有各自不同的内涵，这种情形就导致了共识越来越少，歧见越来越多，宽容越来越少，抵牾越来越多。

更为严峻的问题，可能还是对于以网络小说为龙头的新媒体文学，现有的文学批评，介入的力量既很显薄弱，又很不内在，基本上难以起到以有力的批评影响创作、生产和传播的实有功效。这既跟现在的批评队伍年龄结构偏大、知识构成偏老有关，又跟具有新的理论

知识和文化视野的新型人才相对缺乏,理论与批评的后备力量都明显不足有关。而这样一些涉及全局和代际的问题,显然是批评自身所难以解决的,需要有关领导部门进行全面布局和总体部署。这个问题已经迫在眉睫,而它的解决,既关乎文学批评的重振雄风,也关乎整体文学的协调发展。

总之,文学的新演变带来了新形态,注入了新活力,也造成了新问题,构成了新挑战。而这样一种文学创作与文学批评新现实,无论是从文学研究上看,还是从文学管理上看,都大大超出了人们已有的文学经验,需要我们在深入调研,充分了解和准确把握的基础之上,破解新的难题,探索新的方法,开展新的实践,总结新的经验。这是新的文艺现实提出的新的要求,也是时代赋予我们的新的任务。

(本章执笔　白　烨　中国社会科学院文学研究所研究员)

B.2
长篇小说：现实人生的多点透视

摘　要： 2015年的长篇小说，一个可喜的景象是现实题材的写作，力作迭现，蔚为壮观，这在小人物的着意刻画、反腐题材的有力深化、情感疲态的多点透视、乡土现实的内蕴拓展等方面，都有精彩的呈现。这一切都表明，我们的作家在直面现实的文学追求中，因为人生体验与艺术历练两个方面的不断长进，他们的创作更具艺术的勇气与生活的底气，从而也使整体的长篇小说创作更接地气，更具生气。

关键词： 小人物命运　反腐题材　情感疲态　乡土现实

在长篇小说越来越受到文坛内外广泛关注的今天，人们对于长篇小说的期待也会越来越高。但长篇小说的创作发展并不会因为人们的热切期待而随之逐年攀升。更为常见的情形是，因为介入创作的作者越来越多，发表的作品越来越多，长篇小说越来越呈现出总体样态丰繁而重头作品较少的情形。这也意味着在长篇小说创作方面，发展平稳，收获平实，将会是今后一个时期的基本形态。

从国家新闻出版有关部门得到的数字表明，2015年的长篇小说年产量约在5100部。如果再加上发表于各类文学期刊的200多部长篇小说，长篇小说的年产量在5000部以上，当是现在创作与生产的一个基本规模。这样的一个生产总量，表明长篇小说在各种因素的作

文学蓝皮书

用之下,一直在稳步前行,持续增长。

如许数量的长篇小说,使得人们的跟踪阅读的频率越来越高,更使得宏观考察的难度越来越大。因此,从数量众多的长篇小说作品中,抓取其重点,找出其亮点,以点带面地去把握年度创作,秉要执本地去概述基本面貌,就是一种必然的选择。从这样一个角度去打量2015年的长篇小说,我以为,在现实题材的书写方面,聚集了较多的名家力作,涌现出不少的新人新作,并于直面现实中兼有广度与深度,表现生活时匠意中辙见锐意,可能是2015年长篇小说创作最为突出的重点,最可关注的现象。

在长篇小说创作中,现实题材一直都是重头戏。但在2015年,现实题材的写作,不仅名家与新秀一起上阵,而且在现实领域的开拓、生活层面的勘采、人生底蕴的探掘等方面,都较前表现出不主故常的创意、钩深致远的深意,使得这些现实题材的作品,或因内蕴独到而令人回味无穷,或因写法新异而令人为之惊喜。这或可表明,我们的作家在直面现实的文学追求中,因为人生体验与艺术历练的两个方面的不断长进,他们的创作更具艺术的勇气与生活的底气,从而也使整体的长篇小说创作更接地气,更具生气。

一 小人物命运的独到勾陈

小人物,也即茫茫人海中的普通平民、生活底层中的芸芸众生。这样的人物,在现实生活中比比皆是,占据着大多数,但在文学作品中却常常当不了主角,更多的时候是像在舞台上"跑龙套"一样的角色。但在2015年的长篇小说中,不少作品都以写小人物为主,让小人物担纲起主人公的角色,并以其坎坷命运中的坚韧与担当,既显示出其质朴的个性本色,又闪耀出其良善的人性亮色,让人们由平凡人物的不凡故事,看到小人物在生活中的艰难成长,在人生中的默默奉献。这种把小人物写成大角色，并让人掩卷难忘的写作，集中体现于迟子建的《群山之巅》、陈彦的《装台》、东西的《篡改的命》、刘庆邦的《黑白男女》等作品。

迟子建的《群山之巅》，没有波澜壮阔的场景，没有荡气回肠的事件，没有刻骨铭心的爱恋，没有可歌可泣的英雄，甚至从字里行间中你也很难发现谁是主角，谁是次角。但由辛开溜、辛七杂、辛欣来三父子，串接起"龙盏镇"的芸芸众生与他们的前世今生。作品在充满悬疑色彩的故事叙述中，既在细切描述一个个小人物迥不相同的独特性情，又在相互勾连的命运交织中，大笔书写家人、亲人与乡人之间的爱与被爱，伤害与被伤害，逃亡与复仇，以及诡异与未知。以奇异的人物，抒写变异的人性、吊诡的人生，似乎是迟子建的拿手好戏。但由每一个人的怀揣着受伤的心，努力活出人的尊严，觅寻爱的幽暗之火，却把人心里和人世间潜藏着的"温暖和爱意"揭示了出来。作品在平中见奇的故事中，描写常中有异的人物，由传奇与真实相衔接，历史与现实相交融，来细切描画历史演进中的社会阵痛与普通人物的心理隐痛。

陈彦的《装台》中的主角刁顺子，是装置舞台背景与布景的装台工人。他们与舞台有关，又与上台无缘；与装潢有关，却是十足的苦力。顺子他们要面对不同的剧团与舞台；还要面对不同的导演与台监，经常看脸受气，有时还得挨宰受骗。回到家里，又因大女儿菊花总是恣意刁难新任妻子蔡素芬，也是吵闹不休，纠纷不断。但就是这样一个步履维艰、自顾不暇的装台人，却硬是承受着种种苦难，忍受着种种伤痛，以自己的瘦弱之躯和微薄之力，帮衬着一起装台的兄弟们，关照着他所遇到的不幸的女人，渐渐地显示出俗人的脱俗与凡人的不凡来。一个看似微不足道的装台人，却在艰窘的人生中释放出如萤火虫一样的自带的亮光，这份亮光也许还不够强盛，也不够灼热，但却在自己的默默前行中，映照着别人的行程，也温暖着他人的心

怀。这样的小人物，让人们读来倍觉亲切，读后心中充满敬意。

东西的《篡改的命》，以汪槐、汪长尺两父子的个人命运不断被人篡改，而自己又无力挽回的坎坷遭际，把小人物无常又无奈的人生处境几乎写到了极致。汪槐当年在水泥厂招工时，分数上线却没被录取，十年后才知道自己被副乡长的侄子顶替。由此汪槐才格外在意儿子的命运，并为儿子汪长尺高考被人顶替不停抗争，不慎摔成重伤。汪长尺为还家债进城打工，却因讨薪等纠纷陷入各种纠葛，生活的难题一个接着一个，使他被迫在堕落与坚守之间转换与蹉跎。他的命运，不仅自己无从把握，而且被不断加以改写，为了不再当"屌丝"这个微薄的愿望，几乎要一家三代人苦苦挣扎和不懈奋斗。小说的故事初看时似乎充满戏剧性，即至结尾才从透彻的悲凉中感到无比的真实。作品叙述的从容不迫与故事的惊心动魄，基调的冷酷严峻与情调的内在炽热，既使作品充满艺术的张力，又将作者的艺术上的老到表露无遗。

刘庆邦的《黑白男女》，镜头对准矿难之后的四个矿工家庭——周天杰、老吴儿媳郑宝兰一家，卫君梅及两个孩子一家，蒋志芳母子一家，半疯半痴的王俊鸟一家，他们既是再普通不过的小人物，又是创伤累累的困难户。但经历了生与死的洗练之后，困难就变得寻常了，生活也显得简单了，亲情更显得重要了。向死而生，相互支撑，就成为四家人的共同追求。

作品看起来是写矿难造成的种种后果，实际上写灾难无端降临之后，普通人的自我疗伤和自我奋起。作品通过身患癌症的周天杰、失去丈夫的卫君梅和浑浑噩噩的郑宝兰等人各自不同的人生沉浮，既写出了他们在灾难之后的命运抗争和精神成长，又由这些人物的走向自强相互砥砺，写出了绝望中的希望，冷酷中的温暖，揭示了友善的人情对于纷乱的人际的内在粘连，良善的人性对于艰难的人生的暗中支撑。与作家之前的矿区题材作品相比，《黑白男女》不仅通体渗透着一种人生的达观与人间的大爱，而且突显了作家雄浑博大的人文情怀与忧国忧民的赤子情怀。

二　反腐题旨的多点深化

因为社会的经济发展与物质丰裕，以及欲望膨胀与观念变形等诸多原因，贪腐现象与反腐败斗争，已成为现实生活的基本内容，甚至是社会生活的基本常态。因此，大约从20世纪80年代开始，含有贪腐与反腐内容的小说就在改革题材小说的写作中逐步凸显，之后又与官场的权力争斗结合起来，形成写实性小说的一个重要门类——官场小说。在这个意义上，官场小说与反腐小说难解难分。

在2015年的长篇小说中，一些涉及贪腐与反腐题旨的小说，不仅以触及高层人物和敏感领域显现出作家的锐意与勇气，而且由反腐入手，深入到贪腐者与反腐者各自不同的人生追求，从价值观的错位、人生观的博弈等精神的层面，探悉了腐败现象的前因后果，多方面地深化了反腐小说的题旨。这类作品中卓有代表性和突破性的，主要是周大新的《曲终人在》、陶纯的《一座营盘》、宋定国的《沧浪之道》和余红的《琥珀城》等。

周大新的《曲终人在》在采访手记式的纪实性叙事中，涉及省长欧阳万彤的方方面面，都与"反腐"不无关系，却又远远超越了"反腐"本身。作品里的主人公欧阳万彤是从基层干部一步步升到省长高位的。但这个过程却危机四伏，充满凶险，因为环绕着他的贿赂方式无奇不有，行贿者也此起彼伏、"前仆后继"，这些都令人防不胜防、难以抵挡。可以说，时时刻刻保持高度警觉并与之巧妙地进行斗争，是他最为日常也最为艰巨的任务。而他所以能够做到拒腐蚀永不沾，是因为他时时告诫自己：随着职务的上升，"仍然脱不开个人和家庭的束缚，仍然在想着为个人和家庭谋名谋利，想不到国家和民

族,那就是一个罪人"。这样的不想成为一个罪人的告诫,实际上正是一种为官清廉的基本理念。这使他虽非反腐的英雄,却是拒腐的斗士,这对于大多数干部来说,要更为难得。这个人物形象,在当代小说的人物画廊里,有其正向的独特性,也有其艺术的典型性。

陶纯的《一座营盘》,以两个一同入伍的战友的对手戏,触及到部队在一个时期熔炉与染缸兼有的两重性,这样浑象的环境氛围,既可能使奋进者得到锻炼,也可能使投机者得遂其愿。耿直而憨厚的布小朋,只想在部队好好打拼,实现献身军队建设的人生理想;而一同入伍的孟广俊,则削尖脑袋投机取巧,利用一切机会打通关系,营造利益链条与人脉关系。事实上,一身正气的布小朋处处碰壁,而一身邪气的孟广俊则顺风顺水。作品在两个人没有硝烟但又惊心动魄的争斗与较量中,更多地揭示两个人分道扬镳背后的完全不同的价值观与世界观。作品的新异与深刻之处,不只是大胆触及了部队系统一个时期的特殊矛盾与腐败问题,而且在直面反腐现实时,没有停留于表面现象的揭露与鞭笞,而是把眼光投向人物的精神层面,深入透视主导着人物言行的信仰反差与信念博弈,这不仅使作品里的人物更具立体感,更把反腐题材的写作在思想内涵的层面上给予了有力的深化。

宋定国的《沧浪之道》,以南吴省的省会城市江河市为舞台,既塑造了为人耿直、为官正直,"在反腐问题上六亲不认"的市委书记李毅的正面形象,又描画了"深谙政治潜规则,善于经营的隐形贪官"省长祝一鸣的反面形象。真理在手的李毅和支持他的省委书记黄春江常常对心术不正的祝一鸣无可奈何,是因为祝一鸣从当县委书记开始,就一直为着自己的谋官争权苦心经营官场的人脉关系,相继攀上了位高权重的中央"老首长"和德高望重的北京"老太爷",以此作为自己进行政治运筹的稳固靠山。正因为有"老首长"的招呼、"老太爷"的余威,仗势弄权的祝一鸣不仅无人阻拦,而且"带病提拔",当上了经济大省的省长。在行贿与受贿的描写上,作品与一般的反腐题材作品不同，主要以祝一鸣对"老首长"奉送高价文物，对"老太爷"经常高唱颂歌，写出了当下高层官场腐败的新形式——"雅贪"与"雅贿"。因为作者心怀义气，笔力硬气，作品在正与邪的较量中，充满了豪气与正气。

余红的《琥珀城》主旨是在讲述房地产企业家杨奕成如何由"五铺场"起家立业，逐步建立"琥珀城"的地产王国，而后又深陷资金短缺等困境的故事。在这一地产故事的背后，却揭示出了主宰地产江湖的看不见的大手——"关系"。商界的杨奕成、罗立耀、宋小娇，政界的周明远、关远山，服务界的秦小金等，都是通过"关系"勾连起来、密切互动，成为"拴在一根绳上的蚂蚱"。他们在无形中构建欲望与利益互通共享的小团体，一荣俱荣、一损俱损，无形中使商业、产业、行政原有的规则黯然失效，使该有的权力职责失了形、变了味，成了可以拿人情去攻取、拿资本去换取的交易。找人与被人找，求人与被人求，事实上成为"琥珀城"的另一重社会真相。作者由此提醒我们：这种深隐于病态现实背后、由传统习惯与人际观念构成的"关系"痼疾，是房地产业动荡之根，更是社会腐败之弊。把人们沉浸其中又习焉不察的"关系"病灶揭示出来，让其暴露于光天化日之下，以引起疗救者的注意，正是《琥珀城》的深层意义与重要价值。

三 情感疲态的深度审视

爱恋作为人性之本能、情感之结晶，一直是古今中外文学书写中最为重要的内容。这正如凡·高所说的那样："爱之花开放的时候，生命便欣欣向荣。"但爱恋又如人生中的长跑，既需要经验与技巧，更需要激情与体力。在某种意义上说，人生与爱情，就是这样在博弈中互动，在互动中前行的。2015年的长篇小说，不少作品都集中描

文学蓝皮书

写了爱情与人生的内在关联与相互影响，尤其对中年男女的爱情疲惫中的困惑与迷离、自省与自救，观察细切，别有洞见，写出了这个时代爱情遭遇到的新的问题，也写出了这个时代情感生活的特有色彩。这些作品中，尤以张者的《桃夭》、弋舟的《我们的踟蹰》、韩东的《欢乐而隐秘》、薛燕平的《作茧》最为突出。

张者的《桃夭》，从某大学的法学研究生群体写起，由他们重返校园参加同学会想找到过往青春的痕迹，但看到的却是面目全非的景象，作品的镜头由缭乱的校园摇向波动的社会，镜头渐渐聚焦到人到中年的邓冰，由邓冰大学时期的陷入三角恋，之后与张媛媛的离婚、与白涟漪的闪婚，讲述了一群曾心怀文学热忱的法学专业大学生30年后在人生与情感上的双重危机。单从职业上看，他们都堪称业内的成功人士，但爱情的失意与婚姻的失败，却搅和得同学关系满目疮痍，各自的人生未能遂意。爱的意愿依然炽热，爱的结果却十分惨淡，都源于爱的能力越来越低。邓冰个人的难题，实际上已成为当下中年男女的普遍性的社会问题。作品在寻找友情的同学会却生发出同学之间的许多嫌隙，从事法律工作的人日常生活中的偷情、行贿等情节中，寓含了令人忖的反讽的意味。隐含于鲜活的生活故事中的反讽，潜伏于字里行间的诘问，使得作品充满了反思性与对话性。

弋舟的《我们的踟蹰》由女主人公李选纠缠于张立均和曾铖的三角恋情而难以自拔，写出了都市男女由时空距离、性爱分离，造成的精神的迷茫与情感的踟蹰。女主人公李选离异后带着小孩重新开始工作，很快就陷入了与现任领导兼情人张立均和昔日小学同学、如今是画家的曾铖的情感纠葛当中难以自拔。周旋于张立均和曾铖之间，李选在不停地犹疑和判断，而两位男士也在与李选的交往中，时时踟蹰，时时追问。他们遇到的共同问题是，在人到中年又步入焦躁的时代之后，是否还可以相爱？应该如何相爱？他们在行动上一再踟蹰着，也在心里不断地探问着。作品的叙述细密绵长，释发出的意蕴也余韵悠长。是什么让人踟蹰不前，能否走出踟蹰状态，踟蹰看似是困境一种，其实又蕴含了多种可能。在写作这部作品时，作者的姿态从容不迫，文字也细密绵长，这使人物的微妙情感有声有色，人物的心理活动可触可感，作者擅于描写人之情性、透视人之心性的不凡功力，由此可见一斑。

韩东的《欢乐而隐秘》，在林果儿、张军、齐林的三角恋爱故事的叙述中，引人入胜的现实性中隐含了令人迷离的超现实性。林果儿在与张军的同居生活中先后七次堕胎，他们听从好友秦冬冬的建议，前往须弥山祈祷超度小婴灵。途中结识富商齐林，齐林对果儿一见钟情，张军希望林果儿接近齐林以便骗钱。齐林在与林果儿的交往中发现她的不轨意图后提出分手，但身体和情感生活也被彻底拖垮，当林果儿意识到自己真的爱上了齐林，并欲与之生子结婚之时，齐林却殒命悬崖。在秦冬冬的开导下，她决定与张军结合，让齐林的灵魂回归到她的腹中。小说故事是现实性的，味道却是寓言性的。镜头看似对准着当下男女的爱情迷茫，扫描给人们的，却是当下社会存在着的同性恋、堕胎、素食、宗教迷狂等"非常规"因素，乃至存在之荒谬。林果儿的爱恋发生在这样一个缭乱又暧昧的氛围，确实也很难正常。作品以轻松的文字表达忧伤的情感，以敏动的感觉寓含隐秘的体验，显示出作者在看取人生和把握爱情上的内敛与老辣。

薛燕平的《作茧》，以人到中年的女编辑周玉瑾在疲惫婚姻中的爱情出轨，细切入微地透视了中年女性在工作事业、婚姻与家庭等几重压力之下的悄然变异：更年期的到来使得她性情大变，为人恪守妇道传统的她醉酒之后又与男同学发生了一夜情。家人和男同学都没有把她的一夜情当成一回事，而她却怎么也走不出来，总是纠结于没有爱情就不会有一夜情，有了一夜情一定就是爱情。这是立于传统观念的守成，还是为一夜情寻找理由，抑或是对婚姻疲惫的无意识反抗、精神压抑的自我释放，确实都不好简单判定。与周玉瑾的这种情感迷

离、精神撕扯相联系的,是她所在的出版社由于经营不善,面临被收购的危机;丈夫范磊由于交友不慎,差点被卷入反腐风暴。面对内忧外患,她为之焦虑彷徨,却也渐渐坦然并坚韧起来。作品以轻松而有趣的文字,书写一个沉重而有味的故事,看似是在为中年知识女性吟唱一曲挽歌,但挽歌之中又显然暗含了颂歌的成分。

四 乡土现实的内蕴拓展

乡土题材在当代长篇小说写作中,一直占据着相当重要的位置,这与现代中国是由乡土社会逐步发展而来有关,也与作家们更为熟悉乡土生活和深怀乡土情结有关。但在2015年,有关乡土题材的长篇小说数量明显减少,而出自小说名家之手的乡土小说更是凤毛麟角。但乡土生活并没有淡出小说家们的视野,乡土文学的书写也并没有退场,另一些相对年轻的实力派作家,从他们的立场与感受出发,用并非传统的视角打量乡土现实,用不无新锐的眼光看取乡土变异,他们或主写乡土持续变动带来的种种社会性问题,或书写乡土文脉与文明在女性身上、家族之中的延宕与承续,以对乡土现实的内蕴的深度开掘,使乡土小说写作呈显出了新的活力。这类作品中,值得关注的作品有王华的《花村》、周瑄璞的《多湾》、刘春龙的《垛上》、冯积岐的《关中》等。

王华的《花村》,从女性作者看女性乡民的角度,揭示出当下农村在变异中给人们带来的种种隐痛。那些都爱以花朵命名的花村女人,却没有享受到如花的人生,相反却各有各的不幸:李子在男人纷纷进城之后,离了婚并选择了与留守村里的木匠等开发一起过活,但等开发也进了城之后,她便失望地放纵自己;栀子以数硬币、喝酒化解男人走后的亏空,她选择了与李子不同的对抗方式,她喜欢用"心"为自己的生活设定范围,她对傻子部落的好、对于张久久的宽容、对于张大河的敬爱,使她成为了花村的女人中最特别的一个。但即便如此,她也选择了进城,因为"人去了家就有了"。作品描述了花村女人初尝了男人进城挣钱带来的兴奋与憧憬,又承受了男人从城里带回的身体梅毒和心理颓败,直至男人们把回家当成驿站,她们也终于决定走出村庄。作品由乡村女性的遭际,触摸她们的心性,叩问他们的命运,真实无欺地揭示出当下的农村,在生产与生活都发生巨大变化的同时,日益呈现出的空巢、空床与空心的困境,及其派生出的新的社会矛盾与心理问题。作者对农村生活的熟悉与热爱,对农村女性的同情与理解,使得作品故事真实而生动,人物鲜活而形象,在一定程度上打通了生活与艺术的界限,使两者真正做到了水乳交融,桴鼓相应。

周瑄璞的《多湾》,雄心勃勃地书写了豫中一个家族四代人的故事,而把整个故事串接起来的,却是媳妇熬成婆的乡间女人季瓷。季瓷自嫁给章守信之后,就一心一意地生孩子,过日子,本分为人,勤俭持家,尽自己所能养家糊口,教儿育女,使并不富绰的章家,穿过了半个多世纪的岁月与风雨,成为人丁兴旺的、四代同堂的大家族。季瓷的人生信条通俗又凝练,简单而实用,那就是"忍字没有饶字高","省的就是挣的"。她精明又豁达,坚韧又耐劳,善良又勤谨,朴直又细腻,她既是中原劳动女性的杰出代表,又是中原乡土文明的典型符号。从某种意义上说,这部作品主要是以季瓷对乡土大地的深谙、热爱和持守,对乡土文明的承继、运用与传播,来着意表现女性与乡土的内在缘结,以及女性与家乡的密切关联。无论是到外地工作的,还是到别处上学的,章家的后人总会梦见奶奶季瓷,从而在情感上得以还乡,在精神上得到慰藉。从妻子季瓷,到妈妈季瓷,再到奶奶季瓷,一个平凡乡间女性在岁月的沧桑流变中,释发出了自己惊人的能量,也使自己闪耀出不凡的光彩。

刘春龙的《垛上》,以江苏里下河地区的垛田为背景,以农村青

年林诗阳的成长为主干故事,联结起历史的风云变幻、垛上的风土人情。出身于普通农家的林诗阳高中毕业之后,有过许多的憧憬与向往,但因种种人为的原因均未遂愿,只好回乡当了农民。但天无绝人之路,他因习得一手好字,又有好的文笔,渐渐引起有关领导的注意,赢得了一些机遇。他由写通讯报道稿起步,开始一点点地改变命运。虽然在自己的不懈努力和好心人的热心帮助下,林诗阳由村支书升任镇书记,最后还当上了县人大主任,但这个过程却充满坎坷,跌宕起伏,根由就在于他置身的垛上这块土地,由乡情、友情、爱情以及父母一辈的隐秘私情,共同构成的繁复的人际关系与氤氲的人情氛围,过于波诡云谲,令人难以看清,更令人难以把控。因此,这个以林诗阳为主角的垛上故事,既是令人感慨的林诗阳的个人成长史,也是意味丰厚的以垛上为样本的乡情社会史和乡土政治史。作者深谙垛上这块土地的社情、民情与风情,作品在对生活细部的揭示上,对人物内心的探悉上,都细针密缕,颇见功力。

冯积岐的《关中》,与他之前的小说在写法上明显不同,那就是以写实的姿态,散文的笔法,书写故乡留给自己的深刻记忆,自己在家乡的成长经历。这些纪实性的散记,分别以印象记的形式,塑造了祖母、春娟、六婶等一批个性鲜明、血肉丰满的人物形象,展示出人性的丰富性与复杂性,又在总体上描绘出了"陵头村"祖孙三代农人半个世纪以来由家族变迁、爱恨情仇和个人命运交织构成的可歌可泣的人生故事。还可以看出,无论是述事,还是写人,作者所关注的都是事象底里的文化与文脉,人物内里的精神与精魂,以及土地之性与人之本性的相辅相成,关中乡民与关中乡土的相互印证。作品在大跨度的时空,大容量的故事里,寄寓了自己对于时代、对于人生、对于人性的独特的思考与深切的体悟,并把这一切化合为坎坷曲折的人生故事和丰富多彩的人物形象,立体化地呈现出来。较之作者以前的作品，这部《关中》显然感觉更为灵动，文笔比较优美，饱满的情感流淌于字里行间，令人读来可触可感，读后余音绕梁。

五 抗战题材的艺术刷新

抗战题材一直在当代小说的创作中占有重要的地位，甚至是当代文学红色题材的主要资源与重要支撑。2015年，正值世界反法西斯战争和中国人民抗日战争胜利70周年，为纪念这个伟大的日子，有关抗战题材的作品在种类和数量上都明显增多，构成了年度小说创作的一个显著热点。

但2015年的抗战题材作品，并非为了纪念的应景之作，这些作品或基于丰盈的史实与坚实的史料，以回到历史现场的纪实手法，以宏微相间的生动画面，再现了波澜壮阔的全民抗战；或依托艺术的想象，由独到的切口和别样的主角，写出了残酷抗战中善与恶、美与丑的殊死较量。较之以往的抗战题材书写，这些作品在题材上、写法上，都有相当程度的艺术刷新。在这一方面，较有代表性的作品主要是：王树增的《抗日战争》、何顿的《黄埔四期》、黄国荣的《极地天使》、曹文轩的《火印》等。

王树增的《抗日战争》，建立于作者长期以来的史料搜集、实地踏访与史实探微的基础之上，是他有计划又有准备的军史系列写作的最新一部。因此，这部三卷180万字的纪实小说，堪为有关抗战时期国史、军史、党史与战争史的集大成之作。立足于全民族抗战的大立场，放眼世界反法西斯战争的大背景，使得作者站高望远，仰观俯察，以一次次重大战役战斗为轴，又以一个个重大历史事件及相关人物为经纬，突出反映并全景式地记叙了1937~1945年这八年抗战中的主要战役战斗，又全景性地描绘出正面和敌后两个战场在不同时期的不同历史地位作用，突出了中国共产党及其领导的敌后战场的中流

砥柱作用，全面反映了中华民族各阶级、各政党、人民各抗日团体、社会各阶层爱国人士，共赴国难，浴血奋战，不屈不挠抵抗日本法西斯侵略的艰苦卓绝、可歌可泣的斗争历史。在这个意义上，这部作品超越了抗战这个题材本身，具有更为丰沛的历史的内涵与精神的内蕴。由此也可以说，它并非史著，却胜似史著，它属于文学，又超越了文学。

何顿的《黄埔四期》，作品的主角是毕业于黄埔四期的两位国军将领——国民党第一兵团副司令贺百丁中将、国民党云南机场守备司令谢乃常少将。故事的主线是抗日战争时期与建国之后时期的两个历史阶段。两个人物的故事交织，两段历史的相互交错，既从历史现场的视角反映了抗日战争的严酷与惨烈，以及抗战对于人的命运的改写，对于民族血性的激发，又从历史延宕的维度，描绘了贺百丁、谢乃常以及他们的家族，在时代风云里的困惑与迷茫，郁闷与怅惘，无奈与无常。站在战争反思与人性审视的独特角度，使得作者把战争对于国家民族命运与置身其中的人们的个人命运的双重改写，揭悉得栩栩如生，又使得作者笔下的战争富于日常化，人物富于人性化，战争烟云与历史风云如此水乳交融地凝结在一起，使得作品读来意蕴丰厚绵长，五味杂陈，余韵令人思忖，耐人寻味。

黄国荣的《极地天使》，把镜头聚焦于一座侨民集中营，描写苗雨欣等人面对日本宪兵灭绝人性的肆意摧残，以及饥饿与疾病的死亡威胁，挺直脊梁，奋起抗争，依靠许子衡的鼎力支持，格拉斯特、戴维斯、托米等侨民的积极自救，在集中营展开了一场反饥饿、抗迫害的秘密大营救。作品在反差巨大的画面和对比强烈的叙事中，真实而生动地展现了正义与邪恶、人性与兽性的殊死较量，以及敌、我、友三方均付出惨重代价后的命运转换，以由弱渐强、悲中有壮的音符奏响了一曲世界反法西斯斗争的雄壮凯歌。无论是从集中营的特殊场景上看，还是从外国侨民的人物群像上看，抑或是从写法的善恶博弈、美丑对峙上看,这部作品都对传统的抗战题材有一定的突破与超越,对抗战生活的书写有着自己的发现与添加。

曹文轩的《火印》,主角是乡间少年坡娃和他的小马驹雪儿。雪儿与坡娃一家,原在野狐峪过着宁静的田园生活,但抗战爆发后雪儿被强行征走,身上留下了一枚日本军营的火印。日本军官用各种手法驯服雪儿,但雪儿就是不肯屈从,结果被迫去拉炮车。经历战火和苦难后,坡娃终于带雪儿回到了野狐峪,但雪儿身上的火印,却成了它的终身耻辱。作品有力地突破了原有那种"战争的暴力美学的套路",以童趣的眼光,拟人的手法,释发出诗意的情怀,展现出了人类共通的、童年时代的善良、纯真、悲悯和宽怀。作者通过作品告诉人们,战争小说可以写得高歌入云,也可以写得余音绕梁,而由此凸现出来的战争观是战争毁灭掉的不仅仅是一个国家、一个民族,它毁灭掉的是善与美,毁灭掉的是文明,是人的一切。

这篇概述因为选取了现实人生观照这样一个偏于现实主义写作的维度,2015年间一些非属现实性题材和故事性叙事的作品,在文章里就很难提及和论及。如果换个角度来看,这些作品也许在题材上和写法上,既别具新意,又富于锐意。如王安忆的《匿名》李杭育的《公猪案》陈应松的《还魂记》艾伟的《南方》等作品,或者带有寓言意味,或者借助亡灵叙事,在许多方面都令人耳目为之一新。把这样一些作品汇集进来,2015年的长篇小说创作的艺术拓进与整体风貌,才会显得更加生动活泼,也更为充实丰盈。这其实也向人们表明,在当下的长篇小说创作中,在以现实主义为基调的总体态势中,从题材和写法上看去,确实是在接近着百花齐放的状态,体现着花团锦簇的走势的。

(本章执笔　白　烨　中国社会科学院文学研究所研究员)

B.3
中篇小说：品相、能指与写实的想象

摘　要： 2015年的中篇小说，比较显见的一个现象，是重视故事的讲述，尤以出自名家之手的作品为最。但在讲好故事的同时，他们还格外在意故事的生活蕴含与人物的精神内涵，从而使故事有了别样的品相，人物有了丰富的能指。而在写实性叙事中，注重艺术想象的飞升，则表明了作家写实能力的进而增强。

关键词： 故事的品相　人物的能指　写实与想象

翻检2015年的中篇小说，发现有一个现象，大中篇比较多，好几个有影响的中篇小说都是篇幅达到七八万字的大中篇。也许这仅仅是一种偶然现象而已，但我以为偶然中也包含着必然，从中可以发现，它也折射出目前小说写作的一些新变。

中篇小说作为一种文体样式被强调出来，应该是20世纪80年代新时期文学的事情，它在篇幅上介乎长篇小说和短篇小说之间，长篇小说更适合讲述完整的故事，而短篇小说则是以文学意境取胜，中篇小说恰好能兼顾二者的特长。讲述完整的故事符合当时文学参与"拨乱反正"的社会思潮的需要，作家通过小说讲述"文革"中的苦难故事，达到批判"四人帮"的政治目的，但长篇小说的写作时间相对来说要长得多，当时"拨乱反正"的时效性容不得作家慢条斯理地写作，于是中篇小说成为众多作家的首选，在当时的伤痕文学、改革文学等潮流中，中篇小说成为了最抢眼的角色，从此中篇小说也一发不可收拾，逐渐成为小说写作中最有分量，也最有成就的文体样式。这一势头一直保持至今。后来写长篇小说又成为一种标志，作家们仿佛没有一部长篇小说就立不起来似的。但是，这些年来，长篇小说写作一直受到市场的冲击，一些作家具有精英意识的长篇小说构思很难与市场的需要达成妥协，于是他们转向了中篇小说，采取加大中篇小说故事容量的方式，将长篇小说的构思移植到中篇小说中。这对于中篇小说来说并不是一件坏事。因为曾有一段时间，批评家们认为追求故事性的倾向降低了小说的文学品格，对类似于"好看小说"的提法很不以为然，这也造成一种错觉，以为不讲究故事性的小说才是文学性强的小说。这使得不少作家在写中篇小说时不讲究如何将一个故事讲好。大中篇的出现，让人们对中篇小说的故事性有所重视。不会编织故事，不会讲述故事，即使写出了一个大中篇，也不可能吸引读者有耐心地读下去的。今年的评述，不妨就从故事说起。

一　小说故事的品相

张欣属于会讲故事的作家，她的《狐步杀》（《北京文学》2015年第8期）甫一发表起就受到读者的热烈欢迎，原因首先就在于小说跌宕起伏的故事吸引了读者。张欣在这篇小说里证明了，一个作家要讲好故事是有难度的。这篇小说的故事相当复杂，有多条线索交织在一起，张欣不仅能将多条线索梳理得很清晰，而且所讲述的故事具有层次感。第一个层次是关于爱情的故事，第二个层次是关于凶杀的故事，第三个层次是关于刑警的故事。由爱生恨，造成了凶杀，凶手的逃逸，引出了刑警。但如果因为会讲故事而贬低张欣小说的文学性，则是一种最大的偏见。张欣写的是当代都市生活，但她并没有沉湎于都市的纸醉金迷的物欲诱惑之中，而是对那些在现实中被压抑

的、被遗弃的，甚至被淘汰的精神性特别在意，比如她的小说始终有一种贵族气质在荡漾，她在书写世俗生活时仍然保持着高贵气质，流露出她对贵族精神的追慕。《狐步杀》就是这样一篇小说，特别是小说中的两个警察形象，虽然家境不同，但他们因为内心都有一种高贵气质而惺惺相惜。周槐序的高贵透着典雅，而忍叔的高贵则蕴藏着孤傲，他们真像小提琴与黑管的二重奏。在当代小说的园地里，从来还没有过这种精神气质的警察形象，这是张欣以自己的文学理想创造出来的文学形象。阅读这篇小说时，我一直在琢磨张欣为小说所取的题目，什么叫作"狐步杀"？我猜想这莫非是一个典故，或者是武术里或武侠小说里的一个专业术语。恕我孤陋寡闻，我还设法去检索了一番，但毫无收获。看来这是张欣自创的一个词语。狐步杀让人联想到狐步舞。狐步舞是一种很高雅的交谊舞，在婚礼上，往往会以一支狐步舞开始，以此祝福一对新人将有幸福美好的生活。狐步舞的技巧要求很高，要经过反复训练，才能走好狐步。狐步杀也许就是从狐步舞化用过来的。它暗喻着小说中的凶杀是一种看似高雅且费尽心机的凶杀。在这种暗喻中，其实也包含着张欣的批判态度。

阿来也是一位讲故事的高手。他在 2015 年先后发表了两个大中篇：《三只虫草》（《人民文学》2015 年第 2 期）和《蘑菇圈》（《收获》2015 年第 3 期）。阿来讲述故事的特点是不急不缓，娓娓道来。他也不爱用煽动性的叙述，不去刻意制造戏剧性冲突，不去渲染高潮。如《三只虫草》讲述了少年桑吉的成长过程，《蘑菇圈》讲述了藏族姑娘斯炯从少年到老年的一生总被时代所抛弃的命运。两篇小说所讲述的故事虽然有其特别之处，却没有大起大落，大悲大喜，像缓缓的流水。但是阿来的叙述却有着引人入胜的力量，他的叙述虽然平缓，却涌动着一股暗流，悄悄地将人们推向了高潮。这股暗流就是阿来秉持的人文情怀。人文情怀如今成为了文学批评中"放之四海而皆准"的词语，如要称赞一篇小说好，就可以冠之以"人文情怀"。所以我在此要特别强调,阿来的人文情怀有其独特处。我将他的独特处描述为:清醒地面对未来的人文情怀。也就是说,阿来并不是通过浅薄地批判一下现代病症,泛泛地赞颂一下乡村田园来表现人文情怀,他清醒地意识到历史与未来的关联,意识到文明面临进步与淘汰的考验,因此他在小说中所表现的人文情怀从来不作激越状。比如《三只虫草》通过虫草的旅行将现实的各种病相和怪异呈现了出来,但阿来并非要全盘否定现在,回到从前的自然。因此他写了成长中的桑吉并没有选择修行,而是选择了读书。百科全书,在小说中构成一个穴眼。阿来喜爱大自然,喜爱植物,这是没得说的,包括这两篇小说,他都是以植物作为小说的引子,但他更在意百科全书,因为百科全书对自然、对植物进行了知识化的处理。这就是阿来的清醒地面对未来的人文情怀。这种人文情怀在《蘑菇圈》里得到了更充分的体现。《蘑菇圈》中的藏族姑娘斯炯刚刚出场时既憨厚又可爱,她以一颗单纯的心去面对新的生活。她是这个村子里最早被吸引到革命队伍中去的年轻人。但她似乎天生对革命的规训有一种免疫力,仍然按自己的思路行事,因此与革命发生"顶撞",最终离开了革命队伍,回到了村庄。阿来通过斯炯,其实写到了一个在现代社会里人被改造和抗拒改造的问题。斯炯始终在抗拒改造,这也带来一个后果,苦难始终都伴随着她。但斯炯没有被苦难所压倒,她有一个宝贝,这就是她的蘑菇圈。蘑菇圈简直就是斯炯的生存圈。但当我们读进去后,就会发现,蘑菇圈具有很深的象征意义,它既是一个文化生态圈,又是一个自然生态圈。阿来并不排斥现代文明带来的进步和变化,但他通过斯炯的故事也在提醒人们,在追求进步的同时,要小心任何一种强势的东西对人和文化的强制改造。过去是一种政治的强势,而现在是一种经济的强势。斯炯坚韧地熬过了政治的强势,但今天经济的强势似乎更强大,这种经济的强势把斯炯最亲的亲人都收买过去了,所以斯炯无奈地对儿子说:"我老了我不心伤,只是我的蘑菇圈没有了。"这个结尾颇有深意,它让我们联想到当今的社会,是否正在破坏属于个人或民族的"蘑菇圈"。

故事是有品相的。人们之所以感觉到有些小说被故事所伤害,并不是小说不应该讲故事,而是因为所讲的故事没有好品相。故事的品相是由作家的姿态、境界、个性以及审美追求等所决定的。以上所介绍的小说,其故事都有好品相,好品相从作家各自的叙述风格中体现出来,如张欣的叙述细密,阿来的叙述淡定。董立勃小说的故事品相也很鲜明,他是一种粗砺的叙述,这与他笔下的戈壁沙漠十分贴切,因此他讲故事也是粗线条的。他的《梅子和恰可拜》(《小说月报·原创版》2015年第1期)写的是爱情故事,但两个主人公,是一对相恋的爱人吗?也许这个问题很难用是或不是来回答。作者用最高尚的品质来塑造故事中的人物,在梅子身上,他将爱情推向了极致;在恰可拜身上,他将情义推向了极致。这篇小说与爱情有关,也与历史有关,但历史只是背景和引子而已,作者的用心完全在人物上。叶广芩的小说有浓郁的京味,而且她对京味小说有所发展,她开创了一种典雅京味,并有效地将宫廷贵族的典雅移植到市井日常之中,她是以典雅的文字叙述世俗的变迁。因此她所讲述的故事,其品相是典雅的。她曾经对京剧感兴趣,以古代经典剧名为引子写了一个小说系列,如今看来她要以北京地名为引子写另一个小说系列了,《扶桑馆》(《北京文学》2015年第5期)和《树德桥》(《江南》2015年第2期)就是这个系列里的两篇。她把故事设置在一个地名里,地名更具有空间感,而随着故事的展开,叶广芩让历史沧桑感一点点地从地名中汩汩流出。与她的京剧系列相同的是,她通过故事要写的仍是人的精神气质。

二 作品人物的能指

小说离不开人物,这和故事一样也是个老掉牙的说法。作家观察世界，其实主要就是在观察世界中活动着的人，当他将观察世界的结果写成小说时，自然就要塑造出人物，通过这些人物来说话，来表达。就因为我们把小说离不开人物这样的说法当成老掉牙的说法，就逐渐使得作家不再重视人物的塑造，作家塑造人物的能力也越来越退化。现在很多小说中的人物没有鲜明的面目，仿佛都是一个模子里浇铸出来的。我们批评当下小说的同质化，其中人物形象和性格的同质化尤为突出。所以，在评述一年的中篇小说时，应该对那些塑造了性格鲜明的人物形象的小说给以肯定。但我更看重的是人物的能指。人物的能指是由作家的思想培植起来的，2015年的小说可以看出作家在这方面的努力，写人物并不满足于写一个性格化的人物，而是追求人物更为丰沛的能指。这也证明了，作家对于世界的认知越来越深入，面对现实也越来越有主见。

孙频的《柳僧》（《青年文学》2015年第8期）让我感到吃惊，她这样一位"80后"的纤弱女子，却写出了如此强悍的《柳僧》。这是一篇有着鲁迅遗韵的小说。小说的写法也很特别，这种特别性尤其体现在人物塑造上。小说的主要人物是母女俩，但作者真正要写的人物还不是她们，而是通过她们烘托出另一位人物。且看作者是如何写的。小说写母女俩回家乡探望，母亲离开家乡已有四十年没有回去过了，她对这次回乡特别兴奋，小说看似在写乡愁和乡情，但随着情节一点点展开，我们发现作者的用力之处并不在此。这是一对在情感上都出了问题的母女，母亲的婚姻不美满，勉强维持到丈夫去世，她长年处在情感枯竭中，总是在回忆婚姻生活中的冷漠和痛苦。因此母亲对这次回乡特别兴奋，她要去了却一桩藏在心里的愿望，去见见当年青梅竹马般的恋人张铁生。而女儿因为刚刚离婚，正处在情感困顿中，因此一点也不会体贴母亲的心愿，反而一路上与母亲闹矛盾。孙频用了很多笔墨写母女俩的情感别扭，把她们因情感问题而造成的心理变异揭露得非常充分。母亲从女儿这里得不到抚慰，她多么需要回

到家乡寻回遗留在这里的温馨和念想。然而家乡迎接她的是一张张敷衍和冷漠的面孔。她见到自己的青梅竹马张铁生时更是大失所望，连专为他准备的礼物都没有勇气拿出来。母女俩带着沮丧的心情离开家乡。小说写到这里徒然将读者推向一道绝壁：在村口三个男人堵住了道路，其中一位老者就是母亲日夜念想的张铁生，他带着两个儿子堵在路口，但他们不是来道别的，而是来抢劫的。张铁生，这个在作者笔下一直猥猥琐琐的人物，突然间赫然站立在我们面前，这时我们才发现原来他才是小说的中心。我相信，每一位读者读到这里一定会感到震惊，震惊于这几个男人的残忍和冷血。而我也震惊于孙频以如此大胆的笔触揭露底层人内心的邪恶。《柳僧》写到底层人物，但根本就不是人们所熟悉的底层叙述，从中我们可以看出一位作家面对现实的严肃思考。孙频的这篇小说让我想起了鲁迅先生的国民性批判。《柳僧》的结尾是一个阴森、冷峻的场景：母女的尸体被扔在柳树林里，"周围是无边的柳树。古老的柳树像一群穿着黑衣的僧侣，正静静地看着她们"。这个场景让我想起了鲁迅先生的小说《药》，其结尾也是在坟地，华大妈为儿子小栓上坟，而革命者夏瑜的母亲也来为他上坟。小栓父亲曾在夏瑜的刑场上讨一个血馒头为小栓治痨病。革命者的热血就是这样被人民所处置的！突兀在革命者与民众之间的是思想的愚昧。因此鲁迅是在以血来唤醒民众的觉悟。而在孙频的小说中，突兀在母女俩与张铁生们之间的是身份的差异，是贫富造成的仇恨。孙频是在以血来呼唤正义和公平。此刻我也就明白了纤弱的孙频为何如此强悍，因为她秉承了鲁迅的精神。但相对于鲁迅的冷静和冷酷，孙频更表现出情感的激越。

石一枫的小说《地球之眼》（《十月》2015年第3期）同样质疑到社会身份差异带来的某些不公，为此他塑造了两个具有代表性的人物。一个是代表着官二代和富二代的李牧光，一个是代表底层奋斗者的安小男。两个人曾是大学同学。安小男是一名高材生，同时他又是一个道德感极强的年轻人，因为不愿参与领导的阴谋而下岗失业。李牧光不学无术，却凭着父亲的权力和金钱，一路顺畅，竟在美国开起了规模很大的公司。安小男以自己的才智轻松地为李牧光的公司设计了一套精妙的远程监视系统，就像"地球之眼"似的，可以对美国仓库的任何一个角落都明察分毫。但安小男无意中通过这套监视系统发现了李牧光以公司为掩护在和他的父亲共同进行着转移国有资产的行径，强烈的道德感迫使他以自己的高智商一步步揭发了李牧光一家人的罪行，并最终让他们受到了法律的制裁。毫无疑问，这两个人物的最大特点就是其能指特别丰富。他们既有身份的特定印记，同时作者又把各种社会问题聚焦到他们身上，如分配不公，权钱交易，国有资产流失，等等。作者清醒地看到了各种社会问题，他想把一切社会问题归结到道德话语权的缺失上，因此他让安小男怀着强烈的道德感替弱势者行使正义的裁决。道德缺失的确是客观的现实，但道德感真的就能解决社会的问题吗？其实对于这一点连作者本人也必存疑惑，因此，即使他写到安小男取得了胜利，但他还是感到安小男的行动是冒险的，他并不可能得到社会的保护，于是作者让安小男玩起了失踪。看来，光靠道德，是无法保护正义和人民的。这恰是这篇小说的能指带给我的新的困惑，或许作者可以沿着这一新的困惑去构思另一篇小说。

刘建东的《阅读与欣赏》（《人民文学》2015年第3期）从标题看一点也不像是一篇小说。小说写的是"我"在工厂当学徒，与师傅冯荃衣之间发生的故事。冯荃衣是小说重点塑造的一个人物，她是工厂的技术能手，还特别爱好文学，当她得知"我"是学中文的后，专门要"我"来当学徒。因为文学的缘故，他们俩联系到了一起。冯荃衣作为一个小说人物，她最大的特点就是其"能指"的不可捉摸。她的命运波折，性格也随着命运的波折而有改变。所谓"阅读与欣赏"，正是作者以及小说中的"我"在尝试着去阅读冯荃衣这个人物，并通过解读人物的"能指"，达到对这个人物的欣赏。但是，"阅读与欣赏"并不是一件轻松的事情，在小说中，"我"随着师傅感情和生活的变化，却感到越来越不熟悉师傅了。作者的用意恰在这个"不熟悉"上，他想告诉人们，在日常生活中，我们对身边的人，不管是亲人还是好友，都需要以"阅读和欣赏"的姿态去面对。但普遍的情景是，人们读不懂自己最熟悉的人，既然读不懂，那就更谈不上去欣赏了。因为缺乏阅读和欣赏，误解和纠结就与人们相伴终生。

荆永鸣的《较量》（《人民文学》2015年第10期）写的是一所医院里同事与同事之间的较量。钟志林和谈生都是一所医院的骨干，钟志林放弃了当院长的机会，去美国进修医术，谈生自然就成为了医院的新任院长。钟志林回国后，就发现与成为院长的谈生之间的关系变得微妙起来，两人的矛盾逐渐越积越深，到了无法相容的地步，钟志林愤而到上级部门去告谈生，可是又因没有充分的证据不了了之。这种较量最终因为谈生的退休而化解。我们从小说中，能够分辨出谁是好人谁是坏人吗？能够得出结论谁在较量中获胜了吗？不能够。这就是中国体制所特有的"较量"，几乎在我们身边的各种单位或组织，都会发生类似的"较量"。荆永鸣不去追求戏剧化，以他所擅长的日常化叙述，不动声色地将生活的常态揭开来，让人们看到了内在的危机。当然小说最吸引我们的还是人物，看几位人物在这种无奈的较量中有怎样的心理和表演。钟志林和谈生这两个人物几乎说得上就是一种共鸣式的人物，我们或许都能因为身份不同而分别从这两个人物身上找到自己的影子，这不足为怪，因为我们都生活在这个体制内。作家荆永鸣自觉地把塑造人物放在首位，他说过："我认为小说的主要目的就是为人物树碑立传。没有人物的小说并不多见。"荆永鸣确实把笔墨都花在写人物上，但更难得的是，他不仅写出了人物的面容和表情，也写出了人物的精神。

三 关于写实与想象

当下的中短篇小说创作在叙述能力上逐渐有所加强，但这主要还是体现在写实的能力上。这也是理所当然的，现代小说更加注重与现实世界的关系，注重讲述身边的故事。但不少作家又拘谨于写实，限制了自己的想象力的发挥。如何做到既贴着地面行走，又能让文学的想象自由地飞翔？这对于作家，特别是生活在现实主义语境中的作家来说，确实是一个极具挑战性的考验。所以我也非常看重那些努力让想象飞升的小说。

罗伟章的《声音史》（《十月》2015 年第 1 期）就是这样一篇作品。这是一篇关于乡村心灵史的作品。乡村一直是罗伟章关注的对象，他一方面延续自己的写作方向，关注着当代乡村的变迁，另一方面他又不满足于对现实生活的客观描述，他需要找到更好的方式来呈现自己的思想世界。其实更好的方式对于作家来说，也就是文学的方式。客观描述不能说就不是文学的方式，何况罗伟章具有优秀的叙述能力，他以往的作品基本上采取客观描述的方式，并充分展示了他的叙述能力，按以往的写作经验，他只要将一个乡村在近几十年的变迁客观地描述出来，就一定能达到写作目的，但他选择了一种更具想象的方式：以声音的变迁史来反映乡村的心灵史。他想象有一个具有特异功能的农民，他叫杨浪。他的听觉功能特别发达，不仅能模仿各种声音，而且还能记忆曾经有过的声音。罗伟章通过声音建构起一个特别的乡村世界，这里充满了温馨和人间烟火气息。在这个乡村世界，声音是乡村的核心，也是世界的核心。乡村消失的证明，就是乡村声音的消失。于是那些还留存在乡村里的人们，只能依赖杨浪的模仿去回忆曾经的温馨。乡村声音概括地说，可以包括两类，一类是大自然的声音，一类是人伦的声音。这两种声音共同构成了一支和谐的乡村

文明交响曲。其实乡村声音的消失，也就意味着乡村文明的流失。我唯一感到不足的就是罗伟章的想象还有些拘谨，他应该让自己的想象飞升得更高更远。

鬼金的《薄悲有时》（《小说界》2015年第1期）也是一篇能将写实和想象处理得很好的小说。小说的主人公李元憿是一名中年男子，他无论是情感生活还是事业都似乎很不成功，他曾经采取逃避的方式，远离家乡四处流浪，但仍找不到出路，小说从李元憿接受校长的劝告再次回到家乡写起。回到家以后仍然是一团乱麻，前妻催着卖房子，女友出家，学校被合并再也当不成教师。鬼金以虚实结合的方式写出这一切，梦境与现实，幻觉与真相，往事与当下，共同构成李元憿的意识流，有效地体现出内心的虚幻感和破碎感。但李元憿爱好读书，且所读的都是些文学书籍，这泄露出鬼金自己的心结，在鬼金的内心深处，文学才具有最重的分量。书籍因此也为李元憿提供了唯一的一条救赎灵魂的通道。他在联系了能够安放书籍的房子之后，叮嘱自己："中年的你，将重新上路。"林白的《西北偏北之二三》（《收获》2015年第4期）同样写了一个中年人的逃离，步入中年的诗人赖最锋出游到边地，是为了好好反思自己的人生；也同样嵌进了文学的催化作用：帕斯捷尔纳克写给茨维塔耶娃的诗。于是对于边地和情节的无限想象就都有了一个坚实的着陆点。

（本章执笔　贺绍俊　沈阳师范大学教授）

B.4
短篇小说：无处不在的"情义"危机

摘　要：　男女情感是小说常写常新的题材，在2015年的中篇小说创作中，这一题材领域的书写仍然如火如荼，此起彼伏。但这些出自不同作家之手的作品，却有着一个相似的题旨取向，那就是薄情、绝情充斥着爱情，使得爱情越来越缺少应有的温热，而呈现出冷漠与冷峻。从某种意义上，短篇小说的爱情描写显现出了情义危机，而这种倾向涉及的问题确实值得人们予以关注和思忖。

关键词：　爱情书写　情义危机　情义困境

　　多年前，作家方方发表了中篇小说《有爱无爱都铭心刻骨》。小说讲述了这样一个情感故事：瑶琴姑娘死心塌地爱上了她的"白马王子"杨景国。在爱情即将修成正果步入婚姻的前夕，杨景国死于突如其来的车祸。与杨景国同时死于非命的还有另一个女子。从此，灾难如阴影挥之不去。直到中年，她结识了又一个男人，但无论这个男人如何爱她，她都难以让生活重新开始。当她最后一次去墓地告别旧情准备重新生活的时候，得知多年前杨景国死亡的真相，让她不慎落下的擀面杖又使第二个男人死于非命。当年，就是这个男人的妻子与杨景国死于同一场车祸！而同样悲痛欲绝的男人弥留之际说了一句话："你要是实在忘不掉那就不忘吧！"小说发表后在读者和文学界

引起了巨大反响。转载、评论,一时蔚为大观。方方写了一个惊涛裂岸的与情爱有关的故事,但小说写了人性的两面性:背叛与真情。杨景国是一个猥琐的男人,但瑶琴对爱情的执著像火光一样照亮了这个小说。

方方的这篇小说的发表距今将近十年,但小说对这一情感领域的书写仍如火如荼,居高不下。当然,没有什么题材比情感更适于小说。但我们发现,十年之后的2015年,对情爱的书写却发生了巨大变化:只有薄情、背叛、算计、欺骗、冷漠而没有爱情。小说写的都与情和爱有关,但都是同床异梦危机四伏。这种没有约定的情感倾向的同一性,不仅是小说中的"情义危机",同时也昭示了当下小说创作在整体倾向上的危机。

一 由情入手又与情无干

刘庆邦是当代小说圣手,我曾命名他是"短篇王"。看过《杏花雨》(2015年4月1日《人民日报·副刊》)之后,我觉得刘庆邦确实出手不凡。一对离了婚的青年男女,为给男方父亲奔丧,经过男方争取女方妥协终于达成了奔丧协议。至于两人为什么离婚倒无关紧要,这个时代离婚理由总会冠冕堂皇。重要的是刘庆邦在写两人奔丧,面对男方死了的父亲时的场景。死了父亲痛哭在所难免,他们也真是哭得撕心裂肺,一泻千里。可他们真是为死的父亲和前公公痛哭吗?男人董云声哭的是,离婚后——

> 他在银川找到的工作是在一家快递公司当快递员,每天骑一辆箱柜式电动三轮车,穿行在大街小巷,给人家送快递。作为一名学经济管理的本科毕业生,当快递员只是他的权宜之计,他的目的是尽快积累一定的资本,办一家自己的快递公司,自己当老

板，自己管理公司。为了多挣钱，他每天早出晚归，跑得马不停蹄。就说今年过春节吧，别的快递员都回家过年了，只有他一个人还在奔忙，连除夕和大年初一都不休息。为了省钱，他对自己很是苛刻。饿得不行了，他常常是泡一碗方便面充饥。鞋底子磨穿了，他舍不得买新鞋，就到垃圾堆里拣一双人家丢弃的旧鞋穿。爸爸那一辈是不容易，别人哪里知道，到了他这一辈，过得也很不容易，也有道不完的委屈，连老婆孩子都保不住啊！董云声从没有这样哭过，这一次他是彻底放开了。如果为爸爸而哭只是由外而内，到了为自己而哭，就变成了由内而外。谁都是一样，只有从内心生发，只有为自己而哭，才会哭得这样持久，这样惊天地，泣鬼神。

女方安子君呢——

安子君怎么办？来之前，她没打算下跪，没打算哭，要保持自己的形象。按她的设想，她给董云声一点面子，配合董云声走一下过场，也就完了。她万万没有想到，董云声上来就给她来了这一手。以前，董云声在她面前以硬汉子自居，遇事极少掉眼泪。她看书掉眼泪，看电视剧掉眼泪，董云声还笑话她泪窝子浅，泪水子多。她和董云声办离婚手续的那天，董云声的情绪虽说有些低落，但一滴子眼泪都没掉。看来董云声并不是不会哭，也并不是不会掉眼泪，他一哭竟哭得这般霹雷闪电，一流泪竟流得如此泪水滂沱。安子君见不得别人哭，见董云声哭得这样痛心，她的眼泪呼地就下来了。她特别听不得女儿哭，女儿和她是连心的，女儿是吓坏了，她是心疼坏了。她对董泉说：董泉，董泉，不要害怕，妈妈在这里！这样劝着女儿，她膝盖一酸，不知不觉就跪了下来。一跪下来，她就加入了与董云声、董泉的合

哭。他们的合哭是三重,有男声、女声,还有童声。

这里,女儿董泉为董云声哭,董云声和安子君都是为自己哭。这场轰轰烈烈的奔丧和哭丧,都与死了父亲、公公、爷爷没有关系。真是不动声色便有雷霆万钧之力。当然,小说间或处理的世道人心亦有深意,社会险恶,人心不古,于是,这两个分道扬镳的夫妻还会破镜重圆吗?一场离婚,一场奔丧,让安子君看到了男人的世界,让董云声看清了自己,我们看到的则是五色杂陈的世界和众生相。

黄咏梅的《证据》(《回族文学》第1期)是一篇女性小说还是一篇情感小说并不重要。重要的是她在二人世界里深刻地塑造出了一个不谙世事的单纯女子和一个心机颇深的老道男人的形象。相差21岁的律师和一个艺术院校出身的女孩组成了家庭。女孩从此成了家庭"全职太太",男人在外立万扬名。女孩倒也心甘情愿,但从此也失去了自我甚至自由:女孩说要给一个蓝鲨配一个伴儿,男人说要讲风水,一个月之后才可以;女孩要和同学聚会在外过夜,男人说:你"睡熟以后,鼾声如雷,简直,简直不可想象",这样的美女有这样的毛病不等于毁容吗?女孩上微博,但男人总是在后面掌控,经常删她的信息。女孩耐不住寂寞也为了秀一下恩爱,将他们买鱼时让老板娘拍的照片发到了网上——

> 她看到了自己,笑得眼睛只剩一条缝,她也看到了大维,他们头碰着头,各自手上举着两只鱼缸,里边的那几条鱼,现在正安闲地游弋在他们右侧的大鱼缸里。这些鱼顿时消灭了沈笛对这张照片的陌生感,这就是那天他们去水世界让老板娘拍的合影。

就是这张照片引起了轩然大波:几乎就在同一个时间,又有一条关于男人的微博:"我在澳洲圣安德鲁大教堂前为此刻抗争的弟兄们祈祷。"于是,缺席一个重要案件的著名律师遭到了网友的诟病和质疑。女孩甚至为男人开脱说自己说了谎。几天后男人真的去了澳洲,他是为那件"要事"去的吗?女孩在临睡之前在自己对面架起了摄像头,她要取下这一夜作为"证据"。她是否打算将不证自明,这个男人说的所有的"名人名言"也将不攻自破。著名律师的不可靠告诉女人的是,一个女人不能像婚纱摄影师说的那样:"只要傻傻地看着老公就好"。女人的独立性对女人来说大概是最可靠的。这应该是近些年来最为令人震动甚至惊悚的女性小说。

  张楚的《略知她一二》(《江南》第1期),是一篇非常色调抑郁的小说。说抑郁是一种阅读的内心感受。一个二十岁的在校大学生与一个看楼的女宿管——一个半老徐娘发生了不伦关系,这种本应是浪漫、有情调的男女之事,却无论如何让人难以祝福。表面看这是一篇多少有些"色情"的小说,但"色情"只是这篇小说的外壳,里面包裹的是惨不忍睹的悲惨人生。宿管安秀茹的生活如果没有这表面色情是无法揭开的。小说写得相当沉重,读过之后一点色情感都没有:它不是刻意写色情,而是意在言外。张楚就这样将一个根本不会被人注意的普通女人的善良、隐忍甚至浪漫,写得淋漓尽致,跃然纸上。在一个最边缘、最底层的地方,绽放出了一朵茁壮和夺目的文学花朵。

  这几篇小说如果单独看,都是非常有特点、有想法的好小说。它们或对人的心理、行为、肉身的讲述与刻画,令人深感震撼,它们讲述的经验也并不相同。但是,这里却共同表达了人性无情无义的相似性:无论是试图修好、貌似恩爱还是一时求欢的男女,他们都与爱情无关。一起阅读这些小说,爱情已然是一幅末日的图景。这是同一性造成的必然后果,其背后隐含的是作家对情感生活认知的差异性缺失。时代的情感生活怎样是另一回事,作家如何占有和表达情感生活,挑战的不仅是作家对时代情感生活的了解,更具挑战性的是作家如何书写出情感生活的更多面向。当然,这只是有关情感生活书写同

一性的一个方面。

葛水平的《望穿秋水》(《芙蓉》第4期),是一篇以城乡或等级关系为思想背景的小说,也是一篇写人的情感和心理变化的小说。乡村女孩闫二变长到了十六岁,在六十年代的乡村已然是个大姑娘。她"心里确实看中了会计家的晚生儿子李要发",可无论李家还是李要发,都看不上闫二变。看不上闫二变也就是看不上闫家,闫家太穷也没有地位,糊墙还要到李要发家要账本糊。闫二变的婚事没了着落。响应积肥号召的老爹闫五则要到城里积肥,带上了闫二变。闫二变遭受城里人的白眼和受的气可想而知。但积肥却改变了闫二变的命运:"闫二变年底时被公社披了红花","二变因为受苦提拔成了李坊村生产小队的队长","闫二变上报纸了,得下的奖状贴满了自己家的墙,县长见了二变都要专程快走几步路来握手"。闫二变早已不是原来的闫二变了。这时的李要发试图主动来找闫二变,可闫二变的态度却变了:她不同意了。可是面对闫二变的各种荣誉,闫五则就是高兴不起来,"叫他心急的是二变还没有成家。二变也老辣得很,见了成家立业的李要发很大方的赶上前握手,甚至问候说:'有苦难找组织。'谁是组织,闫二变是组织。李要发居然低头哈腰说:'怎么好意思给组织添麻烦。不敢不敢!'说完急匆匆走开。"闫二变和李要发的地位是颠倒过来了,当年的屈辱已荣光置换。李要发在她心里确实死了。但是,李要发之死真正的原因是闫二变一次偶然的经历:

> 那是一个向晚的黄昏,瘦高个男生骑了一辆自行车来到闫二变租住的院子里,他围了一条围巾,那围巾是一前一后耷拉着,像电影里的五四青年似的,让闫二变看到了激动的画面,不由得和村庄里的会计儿李要发又悄悄比较起来。人和人是不能比的,其实还没有来得及比,她就发现了自行车后座上还拖着一位女学生,女学生脖子上围了红围脖,两条油黑的大辫子在胸前挂着,

一双眼睛不大却水汪汪的,闫二变在她面前显得很不自在。闫二变进屋子里洗了手换了衣裳出来时,看到那女学生两只手不时地在鼻子前扇。瘦高个的男同学显然是想和对方沟通,想让她知道社会上还有闫二变这样的妮子,不能仰仗了自己的小姐脾气不懂得尊重人。看看有理想的人是什么样子吧!男学生指着闫二变。女学生瞪了眼睛看闫二变,一步一步地往后退。瘦高个男学生突然拽了女学生的手要她走近闫二变,女学生撅着屁股不走,到底还是把她拽到了闫二变身边。女学生干脆用另一只手捂严实了嘴和鼻子,闫二变不知道自己怎么啦,好久都没有照过镜子了,想说话说不出来,底气不壮的样子。自己身后可站着李坊村的全体农民呢,怎么就底气不壮了呢。木木地站着有一会儿,女学生憋不住了松开手"哇"一声开始呕吐,瘦高个男学生丢开对方的手时,女学生站起来跑了。

瘦高个并没有去追对方,拉住闫二变的手说:"你才是我们祖国未来的希望。"讲完后从书包里掏出一本新小人书《山乡巨变》放到闫二变手里扭身走了。

是这一次经历彻底改变了闫二变对男人的想象。"一辈子经见了一件事,就叫人家牵着走了,一辈子真是不长,当年的影子仿佛还在眼前。说这话时劳动模范闫二变六十岁了。"一个姑娘就凭着对男人新的想象一直过到六十岁。这当然是1960年代乡村的情感逻辑。葛水平在书写这一故事的时候已经是21世纪了,她在为闫二变遗憾的同时,显然也有挥之难去的痛惜。闫二变固守自己对爱情的想象,她做到了矢志不渝。即便我们不去评价闫二变的爱情观,仅就闫二变坚守爱情乌托邦这一点来说,葛水平如果不将时间挪移到60年代,这一切仍然是无法实现的。

80后作家陈莉莉的短篇小说《幸福链》(《西湖》第3期),无

论对情感处理还是细节处理,都表达了这一代作家截然不同的情感方式和思想方式。小说的母题原型应该是"王子与灰姑娘"的故事:一个初三的女同学"我",被初二的王子——校长的儿子万小东看上了。万小东特殊的身份和一定与众不同的风采迅速俘获了"我"。他不准"我"与别的男同学说话,"我"欣然从命,心也归属了"王子"。一次返校晚归,被学校宣布为"乱搞男女关系",声名狼藉的"我"被万小东怀疑处女膜破裂也在情理之中。于是,一个我们难以想象的场景出现了:"我"竟然要求万小东亲自检查处女膜。这个懵懂的少年第一次见到女性真实的隐秘处,并按照生理卫生教科书处乱不惊地完成了这一仪式。此后十年过去,"我"以为人生不会再有交集。但十年后的一天,万小东突然不期而至于"我"与对象独处的宿舍,并扬言"找我老婆",然后倒在"我"的床上便睡。"我"的对象尴尬得云里雾里:

> 我不知道自己注视了他多久,抬起眼时,只见我对象两手哆嗦,惊痛地望着我。他勉强说:"要不,我送你朋友去宾馆?"我说:"不用。"他问:"那,我先走?"我说:"好。"他放下手头的两本书,拎起一把雨伞(一定是昏了头,因为外面根本没下雨),夺门而出。

十年的时间并没有让青春时节的爱情随风飘散。他们理所当然地走进了婚姻的殿堂。然而,今天的"王子"对情爱的不确定性以及"我"因病不断膨胀的体型,决定了他们必定面临艰难的以后。万小东又有了朱妮妮并且怀孕生子。"我"虽然可以坦然面对,但内心的焦虑可想而知。朱妮妮居然生下了孩子名曰"小刀"。"我"心怀叵测地驾驶老别克连撞两辆车包括朱妮妮的奔驰。就在警察处理事故的时候,"我"突然发现:

短篇小说：无处不在的"情义"危机

在田田旁边，躺着一个襁褓里的婴儿，像鸟窝里的一个蛋。小脸赤红赤红，眼睛紧紧地闭着，两只小拳头举在耳边，酷似"投降"的姿势。田田几个月大时，一睡着就摆出这个姿势，像是婴儿对成人世界的求告，看了让人非常心疼。原来婴儿都会做出这个动作。我小心地将他抱起来，他身上有股浓郁的奶香味，非常好闻。我仔细看了看他的眉眼，很有几分田田的模样，眼线很长，鼻梁挺挺的，嘴唇紧紧抿着，一定是我们的小刀，真是个漂亮的小伙子啊。我将他挨在脸颊上亲了亲。可是，他是怎么来到这儿的？万小东呢？我向路那头张望，这条路又恢复了空荡荡的模样，两排槭树静默地立在一旁，路上不知什么时候起，已经铺了层薄薄的槭树叶，像一条金黄色的地毯，绵延不绝，像要通向未来的世界。

读到这里，我们的眼睛湿润了。一个并不新奇的情爱故事，被陈莉莉写得风华绝代气象万千。小说之所以感人，在我看来是陈莉莉以我们不曾经验的"真实"讲述了她的故事。这个真实当然是想象的和艺术的真实。比如"我"为了证实自己的清白竟让万小东亲自检查处女膜的大胆处理；比如"我"对万小东的痴情甚至置对面相处两年的对象而不顾等，都极端化地书写了一个"灰姑娘"对"王子"矢志不渝的爱情。在一个没有爱情的时代，还有什么能够抵挡这样的情感力量。但是，小说更感人的还是结尾的处理："我"对这个名曰"小刀"的无辜孩子的由衷喜爱，不仅符合一个女性本能的性格，同时也意味着"我"与过去、与仇怨、与现实的和解。小说写得如此有境界，是我多年来不曾见过的。于是，我可能有理由对新一代作家充满期待和信心：她们年纪轻轻但世事洞明；她们对爱的理解铭心刻骨浪漫至极；而对人心的理解，对情爱的理解，她们又是如此深情款款沧海桑田。但是，这里有一个极大的错位：对一个孩子的爱置换了对万小东的爱,这种爱与我们讨论的爱情已经不是一回事了。因此,葛水平的《望穿秋水》和陈莉莉的《幸福链》,在本质上与刘庆邦的《杏花雨》、黄咏梅的《证据》、张楚的《略知她一二》并没有区别,是对爱情书写同一性的另一种表现形式。

或许戴来的《表态》(《人民文学》第1期)更尖锐地揭示了当下情感生活同一性的本质。小说情境设置在一个暗夜——看不清任何事物的面目。这时人的交流会发生微妙的心理变化。也就在这样一个暗夜中,小说中人物的心态被呈现出来:一个老者自己贴了一个寻找自己的"寻人启事"。他不为别的,只为能够让自己的老伴儿看见这个"启事",然后看她是什么态度。于是,"表态"就成为小说所有人物关系的核心枢纽——"我"的前妻要再续前缘等着"我"表态、父母要抱孙子等着"我"表态、女友一夜未归显然是对"我"晚归的报复,也需要"我"表态。那个长者的"寻人启事"与"我"的当下遭遇,几乎构成了同构关系,长者的现在不仅是"我"的未来,也是"我"的现在。人没有归依的虚空感弥漫在小说每一个人物的心里和那个暗夜的整个空间。这是一个没有信任和爱的时代,大家心理的最高期许,也就是一个"表态"而已。"表态"是否真实并不重要,重要的是,那是一个心理需要获得的安神剂或止痛药,而与真实没有关系。

二 情义危机的写作个案

情义危机的问题,弋舟的小说或许是一个有趣的个案。这些年,弋舟的小说无论艺术水准还是思想深度,在批评界备受好评。他在2015年发表的短篇小说《光明面》(《作家》第8期)里的主人公,看上去相貌平平,一个没落、潦倒和已经破产的老板,坐在自己公司的沙发上做最后的喘息——他在处理后事:那座被抬上楼来的铜牛被安放好之后,这个破产的仪式基本就结束了。他的绝望、沮丧可想而知。这时几个人物相继出现：曾经合作的朋友、前妻、母亲、跟了自己多年的老出纳和一个来应聘的女孩。这些人都在用不同的方式鼓励这个中年老板，朋友说："嗨，你要重拾生活的勇气"；母亲说："没什么了不起，失败了还可以重来"；前妻的越洋电话说："不要这样，你要重新拾起生活的勇气"；老出纳说："你还年轻。你要重新拾起生活的勇气。"但是，这些友善或励志的鼓励并没有给这位老板带来任何触动。倒是一个来"应聘"的女孩改变了老板的沮丧颓唐和绝望。女孩当然不会对老板说"你要重新拾起生活的勇气"之类的空洞无力话，但是，她应聘了清洁工之后，生机勃勃地劳作起来的同时，和老板有这样一段对话：

"跟我说说，"女孩开始翻弄她背着的小包，"最消极的时候是什么感觉？"

"我……觉得自己变成了一张沙发。"他捂着脸说，听得见自己脑袋里的血管怦怦作响。

"哦，沙发。"女孩若有所思地重复着。"想开点，"她说，"就算变成了一张沙发也没什么不好。地球这么大，而我也占了一席之地。心情糟糕的时候，我就会想想这个，然后就开心得不得了——因为这让我显得像是一个地球性的公民。"她从包里翻出了一个褐色的纸袋，扒拉开，里面是半个发蔫的汉堡。

女孩用胳膊撞撞他，问道："你也吃点儿？"

只见这时的老板：

他不得已放下了自己的双手。但是他的头却扭向一边。他不敢与女孩正视。他担心自己没准儿会流出泪来。白光灼灼，像十一月份的阳光，或者假冒的月光，亮度很高，却没什么热力。这当然不正常。日后岛民们必将如此纪念这个夏季。

他竭力掩饰着，站起来，迎面走向了那尊铜牛。铜牛已经被女孩擦得锃亮，在白光中熠熠生辉；牛眼瞪得浑圆，好像在考虑自己的处境——究竟是做一头华尔街铜牛，还是做一头漂亮的如同女人一样的奶牛？他也并不知道接下来该做些什么。他只是被这样的念头所打动：此刻，世界在土崩瓦解，而他却身在光明面里。这个念头尽管充满了侥幸，但也显得那么能够抚慰人心。在地球上占有一席之地的女孩有滋有味地吃着她的半个汉堡。同样也占有一席之地的他弯腰捡起了地板上的那串钥匙。这就好像是重新拾起了生活的勇气。

小说讲述的是，流行的空话、套话已经浸入到我们的日常生活，即便是最亲近的人也难免言不由衷地应付。诚挚和发自内心的关爱几近奢侈。那么，究竟什么样的话才是有力量的，什么样的生活态度才是有感染力的？小姑娘还没有被社会虚假话语污染，她才是生活的"光明面"。小说用的是后叙事视角：老板曾何等风光怎样破产，小说并没有讲述，它讲述的是老板破产之后怎么办。这与流行的讲述富人阶层的小说就这样划开了界限。

弋舟的另一个短篇小说《平行》（《收获》第6期），是他只可想象尚未经验的小说，年轻的弋舟与"老去"甚远。因此，这是一篇"不可能"的小说，那是一个虚构的地理学老教授的经验。老教授在已经老去的时候突然产生了追问什么是"老去"问题的想法，这与人生的终极之问只有一步之遥。老教授经过几个人之后，获得了外部世界的答案：哲学老教授虽然一以贯之地说："这会是一个问题吗？"这一同时他用勃起和射精次数回答了他，哲学教授的意思是，你不会勃起和射精，"明白了吗？老去就是这么回事儿"；前妻用旧情未忘回答他；小保姆用她弃之不顾回答他；儿子用将他送到养老院回答他。这些直接或间接的回答,从不同的方面回答了地理学老教授的追问。"老去"真是一个悲凉的事件,除了前妻在离婚离家时,因教授追出来给了她一把老式的雨伞,避免了她被抢劫和毁容的危险,而对他念念不忘外,其他所有的人,没有一个人真心关心他或认真对待他的追问。

老教授终于被自己那个冷漠的公务员儿子送进了养老院。面对一个陌生的环境,老教授陡生了一种莫名的恐惧,一如一个孩童进入了幼儿园。于是他决定"出逃"。他从养老院通过大半天的时间,乘公交车几经辗转,居然穿越了大半个城市回到了自己的家里,居然自己煮熟了半袋冰冻饺子。然而,他依旧"老去"到忘记了关好煤气阀门。意外的"出逃"成功,"一次新的重生似乎就在不远的地方等着他。这种感觉不禁令他百感交集,眼里不时地盈满了热泪"。地理学老教授终于找到答案了:"老去,"只能用自己的体验找到答案。"老去"就是躺倒,就是与地面平行。"老去"在与地面平行的同时,也就是解脱,就是获得了自由。人生的终极意义付之阙如,当"老去"时,一切是如此现实,"悲凉"几乎是"老去"的另一种解释。但是,当你离开这些"关系"——"如果幸运的话,你终将变成一只候鸟,与大地平行——就像扑克牌经过魔术师的手,变成了鸽子。"这个浪漫主义的虚无结尾,虽然只属于弋舟对"老去"诗意的想象,但是,除此之外,"老去"还能怎么样呢?

近些年来,弋舟一直在追问人生的道路,追问人的终极价值和意义。不同的是,此前弋舟是在社会层面展开的,是外部世界挤压和人的反抗过程,那里多是无奈、屈辱甚至绝望;而这篇小说完全回到了人的自身,是生老病死,是临终关怀。即便如此,弋舟还是要抵抗绝望与虚无,即便"老去"也要拒绝绝望与虚无。但是,也许人越是抵抗或突显什么,那个被抵抗的无形之物越如影随形。如果是这样的话,我们是否就可以认为,《平行》仍然是一篇表达与虚无有关的小

文学蓝皮书

说呢?

弋舟是近年来涌现出的最优秀的青年小说家之一。他的《所有路的尽头》《等深》《而黑夜已至》等诸多名篇,达到了这个时代中篇小说的极高水准。但是,这两个短篇小说也无可避免地沦入了情义危机的问题。"破落""老去",都是人生的末路。倒不是说他追究的问题的同一性,而是他在处理小说人物情义问题时陷入了相似的模式。无论是"没落"还是"老去",情感关系都是最亲的人,比如破落儿子与母亲的关系、"老去"的父亲与儿子的关系,都是淡然和冷漠的。他们对人生的"末路"都没有给过真切的关注,或是千篇一律地劝慰,或是冷漠地将其驱逐。人心在这个时代已冷若冰霜。我们所说的情感,除了爱情,还有亲情、友情等。弋舟在处理亲情友情时,与上述处理爱情的小说的情爱关系是基本相似的。真正的情和义都付之阙如。弋舟也曾经发问:"是什么使得我们不再葆有磊落的爱意,是什么使得我们不再具备生死契阔的深情",这是弋舟的发问,当然也是他需要回答的问题。他在长篇小说《我们的踟蹰》将要讨论和回答这个问题。我们拭目以待。

三 多人笔下的情义困境

邓一光写深圳的小说,写得虚幻、恍惚、渺茫,甚至怪模怪样。一种不确定的、迷离或似有若无的气息一直弥漫在小说的字里行间。因此,与其说邓一光是在写深圳,毋宁说他是在写对于深圳的感觉。因此,他的深圳小说与北京作家写北京、上海作家写上海,是完全不同的:北京、上海的城市文化经验相对稳定,即便表面有较大变化,但历史和传统的力量一直在"较劲"似地扯住"过去"不放。因此,这些大都市无论跑得多么快,总有一股潜流仿佛在说"事实并非如此"。但深圳不同,这个只有三十多年历史的城市还处在婴儿期,它有那么多的不确定性,你如何能够用"写实"的方法将它一览无余?因此,邓一光的感觉是非常真实的感觉,真实感觉不用那么真实的笔法去写,就是邓一光关于深圳的写作策略。他的《簕杜鹃气味的猫》(《中国作家》第5期),故事写的是一个即将"弃绝"这座城市的花木师罗限量和他的徒弟一定要找到那个虐猫的女人——在簕杜鹃花丛中丢弃了六只猫的尸体的女人。这个女人幽灵一样地不时在公园出现,于是,"寻找/藏匿"便成了小说的基本线索——那个虐猫女人最终被发现并被簕杜鹃刺伤。这个女人不断搅扰簕杜鹃,也搅扰了自然和社会秩序——

> 花木师罗限量离开簕杜鹃花丛,向高处一点的地方走去,阳光从更高的地方洒落下来,从他渗出微汗的额头上一片片掠过。很多年以前,他在谈唯一一次恋爱的时候,他给那个名字叫做汤云朵的姑娘讲了一个植物气味的故事,他没有告诉姑娘一件事,植物的气味有时候是邀请,但更多的时候是拒绝,它们希望访客不断,带走它们的孢子,去别的地方繁衍生长,但它们不希望访客留下来打扰自己,于是就用气味传递驱离访客的讯息,关于这个,昆虫们接受了,别的动物没有接受。

小说写得像城市上空的云岫:既缠绕在城市上空,又难以落地生根。因此,邓一光写的纯粹是一种关于深圳的感觉。是对生活环境中的语言兴趣,植物语言、人与动物交流语言、人际语言、城市的体制语言、地域交杂语言,它们相互交织,斑驳陆离,构成了主人公的生活,或者说生存环境。

近年来的范小青,一直在书写城市生活的某些片段,这些片段几乎都是城市生活难以整合的"碎片"。这篇《碎片》(《作家》第7期)的环境是城市,但是它的主角却是一个"飘儿"——一个和几

个人合租旧公寓房的刚毕业的女大学生包兰。包兰最大的爱好就是在网上买衣服,有的没穿几次就扔了——

包兰处理她不要了的衣服也很干脆利索,她把小区门口收旧货的大婶喊上来,让她把那个脏兮兮的蛇皮袋张开来,她就朝着那个张开的口子,一件一件往里扔。扔一件,那大婶就"哎哟"一声,扔一件,大婶就"哎哟"一声,包兰就笑,和包兰同住的室友也一起笑。

她甚至荒唐地买回了自己曾经卖掉的裙子——

她还在东摸西拉地欣赏她的得意之作,她发现了裙子的口袋,口袋就在线缝中间,真是实用而又隐蔽,设计真的很精巧哎,包兰又赞叹了一回。她的手伸进口袋,触碰到口袋里有什么东西,她掏出来一看,是两张电影票,包兰奇怪地说,咦,怎么会有电影票?室友说,不会是网店老板暗恋你,送你的哦。包兰说,去,谁知道那是男是女,是人是狗呢。大家都笑,包兰又看了一下电影票,是两张过了期的票。

包兰也没多想,就将它们扔掉了。

包兰已经忘记了,这是她和她的男友一起去看的电影,只不过男友现在已经是前男友了。

男友是前男友,裙子是前裙子。形成鲜明对比的是这些混在城里的孩子的老人们,他们靠拾荒给他们寄钱,他们再毫不心疼地花出去。这是我们司空见惯的现象。这个现象背后隐含的是一种奇怪的心理,这就是:人越缺乏什么越要凸显什么:贪官要凸显廉洁、富人要凸显节俭,而出身低微的人一定要凸显阔绰,挥金如土。这种虚荣现象几乎是一种奇怪的通病。因此,从另一个角度说,范小青的这篇《碎片》,仍然是她对城市荒诞生活批判的继续。同时,虚荣的年轻人与贫困中的拾荒老人构成的比较,从一个方面表达了截然不同的价值观,而这当然也与情义有关。

吴文君的《立秋之日》(《青年作家》第1期),起笔波澜不惊,在一辆长途汽车上,李生要去扫墓,遇见一个陌生的瘦子,两人虽不相识,但说家常抽香烟,宛如熟人。未想到风波骤起:包括瘦子在内的四个劫匪洗劫了车上所有的人。李生没有被抢躲过一劫,于是成了最大嫌疑人被带进了派出所。所长认识李生,他又躲过一劫被放了出来。李生无论如何也想不出这是为什么。李生还是放心不下未完成的扫墓——

> 这一天上午,他又去了车站,等车的时候,忽而眼前晃过那四个人的身影,心里一惊,凝神再看,果真是那几个,绝不会错,都是三十来岁,天冷,都穿上了体体面面的外套。
>
> 李生看着他们登上一辆车。那戴细金边眼镜的瘦子清清晰晰也在其中,在一窗边坐下,悠然吸着烟。
>
> 李生只觉一个念头呼之欲出,盯着他看着,看着,恍然想起几个月前他在市内坐公交车,前面一个人掏钱带落一把钥匙,用一根红线拴着。虽然"当"地响了一下,这个人并没有听见。李生捡起来还给了他。
>
> 他放过他,就因为这枚钥匙?

小说写尽了人性的复杂性。细微处见到吴文君处理细节与理解人性的功夫。在这样的细微处,吴文君倒是让我们从劫匪那里看到了一丝与情义相关的一道微光。

吴君的《生于东门》(《中国作家》第7期),似乎还是写底层人生活的小说：东门是深圳关内，因此陈雄非常有优越感——邓小平根本就没有把关外划在深圳的圈里，他发誓也要把儿子生在东门。但是，陈雄的命运实在是太差了，他即便在东门，也只是一个拉客仔。孩子、甚至阿妈都看不起他，被人看不起的陈雄，还有谁会看得起他的孩子。所以儿子陈小根在学校也受尽了欺辱，回到家里再受父亲陈雄的奚落；贫贱夫妻百事哀，夫妻两人口角不断也多为生活琐事。所谓浑浑噩噩的日子，大概就是陈雄过的日子。但是，当儿子陈小根要过继给香港商人、儿子就要留在香港的时候，一切都发生了变化，包括父子、夫妻。陈雄也许第一次体会了亲人的感觉。小说写尽了底层人的生存困境，在一切即将改变的时候，人间的暖意徐缓地升起来了。这是吴君小说的一大变化。事实也的确如此，穷苦人也不是每天都泡在黄连里，他们也有自己的快乐和欢欣。小说在波澜骤起处的设计与构思，大起大落，摄人心魄。吴君将父子亲情写得如此真切，但她也必须像葛水平置换了时间一样，置换了空间环境——她将父子两人最后的关系一定要设计在香港而不是他们的家乡。显然，吴君在处理父子情义时也遇到了困境。

格非在他新近出版的研究《金瓶梅》的著作——《雪隐鹭鸶——〈金瓶梅〉的声色与虚无》（译林出版社 2014 年 8 月版）的前言中说："当今中国社会状况的刺激以及这种刺激带给我的种种困惑，也是写作此书的动因之一。《金瓶梅》所呈现的十六世纪的人情世态与今天中国现实之间的内在关联，给我带来了极不真实的恍惚之感。这种感觉多年来一直耿耿于怀。我甚至有些疑心，我们至今尚未走出《金瓶梅》作者的视线。换句话说，我们今天所经历的一切，或许正是四五百年前就开始发端的社会、历史和文化大转折的一个组成部分。"《金瓶梅》是写于中国资本主义萌芽阶段的小说，小说写尽了那个转折时代人的情色生活和利益欲望。"情义"在《金瓶梅》中几乎是不存在的。但是时至今日，通过上述小说加剧了我们对今天情感生活的紧张感和不安全感。我十分犹疑，小说中表达的无处不在的"情义危机"，是否在我们的叙事中被强化或夸大了？现实生活的映像是，电视上可以香车宝马地谈婚论嫁，郎才女貌是交换婚姻的必备条件。如此等等，那是我们情感生活处境的全部吗？文学在某些方面真实地表达生活之外，是否也需要用理想和想象的方式为读者建构另外一种希望和值得过的生活呢？这当然是老生常谈。

（本章执笔　吴丽艳　沈阳师范大学中国文化与文学研究所副教授；孟繁华　沈阳师范大学中国文化与文学研究所教授）

B.5
纪实文学：彰显中国经验和中国故事的共同价值

摘　要： 巨变的社会现实生活和良好的文学生态环境，给纪实文学造就了丰厚的沃土，提供了丰盈的素材。2015年的纪实文学，以国家一系列重要工程的聚焦和各个行业创业者的素描，显示出纪实文学写作在多个层面上切近"中国梦"的大追求与新趋势；而"新抗战文学"的凸显，则超越了纪念的意义，构成纪实文学写作的一次重磅出击。纪实文学传导出来的，是这个时代从社会生活的变革到人们精神的变化的全息图景。

关键词： 纪实文学　新抗战文学　中国故事

对于包括纪实文学在内的非虚构文学写作而言，2015年具有特别的意义。

2015年，著名的诺贝尔文学奖被授予了白俄罗斯的纪实文学作家阿列克谢耶维奇。这位记者出身的女作家所选择的创作对象包括苏联卫国战争（《战争中没有女性》）、阿富汗战争（《锌皮娃娃兵》）、核灾难（《切尔诺贝利的回忆：核灾难口述史》）等，她写下的是一部部人类灾难的备忘录。阿列克谢耶维奇并不只是简单地在描述灾难，而是在关切人类的整体命运，关注人类的生存与安全。她的获奖,被认为是非虚构性纪实文学的胜利,是纪实文学具有强大生命力的一个象征。

一 纪实文学保持着蓬勃生机与活力

2015年6月24日,习近平主席将《盖世太保枪口下的中国女人》一书作为国礼赠送给比利时国王菲利普。这是张雅文十多年前创作出版的一部纪实作品,后被翻译成英文。这部书讲述了二战时期中国女子钱秀玲从德国秘密警察枪口下拯救出一百多名比利时平民的故事。在纪念世界反法西斯战争胜利七十周年前夕,张雅文又在原书的基础上进行补充采访和充实扩展,创作出版了长篇纪实文学《与魔鬼博弈——留给未来的思考》,首印三万册,受到专家和读者的普遍好评。

近年来,何建明的多部作品,包括十几年前出版的长篇纪实《落泪是金》《中国高考报告》《部长与国家》等不断再版重印,王宏甲的《无极之路》《新教育风暴》、张雅文的《生命的呐喊》、赵瑜的"独立调查启示录"系列作品、李鸣生的"航天七部曲"、梅洁的作品典藏系列等众多纪实作品亦陆续再版。王树增的"战争三部曲"——《朝鲜战争》《解放战争》《抗日战争》,屡创销量新高。他和何建明的多部长篇纪实销量都达到了数十万乃至上百万册。黄传会的一部按说不会有很多读者的长篇纪实《我的课桌在哪里?》数年前销量就达到了七万册。并非一线作家管斌的一部为雷锋传人立传的作品《成德之道》在短短两三年内就五次重印……

所有这些现象都在表明,纪实文学拥有着广大的读者,具有强大的生命力。

在文学市场普遍不景气的环境下,纪实文学为何能厕身其外呢?纪实文学为何会有如此强盛的生机与活力呢?

文学蓝皮书

　　根深才能叶茂，叶茂方能花繁。纪实文学是中国的本土文体、原创文体，在我国有着悠久而深厚的历史。我国远古即有记事的传统——结绳记事、仓颉造字、甲骨占卜、青铜铭文，记述君王战功、天文、地理、农业稼穑收成、风土人情等，到了商周，出现了摇着木铎到民间去的采风者，搜集采撷民风民意，记录历史事件、趣闻轶事。纪实是最悠久、最古老的一种书写与创作。我国最早的书面文字记载主要是一些史传纪实。从春秋战国时撰著的《尚书》《春秋》《左传》《竹书纪年》到汉晋时的《史记》《战国策》《汉书》《后汉书》《三国志》等。其中尤以司马迁的《史记》为典型代表，开启了中国纪实文学的先河。这些著作，既可被视为历史著作，亦可归入叙事散文范畴。如果从纪实性、信息性、真实性等方面考察，这些著作可以说是中国报告文学及纪实文学的鼻祖或雏形。文学创作和市场存在着周期性轮回的规律，从戏剧到神话，从诗歌到散文，从虚构到纪实，每个时代总会有一种备受追捧的文体。当今是儿童文学、网络类型文学大行其道，也是非虚构的纪实文体备受欢迎的时期。

　　盛世修史，盛世修志。良好的文学生态环境促生了纪实文学的繁盛。随着国家经济社会的发展，思想人文环境不断宽松改善，为以"求真务实"为品格的纪实文学创作，创造了良好条件，提供了充分的可能。作家们的创作更为自由，在题材和内容选择方面也不断拓展。纪实文学包括了各种日常性记事，包括传记、方志、谱志，也包括各种回忆录、档案、口述史、访谈录等。这种文体自身具备很强的可塑性、伸延性和包容性。因此，纪实文学的创作门槛较低，范畴广泛，内容繁复，几乎包括了所有的叙事类作品。近年来，出现了为个人或地方修谱纂志、作史立传的浪潮，涌现了一大批地方志、口述史、家族史、自叙传、回忆录或"家族记忆""国民记忆"类的纪实作品。

　　日新月异、天翻地覆的时代变革为纪实文学提供了源源不断的、开掘不尽的丰厚创作资源。中国正面临前所少有的大变局、大变革，国家面貌和人们的物质精神生活都在发生着亘古少见的巨变。人们常说，生活比文学精彩，真实比虚构有力。纪实文学作为一种可以及时、迅捷、忠实地记录现实生活和情感变迁的文体，在反映现实、塑造人物和刻画心灵等方面具有得天独厚的优势。它的长处在于既可以全景式描写和叙述，波澜壮阔地呈现；也可以局部取样，精雕细刻地创作，在介入现实、描绘人心、表现精神图谱和心灵世界方面拥有小说、诗歌等文体所匮乏的优势。现实生活的巨变是纪实文学保持勃勃生机与活力的深厚基础或深层原因。纪实文学包括现实题材和历史题材。随着各种档案和历史资料的解密披露，外国大量相关的历史资料的译介引进，都为纪实文学创作提供了丰富而新鲜的素材。

纪实文学拥有可持续发展的、庞大的读者群体。纪实文学之所以具有强大的市场号召力和读者吸引力，根本原因在于这种文体的基本属性、审美特质和独特价值。纪实文学是非虚构文体，真实性、及时性、时代性、知识性、信息性是其基本特征，能够提供给读者丰富有益的资讯信息内容。纪实文学通常具备文献价值、史志价值、哲学思想价值、社会学价值和文学价值。现实纪实往往对现实生活作出辨识和解析，具备认识价值和教育价值，可以帮助读者更好地认识社会和了解生活。

纪实文学更多地关注人间烟火，关注百姓关切的社会热点、焦点、疑点和难点问题，更多地指向现实，描写小人物和底层生活，反映普通人生存状况，像阿列克谢耶维奇那样更多地关切全社会乃至全人类的生存与发展，能带给读者更多的思想震撼和启迪，更易引起心灵共鸣和情感共振。由于纪实文学具有其他文体所难以取代的优长，因此更易受读者喜欢。

纪实文学的兴盛还要归结于作家们强大的创造、创新活力，这是纪实文学常葆朝气、锐气与生气的根本原因。纪实文学准入门槛低。

近年来许多原先主要从事散文、诗歌、小说等文体创作的作家纷纷加入纪实创作队伍,不少新闻记者、编辑、人文思想专家和文史哲方面的学者也不断参与纪实题材的文学创作,使纪实文学写作人才不断涌现,创作面貌焕然一新。2008年汶川大地震激发了"地震报告文学潮"。2010年以来报刊媒体及理论研究界对于非虚构文学的倡导与推进,造就了"非虚构创作潮"。党的"十八大"以来有关部门对于"中国梦"主题创作的倡议、鼓励和推动,掀起了一股刻画英模人物、时代先锋,反映民族艰难而壮丽的发展复兴伟大图景的创作热潮,产生了一批优秀纪实作品,如去年"五个一工程"奖表彰的关于"歼十五"总指挥罗阳、北川副县长兰辉、玉米专家程相文等的长篇纪实图书。

纪实文学的转化改编成就斐然。纪录片,电视政论片、专题片作为纪实文学的衍生载体或艺术样式,近年来大量拍摄播出,备受观众欢迎和喜爱。也有大量的纪实作品被及时改编成电影、电视剧等,受到各方面的充分肯定。纪实文学作家也在探索文字与摄影、图片、视频等图像艺术相结合的形式,如李鸣生、赵瑜分别推出了摄影纪实文学《震中在人心》《野人山淘金记》等新样态作品,获得了成功。

有的作家在积极探索篇幅超短的"微报告"、"微传记",值得特别关注。如黄传会在《当代海军》和微信上发表了"3分钟读懂66年人民海军历史"的微纪实,广受点赞。网络上发表了一些关于已落马高官的《列传》,采用了类似《史记》的纪传体形式,文字简洁凝练,不失古风,受到了网友们的拥趸。中国传记文学学会开展了"微传记"征文活动,推动篇幅精短的小微传记、迷你传记的发展。

时代变革发展是进行时,民族复兴中国梦正在路上,将根柢深植于丰厚现实及历史土壤,深植于传统文化沃土的纪实文学必然具有经久不衰的强盛活力。这是一个最好的时代,也是一个纪实文学的黄金时代。社会发展需要纪实文学去记录与讲述,人们的情感变迁和心灵嬗变需要纪实文学去反映与揭示，国家民族面临的困难与挑战需要纪实文学去作出解析和回应……现实和历史浇灌着纪实文学，时代和读者需要纪实文学，作家和创作者喜欢运用纪实手法创作，所有这些共同决定了纪实文学这种追求真实性品格的文体必定具有强大的生命力。

二　"新抗战文学"正在崛起

与备受诟病的抗日神剧、抗日雷剧形成鲜明对比和反差的是，抗战题材的文学书写呈现出完全不同的面貌及格局。集中阅读近期的抗战题材文学作品尤其是纪实作品，可以得出这样一个基本的判断：现在我国抗战题材的文学创作已经进入到一个深化的阶段，和以往的同类作品相比，出现了一些明显的新变化，这些变化似乎都在预示着一种不同于以往抗战题材创作观念、视野和审美风范的"新抗战文学"正在崛起。

刷新了的历史观

与以往的创作不同，今天的抗战题材书写正在运用更为辩证的和唯物主义的历史观矫正我们对待抗日战争及世界反法西斯战争的历史，竭力恢复历史的本来面目。

20世纪80年代之前我们的历史教科书对抗日战争的叙述，是与世界反法西斯战争割裂开来，独立叙说；对抗日战争时期国民党正面战场的描述，基本上是节节败退、全线溃败。在第二次世界大战东方主战场的视野里，片面突出共产党领导的抗日武装，强调共产党领导的人民武装在抗战中发挥了主导性、决定性作用，但却有意忽略、无视乃至扭曲了国民党军队所发挥的作用。这种历史观显然受到了当时特定政治环境的影响。这种不无偏颇的历史观直接影响到了作家们看待抗日战争历史的态度和观念。抗战胜利后以至建国后的一系列抗战

题材作品，遵循的基本上是这样一种历史观，清一色都是正面描写中国共产党领导的抗日武装斗争。

1986年上映的《血战台儿庄》是大陆影坛第一部以正面而肯定的态度拍摄的一场论述国民党军队打胜仗的电影，揭开了客观对待抗战历史的序幕。到了20世纪90年代至21世纪之初，在思想解放的时代大潮中，部分作家的历史观念又开始矫枉过正，认为国民党正面战场在抗日战争中发挥了主导核心作用，在对抗战的描写中，片面突出对国民党正面战场的描写，抹杀或者忽视了共产党和共产党军队的重要作用。这些文学书写在历史观方面同样可能存在着一定程度的偏颇。

目前，作家的抗战历史观再次得到了刷新和矫正，更为接近历史本真。中国人民抗日战争被视为世界反法西斯战争的东方主战场，为其不可或缺的重要组成部分；抗日战争是中华民族全民族的全面抗战，是人民之战、正义之战、和平之战。这些论断得到了广泛而普遍的认同。当下文学作品大多既重视国民党正面战场的重要作用，同时更强调共产党在抗战中发挥的中流砥柱作用。既不贬低国民党正面战场的作用，更不忽视或轻视中国共产党领导的敌后抗战对大半日军和伪军的牵制制约作用，认为抗战胜利是国民党正面战场与共产党敌后根据地武装力量联合作战，加之国际正义力量支持共同作用所取得的必然结果。譬如王树增的《抗日战争》、徐锦庚的《台儿庄涅槃》等，都是在这种刷新了的抗战历史观指导下的文学书写。

无限逼近历史真实

抗战是过去式，是完成了的历史。对于抗战的书写，虽然永远无法重返历史现场，无法还原历史原貌，但是却可以无限地逼近和接近历史真实。今天的抗战题材创作，更加真实，更加深入。真实性品格日益得以彰显。

随着大量历史档案资料的公开和披露，国外相关资料不断地被翻译出版,随着作家采访范围和力度的扩大,大量抢救历史的口述实录、访谈录、回忆录等的整理出版,都使作家的写作有了更多的第一手资料依据,特别是在纪实文学创作上尤其明显。

包括《抗日战争》《台儿庄涅槃》在内近期出现的一系列的抗战题材纪实文学作品,都有一个共同的品格,就是努力还原历史的本真。采取了一种更客观的,唯物的、辩证的历史观来看待国民党抗战,来看待14年抗战历史。这是一个突破,也是抗战题材文学创作开始走向深化的一个突出表现:力图通过严谨考证校正历史。以前有一些历史的书写可能是错误的,原先对于抗战历史的有些判断今天看来是错误的。例如关于台儿庄血战,以前我们做得更多的是在遮蔽、淡化这段壮烈历史,渐渐地,我们开始还原国民党军队在正面战场发挥的作用,更多地强调其作为抗战的一支主力的判断。到了《台儿庄涅槃》这本书,作者已不再简单片面地强调国民党在血战中发挥的主力作用,同时也写出了共产党在台儿庄血战全过程并不是袖手旁观的,也积极参与了决策、谋划,如写到周恩来在决战前专门会见李宗仁为之出谋划策,等等,这些以前被遮蔽掉的历史重新被揭示出来。这体现了作者严谨的辩证唯物主义的态度。

在《台儿庄涅槃》里,作者有很多翔实的考证和勘误。如对国民党一二二师王铭章师长最终是自杀殉国,还是与日本侵略者同归于尽,作者进行了严谨地考证,如实写出了两种不同判断的依据。对日本板垣师团第十一联队队长野裕一郎,长期以来的结论是该人死于临沂会战,但是,作者根据拍摄徐州会战节目组赴日拍摄素材时了解到的情况,野裕一郎并非死在临沂,而是死于太平洋战争。关于张自忠与庞炳勋的个人恩怨问题,到底有没有恩怨?是不是张冠李戴?作者直接引用李宗仁等当事人的回忆录的第一手资料来还原历史真实……我们无法回到历史现场,但是我们可以无限地逼近历史真实。纪实文学追求真实性品格,致力于艺术地还原历史真实。还原历史真实,就要遵

文学蓝皮书

从历史本身和实质。如徐锦庚写到山东老百姓劳军,不光是在解放战争的时候倾全家所有支援解放军,在抗日战争时也倾情支援国民党军队,谁为老百姓抗战,为老百姓的利益去抗争,那么老百姓就会投向他们。这是完全忠实于历史真实的写作态度。

历史题材纪实文学还有一个重要的方面就是如何实现历史真实与艺术真实的统一,就是如何艺术地反映历史,这是纪实文学作家应该着重解决的课题。《台儿庄涅槃》在涉及抗战这段历史的时候,有一些很突出的特点。如采用了先抑后扬的写法,先渲染第五战区司令李宗仁指挥的国民党军是一支杂牌军,对抗的却是日本的王牌部队。抗战还未开始,便发生了国民党山东省长韩复榘闻风逃跑事件,蒋介石通过杀一儆百来激励士气。作者又特别写到李宗仁的两员大将张自忠和庞炳勋之间的过节,结果俩人又被李安排去并肩作战。这些情节都是借助先抑后扬手法来反衬渲染国民党军队最终团结起来打了胜仗。这就是一种文学的写法。包括对于人物群像的刻画,像张自忠、庞炳勋二人,个性殊异,在台儿庄血战时可以说都是英雄,但是这两个人最终却走向了迥异的归途,一个以身殉国成为千古英烈,一个却投敌当了汉奸。通过描述人物的命运写活了人物形象。这部纪实文学还特别注重描写战争中间的小人物,如枣庄新中华饭店的小老板郁德义,作者把通过在抗战中郁德义收听收音机的几个细节串联起来,描写他在国难中的遭遇。

国际化的开阔视野

抗战题材创作,越来越注意将中国人民的抗日战争放在世界反法西斯战争的大局及全景中来描述与考量,特别注重国际视野和第三方佐证材料。有很多文学作品将国外对中国战场的评论、评价,作为创作上的一种参考,这当然要归功于大量历史档案的解密和外国作品的翻译出版。

在还原历史方面,《台儿庄涅槃》做了很多努力,包括对史料的披露，特别是台儿庄血战之后，国际社会、国际舆论界的反映，他引用英国路透社、美国《华盛顿报》、苏联《真理报》等的相关报道，赋予了作品以国际性视野，即从"第三只眼睛"来评价台儿庄大战的意义。这是一个新颖而更有说服力的角度。

青年军旅作家王龙的《刺刀书写的谎言——侵华战争中的日本"笔部队"真相》挖掘了一个独特的题材，以九个曾经狂热地参与战争宣传的日本作家作为叙事对象和主角，揭开了日本鲜为人知的"笔部队"内幕。在人物的性格方面，作者特别突出地描写了其两面性，每个参战作家都不是一种单向度的性格，而是一个矛盾的复合体。石川达三有过巴西移民的痛苦经历，参战后他写下了小说《活着的士兵》，本着忠于真实和良知的记者式的如实描写，其本意是要替日本军国主义进行战争宣传及动员，但是该书对于日军残暴行径的描写，却阴差阳错地使之成为了一部著名的反战作品。为了"戴罪立功"，石川达三走向参战，助纣为虐，不断地粉饰和美化侵略战争，为自己"赎罪"。从这些反复的情节中可以看出这个人物人格的分裂变异及性格的两重性。而对女作家林芙美子的描写，作者则从她个人的命运入手，写她童年贫困的生活，成年以后曲折的爱情经历，一直写到她为战争呐喊，跟随丈夫参加侵华战争，并随军进入攻占后的武汉，成为所谓的"陆军班头号功臣"。她因此而一度声名显赫，不可一世，但战争失败又使她跌入人生的低谷，陷入失落困惑虚无的状态。作者令人信服地写出了这个个性复杂的作家的曲折命运。《刺刀书写的谎言》另一个突出的特点是，作者采用了清醒的理性叙事，特别注重对事件和人物的评判剖析，堪称是用笔在对日本参战作家进行一次灵魂的解剖，试图写出这些作家丑陋邪恶的心灵史。火野苇平是一个更加险恶的日本"军队作家"，他的"士兵三部曲"实质上是在为日本军国主义进行粉饰、宣传的，但他却采用了一种人道主义的外表，给作品披上了一层分外迷人的外衣。这是一种非常有迷惑性的

伪装。正如作者王龙所言,这部小说对军国主义者的描写,一面是杀人如麻,一面又在不断地抒情、唏嘘、感伤,悲天悯人。这也正折射出日本民族矛盾复杂的性格。火野苇平无疑是一名"高明"的战争文学的粉刷匠,其目的在于淡化或抹杀战争的罪恶性质,死不悔醒地为战争辩护。还有如藤田实彦的《战车战记》对于战场颠倒黑白的描写,编造"日中亲善"和"鱼水情谊"的谎言;牛岛春子从共产党员到变成日本殖民理想的吹鼓手,到晚年的忏悔和参与倡导日中不再战的和平行动;大力宣扬"大东亚战争肯定论"的"灵魂变色龙"林房雄;从反战、叛逆者到为魔鬼辩护的与谢野晶子;纵情享受、消极合作、为日本战败而感伤的川端康成……在王龙笔下,每个"笔部队"成员的真实面目逐一得以呈现,带给我们深沉的反思:在日本军事侵略的幕后,还有一支可恶的文化的部队,需要我们高度警醒。

文本趋向细分化

当下兴盛的"新抗战文学",文本细分现象突出。抗战书写越来越细化,越来越专注、专业。既有大视野的全景式的描述,比如王树增近期陆续出版的近一百八十万言的《抗日战争》三卷本,在世界反法西斯战争的大背景下,从全民族抗战的视角出发,以重大战役战斗为叙事纵轴,以重大历史事件及相关人物为经纬,全景式地记述八年全面抗战中的主要战役战斗。也有以单一事件或以人物为主,展开深入详尽的叙事和描写的文本。糜果才的《烽烟平型关》以事件为主,对抗战第一次大胜仗平型关战役的来龙去脉进行了梳理和描述。蒋巍等的《血色国魂》则以抗日战争期间我国阵亡的将领作为作品主角,是一部建立在纸上的纪念碑。作品独辟蹊径,从殉国将领的角度,重返抗战历史现场,重温国难民殇,重述残酷战争,警示国人不要忘了灾难深重的过去,不要忘了民族英雄,更加珍视来之不易的和平,更加发愤图强,让世界上和平的力量不断强大,让人间远离战争,永保太平,这是一部来得正是时候的战争与和平备忘录。

丁晓平的《另一半二战史:1945·大国博弈》视角独特,聚焦第二次世界大战中几次重要的国际会议,特别是在波茨坦会议前后国际力量——主要是美、英、苏三个大国之间的角力与较量,揭开的是另一半鲜为人知的二战历史——二战过程中的外交战。大国之间围绕着利益再分配、利益的角逐与平衡的问题,维护战后和平、重建战后秩序等展开了一场没有硝烟的战争。作品以慕尼黑会议、开罗会议、雅尔塔会议和波茨坦会议这几次会议的召开为叙事线索,以几大巨头——罗斯福、杜鲁门、斯大林、丘吉尔等为核心人物,线索清晰,结构鲜明紧凑。几大巨头的个性也分外鲜明,如斯大林的国家至上主义、强硬、倔强、自负;丘吉尔的顽强、自我,罗斯福的八面玲珑、善于斡旋,都得到了很好的表现。作者尤其善于抓住戏剧性的情节,来凸显人物的命运转折;善于抓住事件的关键转机,来表现历史转折变迁的紧要关头。譬如,在大国外交谈判和反法西斯战争进行到关键时刻,1945年1月乘船回到美国不久的罗斯福总统却因病去世,杜鲁门上台,美国面临着政治交替和国家政策调整的新局面,同盟国阵线将何去何从必然成为悬念。而就在波茨坦会议接近尾声之际,丘吉尔却在英国首相竞选中失败,英国同样面临着国家政策调整的可能危机。而正在美英督促苏联发起对日作战之际,美国试爆原子弹成功,掌握了制胜武器,试图以此为筹码要挟斯大林。然而斯大林却不为所动,不动声色,原来苏联的原子弹也正在加速研制并已接近成功。这些生动情节都大大增强了作品的内在张力及可读性。

张雅文的《与魔鬼博弈——留给未来的思考》则重在塑造鲜活的人物。人物刻画尤为用力,形象大多栩栩如生。丹麦小伙子辛德贝格具有爱冒险、爱闯荡、爱打抱不平的性格。作者通过他在淞沪会战期间应聘为英国战地记者史蒂芬斯的司机,穿行于枪林炮雨之中,并且目睹记者的牺牲等情节,表现了他大胆、冒险、爱闯荡的性格。又

通过叙述他在南京大屠杀之后，与德国人昆德一起，帮助江南水泥厂建起难民营，保护了数万难民，表现出他爱打抱不平、热心救人的品质。"盖世太保枪口下的中国女人"钱秀玲是一位勇担大义、知恩图报的伟大女性。在比利时村民和百姓需要帮助时，她挺身而出，义无反顾，通过私人关系找到了比利时地区纳粹最高行政长官法肯豪森将军，请求他的帮助。而当德国战败，法肯豪森沦为阶下囚后，她不仅多次前往探望、安慰，更是多方奔走，积极呼吁，甚至动员多名获救证人作证，并亲临法庭，为法肯豪森辩护，希望减轻对他的刑罚。这些举动都是感恩、报恩的表现，都是一个真正的朋友真诚而积极的作为，令人肃然起敬。法肯豪森则是一位良心未泯、富于正义感的人。他参加过八国联军入侵中国，参与过对中国的劫掠；而在中国人民抗日战争早期，他又应邀来到中国担任高级军事顾问，全身心投入为中国政府出谋划策，恪尽职守。即便在德国与日本结盟以后，已经卸任的他及其军事顾问团成员们也都信守承诺，绝不泄露中国军事机密。第二次世界大战期间，身为德国纳粹派驻比利时的军政总督，他身不由己，但却总是尽己所能去同情和帮助比利时等国的反战人士及无辜百姓，尽量帮助他们逃离死亡的危险。还有像拉贝的敢作敢当、大义凛然的性格，绿川英子的忠贞爱情、坚持正义的品格，也都通过作者的生花妙笔得到了形象地展示与表现。

　　纪实文学感染人的力量来自艺术性，包括生动感人的故事情节。《与魔鬼博弈》最能打动人的也是那些独特而鲜为人知的情节与细节。譬如，钱秀玲与法肯豪森二者之间超越国界和种族，甚至超越战争与国家利益之上的真挚友情，两人在战争和患难之中依旧保持着的相互信任、关心和温暖的关系，尤其令人动容。战后，钱秀玲不顾比利时全国舆论普遍反对甚至谴责的风头，仍旧坚信自己的选择是对的，坚定地为朋友法肯豪森奔走呼告，在报纸上撰文，亲临监狱看望，寻找当年被解救的幸存者，……所有这一切举动，都纯粹出自其个人的良心和善良的本性。这份真挚的友情感天动地,最终也打动了主审法官和比利时人民。法肯豪森入狱后,当年被他解救存活下来的一位比利时反战女英雄西西拉温特勇敢地追求他,坚定地为他守候,最终等来了这份弥足珍贵的爱情。在法肯豪森灰暗的晚年,在他八十岁寿辰时,竟意外地收到了中国台湾当局送来的花篮与蛋糕、勋章与奖金,中国人民没有忘记这位曾经帮助过我们的将军。这些情节既无比美好,亦感人至深。而日本女性绿川英子则是在同她的中国丈夫刘砥方结合多年、生育两个孩子之后才获知对方早有妻室,自己无意间竟充当了第三者。这份坚贞而又不无尴尬和屈辱的爱情,最终以绿川英子因引产而英年早逝结局,令人唏嘘不已。辛德贝格冒着生命危险,历尽曲折,从中国战区夹带出了记录日寇暴行的电影资料片,并在日内瓦国际大会上播放,引起全世界的震惊。这样的情节很能看出这个人物爱打抱不平、富于正义感的个性。

更关注战争和人

文学是人学。战争文学应该更多地关注战争中人的命运与遭际,尤其是小人物或者普通人的命运。近期出现了很多抗战题材作品,都以普通人、普通老兵作为主线。

程雪莉的《寻找平山团》是一部注重塑造人物群像的、重温和"重写"抗战历史的纪实作品。它通过讲述从河北平山县走出来的,由成千上万名战士组成的抗日"平山团"的独特故事,截取八路军及其抗战历史的某些片断,以烛照全部抗战历史,题材独特而新颖。《寻找平山团》寻找的既是一个群体、一支庞大而壮观的队伍,更是一种精神底色和品格质地。它们所要寻找的都是一种正在逐渐隐入历史深处的东西——史实、人物、故事、情怀……这种带有考古发掘式的历史打捞无疑具有发现的意义,可以填补某些历史的空白。

《寻找平山团》寻找的是一群人,力图还原他们共同的人生选择和命运遭际。在外敌入侵民族存亡之际,八路军发布征兵告示后的一个月零三天，小小平山县即有1700多名子弟报名参军。这群人从平山县距离西柏坡只有五千米的洪子店村出发，一路远行，一路创造丰功伟绩。这种寻找也是对一种鲜活历史的寻找。寻找那样一群人，那样一个人民的政党和那样一支人民的军队，那样一种党和人民群众、党的军队和人民群众鱼水情深的关系。老百姓为了保护八路军、共产党员，什么都可以豁出去、都能舍弃掉。一粒粮充军粮，一尺布做军服，一个儿子当八路，送上前线打鬼子……其间，就有英雄母亲戎冠秀这样的典型。作者历时五年寻找的更是一种精神，一种爱国报国，为了祖国兴盛而不懈付出、努力奋斗抗争的英勇精神。这是追求民族解放、独立、自由和强大的精神。其中，既包含有平山人民在大敌当前那种奋起抗击的同仇敌忾的气概与抗战精神，也有平山团在延安加入359旅开发建设延安的"南泥湾精神"，还有南征北返，北上新疆，数十年屯垦戍边的兵团儿女精神，同时也糅合了燕赵大地千年历史文化所熏陶孕育出的慷慨悲歌的侠义之风与民族血性。因此，《寻找平山团》实质上是在寻找一种伟大的民族精神，亦即我们民族国家发展前行不竭动力的中国精神。那么，寻找平山团，也可以说是寻找中国故事，寻找中国梦。作品描写的一群人共同的梦想与追求，光荣与辉煌。

杨义堂的《抗战救护队》采用了小说的手法和技巧，以抗战时期中国红十字会救护总队总队长林可胜的人生遭遇为中心，反映了救护总队在抗战时期参与伤员救护保障工作的史实。林可胜作为华侨后代，在祖国大难当前，毅然将妻儿送到了新加坡，只身投入抗战，组织了数千人组成的多支医疗救护队奔赴前线参与救援。无论国民党军队还是共产党军队，只要是抗日军队，他都一视同仁尽心尽力地进行救护。他的家人受到日本侵略者的迫害或杀害，在父亲忍受不住迫害叛变沦为汉奸后，他毅然与父亲决裂，不屈不挠地参与祖国的抗战事业。人物命运坎坷，故事曲折，情节感人。在鲜活刻画了林可胜、周美玉、王嫒嫒等一批救护队员形象的同时,更是填补了抗战题材书写中关于医疗救护方面的空白,具有独特的价值。

反思更为深入

抗战题材的文学创作,特别注意站在今天的角度回望历史,研究剖析抗日战争。作家的反思精神和自省意识更突出,作品的理性思考越来越深刻。

在《与魔鬼博弈》全书最后一章,作者张雅文在重述那些与战争魔鬼勇敢博弈的人们的故事之后,饱蘸着泪花与悲痛,痛定思痛,发出了自己深切的追问与反思。这是一份"留给未来的思考",既是留给历史的证言,也是留给人类的忧思录与启示录。作者追诘历史的罪恶:为什么德国能够勇敢地正视纳粹历史,不断地向世界忏悔,日本却在不断抹杀军国主义的罪恶,不断参拜供奉有二战甲级战犯的靖国神社?同为战争罪人,为何却有着如此的天壤之别?作者的思考是沉重的、深刻的,也是富于警示意义的,对于今天的中国人、亚洲人,以及一切热爱和平的人们都是重要而及时的警醒。"我们永远不能忘记!""对敌人的仁慈,就是对人民的犯罪!""忘记历史就意味着背叛,否认罪责就意味着重犯!"这些发聋振聩的话语,正是本书高远的立意所在。"切记,不要奢望他人的自省,更不要奢望他人的仁慈,要永远铭记,生存之法则:弱肉强食!强大是生存的最好保护!"这是一位出生于抗战胜利前夕的长者的殷殷瞩望,这是一位勇于担当的纪实文学作家的恳切提醒。

长篇纪实文学《根据地》的副标题是"中国共产党人不能忘却的记忆",指明了作者的创作初衷,就是要提醒我们不要忘了历史、忘了过去、忘了中国共产党这一路是如何走过来的,不要忘本、忘了根据地的历史贡献、忘了中国革命的成功是老百姓用小车推出来的,更别忘了共产党是如何得天下、如何走上执政党地位的。那就是:要严守纪律,坚决反腐,对老百姓秋毫无犯,不与民争利,不和民争

文学蓝皮书

食,为官清廉,一心为民。因此,《根据地》一书不仅可以帮助读者很好地走进历史现场,了解党史真实,更重要的是可以让今天的领导干部,特别是共产党员和军人们更好地认识与了解过去的共产党员和军人的本色。这就是:立党为公、执政为民、勤俭廉洁、克己奉公。在革命战争、抗日战争和解放战争时期,老百姓一粒粮充军粮,一尺布做军衣,一个儿子送去上战场。我们的党和军队为何会如此深受群众的拥戴与支持,其根本原因就在于同群众结下了血浓于水、鱼水交融的深情。根据地历史不能忘却,尤其不能忘却和丢弃的是根据地所积累与沉淀下来的这些宝贵经验和制胜法宝。

《台儿庄涅槃》亦具有鲜明的现实指向性。与何建明《十问中国人》提出"中国为什么汉奸多"相似,徐锦庚写到樊建川修建抗战博物馆,筹划建立一个专门的汉奸馆,反思为什么在抗战中有600万中国人在为日本人跑腿卖命。这是一个非常值得反省的历史课题,也是一个峻切的现实课题。这种反省对于今天是很有意义的。

《另一半二战史:1945·大国博弈》也进行了深入的反思。作者提出:原子弹既是武器的政治,也是政治的武器——原子弹绝不仅仅是军事武器,更是政治斗争和外交谈判的重要筹码,它也是一种强悍的政治。作者尖锐地反问:"日本无条件投降了吗?"这声发问,确能起到震人视听的效果。今日反观战争及战后东亚格局,我们不能不对当年关于日本无条件投降的历史表达发出这样的疑问。这,更是对我们中国人的警醒:"家有恶邻",不能不时刻担心和防范!作者又郑重提出:"中国,被胜利忽略的盟国";"'冷战':不是战争没有发生,而是战争的样式发生了改变"……如此这般深入的思考,都具有鲜明的现实指向性,是今日中国所必需的一种清醒。对于第二次世界大战历史,作者也作出了鲜明的判断:除了一部军事战争史之外,还存在着一部外交战史;除了抗击德意轴心国联盟的欧洲主战场外,还存在着中国抗日战争的东方主战场。中国抗日战争既是第二次世界大战的起点，也是二战的终点。这些观点和看法，都是在刷新后的历史观指导下的文学判断，是"新抗战文学"的重要特征。

三 中国故事与"中国梦"主题书写勃兴

纪实文学是一种贴近时代实际的写作。现实中国发生的大事小情皆可成为纪实文学作家笔下的描写对象。

中华民族渴望再铸辉煌，重现千年古老文明的璀璨光芒与荣光。这是我们身逢其中的这个时代的主旋。在这一征程上发生的中国故事，积累的中国经验，尤其值得纪实文学书写。杨黎光的《横琴——对一个新三十年改革样本的五年观察与分析》是其继对深圳改革三十年变革的观察之后，对珠海新兴开发热土——横琴岛进行的动情描述，提供了改革开放三十年后改革往何处去、中国往何处去的新思考，是一部被思想照亮了的报告，既具备现实指向性和现实意义，更面向未来，拥有历史性和长期性价值。《横琴》开篇即响亮地提出"新三十年改革"的概念。站在2009年这个重要的历史节点上，作家回望过去，在总结改革三十年成就的同时，展望未来三十年中国改革风云。他深入到珠海经济特区的改革新区横琴岛，用五年时间关注、观察和分析横琴的变革与发展，将横琴作为改革新样本来进行解剖、探析。他别具匠心地描写横琴地下综合管道的招投标建设，将地下管道称为"城市的良心底线"。在作者看来，横琴城市开发、发展的血液是资金，根在产业，制度革新是保证，城市建设和管理的理念从物本转变到人本导向，横琴的奋斗目标是活力、智慧、开放、生态。这些也正是"新三十年改革"的基本指针——更多地强调和加重知识创新、科技创新的含量，增强经济社会发展活力，创建一种开放的、生态友好型的发展新模式。横琴这片改革试验区的实践与探路，对于我们国家实现"四个全面""两个一百年"的目标有启示意

义,对于思考我们未完成式的中国现代化之路的命题,思考中国变革与民族复兴的伟大梦想也有积极意义。现代化、中国梦,这是自孙中山辛亥革命乃至1840年鸦片战争以来中国人不断抗争、奋斗的理想及目标。作为作家,杨黎光力求客观公正地表现他所看到的真实,丝毫不回避横琴在改革进程中遇到的问题与挑战。譬如,"商事登记"这样的新政所面临的瓶颈问题、制度机制不对接问题等。

沙志亮的《中国航母舵手——辽宁舰纪实》、许晨的《第四极——中国"蛟龙号"挑战深海》、陈新的《嫦娥揽月》、殷允岭的《"雪龙"纪实》分别聚焦中国高新科技发展前沿领域的标志性事物或事件,反映的是中国硬实力的新进展。

曹岩、马泰泉等撰著的长篇纪实文学《极度威胁》全面反映中国援非医疗队参与塞拉利昂抗击埃博拉疫情过程中艰苦卓绝的工作及成就。医护人员在克服恶劣的生存环境等困难的同时,直面极度危险的埃博拉疫情,为当地群众开展医疗检测、救护,体现了高尚的人道主义和国际主义精神。这部反映中国主动参与国际医疗合作及救援行动的作品,也是反映强大后的中国积极参与国际事务、在国际社会展现国家形象的重要作品。作者的叙写善于营造文本内在张力,给读者阅读带来一种紧张感和节奏感,吸引人不断往下读。首先是运用艺术化的手法,渲染埃博拉疫情的严重危害,渲染疫情区自然条件与生活环境的极端恶劣。埃博拉这种烈性传染病具有很高的死亡率,而其传播途径又相当广泛,与患者的直接密切接触,包括血液、汗液、尿液、唾液、精液和呕吐物,都有可能感染。它的生物安全等级超过了艾滋病和"非典",几乎可谓是防不胜防。而目前医学界对其仍旧是所知甚少,无药可用、无药可防。在我国医疗队前往的塞拉利昂,医疗队为了买一个照相用的"拍立得",竟跑遍了首都弗里敦,最终花高昂的价钱才买到了一个十分奇葩的老古董一样的二手货。全首都连大一点的医用垃圾桶都买不到,最后好不容易找到普通的大垃圾桶却只能定期租用。生活用品更是匮乏。绝大部分物资,从医疗设备、防护消毒用品,到吃喝拉撒睡乃至肥皂牙膏都只能从国内运去。其次是,作品采用了对比反衬的手法,凸显援非抗埃任务的极度艰巨和取得成就的辉煌。塞拉利昂本国医疗卫生条件很差,全国640多万人口只有140多名注册医师、2200多名护士和6辆救护车。塞拉利昂百姓对埃博拉这一被称为"非洲死神"的烈性传染病防范意识极差,医院里医患混杂,严重违背传染病收治流程。在抗埃过程中,塞国竟有一半的医生和大量的护士染病死亡。埃博拉病毒发现者之一、塞拉利昂首席医生染病身亡;由塞方指派给中国医疗检测队送标本的司机感染埃博拉死亡;塞国卫生部与我医疗队联络官蒂莫西感染埃博拉死亡;与中国监测队相距不远的塞国隔离中心有11名医护人员被感染,9人死亡……而与之相对的是,身在异国他乡的中国医疗队却能确保自身"零感染""零伤亡"。

《极度威胁》紧紧抓住中国医疗队在险恶环境下遇到的几个有代表性的问题及困难,展开生动的情节和细节。在中国医疗队的突击下,原本医患混杂的医院在7天后就被改造成了一所可以收治各种烈性传染病的专科医院。为了培训那些"零起点"的塞国护理人员,医疗队容忍了他们经常性的迟到,不厌其烦一遍遍手把手地教,直至教会。护士长秦玉玲冒着生命危险清扫病人呕吐的血液,提心吊胆地挨过了21天的"自我观察期"。中国留观中心开张后三天,小男孩卡比亚感染病亡,尸体亟须运走,但是收尸队的人却以门卫未开门、手续不全等理由两度走掉。最终,通过请塞方院长亲自出面说情和给收尸队队长"送礼",好不容易才让他们将四具患者尸体全部运走火化,摘除了悬在头顶的一把达摩克利斯之剑。作者还特别注重描写中国医疗队医术的精湛和对待非洲患者兄弟手足般的情意。在对濒临死亡患者永不言弃、永不放弃的救助过程中,凸显了中国医护人员高尚的医道和人道的情怀。医生以救死扶伤为天职。悬壶济世、治病救人

是中国传统的医道,也是中国援非医疗队奉持的最高宗旨。小姑娘雅尤玛是个懂礼貌的自立的女孩。她的妈妈染病去世,她开始时检测未发现埃博拉病毒,出院后不到一周却又出现典型的染病症状。在孩子亟须抚慰帮助的时候,中国护士刘丽英挺身上前,冒着生命危险勇敢地拥抱着这个染病的孩子,鼓励她吃药,积极治疗,并最终痊愈出院,创造了埃博拉治疗成功的一个奇迹。救人一命胜造七级浮屠。这也是一种人道主义精神和人性关怀。而在异域他国,去救助那些原本与自己毫无血缘、亲缘和地缘关系的人们,则更是一种崇高的国际主义精神。这是从白求恩、柯棣华大夫延续至今的中国医务工作者一直秉承的一种基本准则。在险恶环境中救人,首先要确保自身安全。作者善于艺术地描写我国医疗队在救援过程中陆续遭遇的严重困难和极度威胁,因为水土不服和高强度工作等原因,多人发高烧生病,令人揪心。特别是,陷入昏迷两天两夜、从死亡线上逃生的指挥组组长刘文森,对他的一波三折的抢救过程,一方面凸显了主治大夫柏长青医术的高超,另一方面表现了援非抗埃的极度危险,深刻表现了中国医务人员身上所具备的高度负责、忠诚使命、敢于牺牲、勇于奉献的伟大的人道主义和国际主义精神。在中国第一批救援队离开塞拉利昂回国的时候,塞方卡努院长诚恳地说:"我会想念你们的,还希望你们再来!"护士艾丽丝特意买了珍贵的苹果送给队员们。护理员、小伙子科罗马表示:自己以后一定要去中国学习病毒学,因为中国人对我们特别好。这些发自肺腑的话语表明,中国援非医疗队的使命确已圆满完成。他们不愧是一群友谊使者和爱心天使。

一合的《中国葫芦峪》则是关于生态文明和绿色发展理念的生动阐释。这是一个发生在今日农村的中国故事、一个真正的中国传奇。年过花甲的企业家刘海涛胸中有一个平山县葫芦峪的绿色梦想,他通过改造数十万亩荒山,大搞植树造林,绿化美化山乡,极大地改善了当地的生态环境,使"绿色葫芦峪"变成了与"红色西柏坡"

可以齐名并论的一道靓丽风景。葫芦峪今天的成就预示着千里太行山蕴藏着无限蓬勃的生机和无尽的潜力。刘海涛已经改造了10公里长、面积达100平方公里的荒瘠太行山，他还进一步将改造荒山的经验"复制"到著名的贫困县阜平和更多的地区，把这种能够给百姓带来巨大实惠的"宝葫芦"（保福禄）挂满太行山，挂到全国各地去。假使亿万个刘海涛站出来，千万个"宝葫芦"挂起来，一个山清水秀、绿色文明、生态良好的中国便可以预期和预见。因此，这部作品的现实意义无疑十分深远。

中国梦的抒写离不开她的创造者和实践者。那些追梦者的身影自然成为纪实文学着力捕捉的对象。蒋巍的《国之盾——鲜为人知的中国警察故事》聚焦公安战线的英烈和英模，记述了大量感人肺腑的警察故事，彰显了坚强刚毅、为民奉献、廉洁自律的公安精神。张子影的《追日之舞》关注第三代战机试飞员，那些把青春和梦想涂写在蓝天之上的逐梦者。杨秀丽的《永不褪色——"南京路上好八连"纪实》表现"好八连"传统的传承与延续，那是一种精神血脉的贯通与流淌，是我们这个时代弥足珍贵的精神支柱。王鸿鹏的《生命线上的奇迹》追述金沙江畔云南潜江县人民为建设向家坝大型水电站而进行的数万人大移民，作出巨大历史贡献的动人事迹。杨莉的《断裂带上的断裂》反映云南鲁甸地震的，各方面积极参与抗震救灾的感人场景。李迪的短篇《过坎儿》，讲述甘肃一个贫困小村庄如何通过转变种植观念实现致富梦想，情节曲折而有趣味。王立新的《海上钢铁城》描写首钢搬迁到河北唐山曹妃甸后，从一张白纸开始，历尽艰难建设起一座现代化的海上钢铁城的经过。赵学儒长年关注水利和水资源创作主题，他的长篇新作《血脉》聚焦北京南水北调工程建设历程，《顺水》则关注北京市顺义区的水源治理和税务工作。

中国梦是国家理想、民族抱负，也是每一个普通人、每一个小人物的梦想，只有每个个体都拥有自己的梦想，都有追梦、筑梦、圆梦的勇气与信心，国家和民族的伟大梦想才有了真实的依托和扎实的基础。郑云云的《手指上的中国》描述那些"景漂"一族，即长年漂泊在景德镇从事精品瓷器、工艺瓷器、创意瓷器创作生产的人，他们用自己的手指描画自己的梦想和未来。高艳国、赵方新的《"中国梁"传奇——农民梁希森的梦想三部曲》，讲述了山东农民梁希森如何在改革时代借助自己的智慧勤劳实现财富积累和共富梦想的生动故事。李春雷的《寻找"红衣姐"》讲述了一位拾金不昧的清洁女工的故事，凸显了我们这个时代亟需的道德及精神支撑。

曾德强的《脚上有路》讲述陕西安康的农家子弟郑远元如何从街头修脚工起步，成长为腰缠万贯的企业家的传奇故事。曾德强侧重描写主人公在成功路上的每个曲折或在遭遇历次重大危机时的表现，来刻画主人公的性格。比如他在马路上摆小摊，最后城管队把他的工具没收了，带到城管大队去处罚。郑远元以死相搏最终捍卫了自己的权益。后来，王叔启发他开一家正规的门店。因为没有营业执照工商所就来干预，要他关门。这时有一个顾客杨延同挺身而出为他争辩，保护他的权益，并帮他办下了执照。这些重大危机的成功处理过程，都是很好的励志故事，证明一个人的成长和成功绝不是轻易得来的，而是历经坎坷的。这部作品在完成人物命运描写的同时，也使这个人物的个性丰满生动起来。《脚上有路》还提供了一个解读中国故事的新视角。中国故事不一定都是描写"高大上"的，不一定都去写重大工程、重大事件，也可以是小人物的中国故事，可以写普通人梦想成真、人生出彩的故事。郑远元是一个草根英雄，他做的是这种"低等"的、脚底的工作，但是他赢得了生命的尊严。"脚上有路"，脚上也出黄金，路在脚上，路在脚下，路也在主人公的手中。这是一部传递正能量的作品。主人公具有中华民族的传统美德：勤劳致富、坚忍不拔，务实、实干、肯干、能吃苦。他虽然是一个小人物，但发家致富以后不忘乡亲，主动带领 5000 多个乡亲一起去打工，一起致富。他还积极回报社会，关爱大学生，关爱员工。这正是中国精神的一种生动诠释。

四 对社会焦点热点问题的关注和报告

纪实文学是一种距离现实最近的文体，对社会热点焦点的反映与描写是纪实文学的优势所在。弋舟的《我在这世上太孤独》通过对一个个农村留守老人、空巢老人的采访，真实呈现他们或悲苦或凄凉的生存处境，引发人们对于农村留守群体的关注与思考。韩生学的《中国"失独"家庭调查》，是对杨晓升 2014 年再版的《失独——中国家庭之痛》一书题材的再挖掘、再思考。在我们今天重新审视修订国家计划生育政策的时代背景下，具有非同寻常的现实启示意义。朱晓军的《"乌坎事件"调查》对几年前发生在汕尾市陆丰县的那桩轰动全国的群体性事件进行深入调查，反映农村基层政权建设中存在的问题，是一篇令人信服的典型的问题报告。李青松的《薇甘菊》则关注我国的"生物安全"问题，借助对一种鲜为人知的外来植物恣意蔓延及其危害的描写，对外来物种的入侵进行了认真梳理，提出了自己的忧思和对策建议。周芳的《重症监护室——ICU 手记》揭开人们倍感陌生而神秘的重症监护室的面纱，通过讲述一个个牵动人心的危重病人的故事，直逼人性中的幽微隐蔽之处，警示人们珍爱生命、珍视亲情。那些正在涌现或茁壮成长的新鲜事物也是作家们关注的焦点。如朱晓军、杨丽萍对于快递物流业迅猛发展的描述《快递中国》，葛维樱等由《买时代—消费创造新世界》对于"买时代"的如实反映，吕铮深入一线采写的中国公安部门海外缉逃行动的《猎狐行动》等。

人物传记方面，除了出现"微传记"外，长篇传记依旧保持着

热写、热读的势头。传记文学创作出版数量较大。何建明的《李光耀的中国遗产》在李光耀去世之后发表,具有怀念之意。该文是作者在《我的天堂》聚焦家乡苏州市三十年改革发展历程之后,再度关注苏州工业园区历史,记述了中国与新加坡合作历史的一段耀眼篇章。李向东和王增如的《丁玲传》披露不少鲜为人知的历史真实,试图解读丁玲的人生与心灵世界,被认为是一种更客观的信史写作。徐风继为紫砂壶大师蒋蓉撰写了感人的传记《花非花》之后,又为另一位紫砂艺术大师顾景舟作传,出版了《一代壶圣》一书。余艳关于中国页岩油气研究专家的传记《何继善:追梦密码》,以"气"为文眼贯穿全文,突出主人公"人活一口气、为争一口气"的人生,令人耳目一新。信息产业界名流李开复的《向死而生——我修的"死亡学分"》对人生进行了深刻反思,能带给读者较多启示。黄志雄的《知青家长李庆霖》运用翔实的案卷及采访资料,讲述了"文革"后期一位影响到广大知青命运的"风云人物"李庆霖荒唐而曲折的人生,既具备史志价值,又发人深省。陈歆耕的《九州风雷》则是关于那位渴望天公"不拘一格降人才"的清末著名文学家、思想家龚自珍的传记。厚夫的《路遥传》和蒋泽先的《邓小平的南昌岁月》也都写得情真意切,生动可读。

"国民记忆"是《时代文学》杂志2015年新开设的一个专栏,陆续刊发了邓友梅回首自身创作生涯的文章《我走过的道路》,胡平回忆串联岁月和叶梅追述自己知青年代的奇文《我们去串联》及《我在幸福二队当知青》。国民记忆抒写是近年来纪实文学创作的一个热点。有的专注于讲述家族记忆,有的专注于回顾个人人生轨迹,有的则是对一段过往岁月或青春年代的缅怀与追思。如汪兆骞关于自己编辑生涯的追忆《羁旅文学,看到的风景》,讲述了自己参与编辑的当代诸多名家的名作组稿发表经过,有着独特的价值。退休之后的《人民文学》原主编程树榛则专注于描写自己的《坎坷人生路》,该书最突出的特点是以一种平和宁静的心态看待往事和历史，表达更多的是感恩与铭记，特别是对那些刻骨铭心的人如母亲、责任编辑等。小历史折射大历史，小人物勾连大时代。此类作品大多既有历史记忆功能，亦是集体意识乃至国家记忆、国家历史的重要组成。

纪实文学的文化积累开始受到人们的关注。近年来，包括周明、傅溪鹏等一些老编辑陆续发表了一批追忆当代经典纪实文学作品组稿、创作及发表经过的文章，一些资深纪实文学作家发表了创作谈或创作体会。这些都是珍贵的文学史料，对于纪实文学历史的廓清与研究具有独特价值。本年度，丁晓平对张胜友进行的专访《一朵爬山的云》以及刘斌对何建明、赵瑜、王宏甲、李春雷等纪实文学名家逐一进行的访谈，亦具有类似的意义和价值。

纪实文学人才培养正在逐步推进。2015 年 10 月 20 日、10 月 21 日，中国作协报告文学委员会与中国报告文学学会、山东作协联合在济南举办第四次"全国报告文学创作会"，再次采取开门办会的方式，共有来自全国各地的 230 多名知名作家、评论家，基层作者等出席。会上，中国作协副主席、中国报告文学学会会长何建明提出：中国报告文学要造就"百名强将、千人队伍"，进一步加强报告文学人才培养。与会者认为，我们所处的这个时代是一个迫切需要纪实文学，也能产生优秀纪实文学作品的时代，纪实文学作家应当在现实社会的复杂环境中形成自己的个性品格，从作品创作的初始阶段端正文学态度，准确把握大势大局，切实提高作品的社会性、思想性、文学艺术性。本届会议设置了多场报告文学讲座和自由对话交流，邀请近 20 位知名报告文学作家、评论家、学者进行授课，将各自多年来的创作经验和研究成果倾囊相授，并对业余作者的创作提出具体务实的意见和建议，为其把脉问诊、解疑释惑。自 2012 年创办以来，一年一度的全国报告文学创作会得到了广大纪实文学作家的广泛支持和积极响应，取得了很好的效果，已然成为全国纪实文学作家相互交流、

共同提高的良好平台。

12月底,中国报告文学学会组织十一位专家评选的"2015年中国报告文学优秀作品排行榜"揭晓。王树增的《抗日战争》、李延国和李庆华的《根据地》、吕铮的《猎狐行动》、李青松的《薇甘菊——外来物种入侵中国》、张雅文的《与魔鬼博弈——留给未来的思考》、朱晓军的《"乌坎事件"调查》、弋舟的《我在这世上太孤独》、白描的《翡翠纪》、江胜信的《诗词,滋养心灵的沃土——记中国古典诗词专家叶嘉莹》、李向东和王增如的《丁玲传》等10部作品入选。这些作品基本上反映了本年度纪实文学创作的整体风貌。

(本章执笔 李朝全 中国作家协会创作研究部研究员)

B.6
散文：正在开疆拓土的个体化写作

摘　要： 2015年的散文，因为作者自身修养的不断提升，散文领域出现了一批优秀之作。由这些作品可以看出，散文家对于时代认识的自足和自信，使得他们的散文在关注现实的能力方面有所提升，由此使得自己笔下的散文变得深刻、饱满，富有厚度。尤令人可喜的是，一些更为年轻的散文作家，以在自己的创作中体现出独立的价值判断与新锐的艺术追求，已日益成长为散文创作中的新生力量。

关键词： 思想底蕴　文化意蕴　散文实验

2015年，在大多数散文写作者遗忘了散文写作的精神传统之时，仍有不少散文家在散文的领域中开疆扩土，创作出了一批令人满意的优秀之作。其中的原因有很多。其一，心正则笔正，散文家自身修养的提升，使得本年度的很多散文在境界上是有所提升的，一种忠厚之气开始在整体的散文创作中慢慢产生。其二，在散文创作的行程中，散文家对于时代认识的自足和自信，使得他们的散文在关注现实的能力方面有所提升，由此使得自己笔下的散文变得深刻，变得饱满，变得有了厚度。其三，有一些更为年轻的散文作家，具有独立的价值判断和艺术追求，并在自己的创作中坚持这样的追求，成为新生的散文创作的力量，他们正在冲破老一辈设置的散文写作的障碍与藩篱，正

要从被遮蔽的状态中突围冲出。这是一种可喜的状况,随着老一辈散文家创作数量和质量的衰落,这样的势头必定能使中国散文后继有人,保持住繁盛的势头,一路向前。其四,时代的变迁为散文创作的前行注入了新的内容和基本动力。时代进入2015年,社会层面中无限延展的网络世界,使得社会的脉络看似松散,实则紧密,个体的主体性看似加强,实则在弱化。在这样的态势下,无论是谁,都将成为网络集体的毫不起眼的一个点,如果散文写作者想要保有其固有的疆域,就要在社会的变化、围困和逼进中,具有开疆拓土的自信和能力。当然,从本年度的散文创作而言,众多的散文写作者们也用自己的创作证明了自己写作散文的能力,于是就有一批很有智慧和深度的散文作品展现在了我们的面前。

一　内为识,外为力

作为散文,何以深厚?关键在于散文家内在学识的厚度。在本年度的散文中,有很多散文家在写作中用他们的智慧与学识,支撑起他们散文创作的大厦,使其散发出深厚的意蕴。

穆涛的散文不只是有智慧,更有学识底蕴,不仅有底蕴,更有史学数据的支撑,这使得他的散文结实,智慧而有力,还能映射现实,让人从古代的人物和事件中捉摸到现代的影子。可以说,穆涛在写作中既贴近了历史,又贴近了现在,其中是含有一种大智慧的。比如他在《长安城大移民》(《美文》第4期)中写道,"秦国时候,关中这片土地文化是薄弱的,奉行先军政治,有点类似今天的朝鲜","一把弓过于僵硬,会断的","移民的动因是政治需要,旨在削弱六国势力,因此被称为'强干弱枝'","刘盈一生羸弱,听命于母亲吕后,司马迁瞧不起他,《史记》不设惠帝本纪,设《吕太后本纪》。史官不把皇上看在眼里,这骨头真够硬的","五陵邑是当年长安城北的五个卫星城,是高大上社区,引领着首都长安,乃至全国的生活风尚。也是强势特区,五陵邑的领导人,尤其是长陵邑领导,职级高半格,相当于副省级,一般的京官是不敢惹的"。从中可以看出,穆涛的散文里面有发现,而发现是因为作者内心的智慧,否则会有这样的文章和表达吗?当然不会。穆涛的《被怀念的是渐渐远离我们的》(《美文》第4期),是从《诗经》开始说起的,从"乃生女子,载寝之地,载衣之裼,载弄之瓦"开始写,写秦砖汉瓦的繁盛与消亡,写"周天子经常举办高规格的祭典,因而宗庙建筑也多,最初的瓦是应用在官宅和宗庙屋顶上",由此也就有了"土崩瓦解"这个词,即使"带瓦"的汉字有些因为社会变迁而弃置不用了,但从这四五十个字中,"仍可回味出瓦在上古时代的多姿多用之美",因此,世上万物都是有定数的,"生活方式变了,趋势就不可挡了,这不是宿命,这也是科学发展观"。这都是作者独有的发现,是一种学识支撑下的深刻的追问与独有的发现,确实是能不禁让人会心一笑的。还如他的《有多少种觉悟叫迷悟》《脏唐臭汉》《汉代的通货膨胀与汉武帝驾驭之策》《政治秀》《历险》《黄羊解》《全民举报》等篇目,都是紧扣当时的历史,又映射当下的某些现状,亦庄亦谐,可以说这已经不是妙笔生花,而是"妙笔生树"了,这样说,一点也不夸张。当然穆涛在编刊的同时,自己所写的稿边笔记也几乎成为了《美文》杂志中所有篇目中的上乘之作,比如他对于《春秋》笔法具体而微的解读,既是新鲜的,又是合理的,有着学识的支撑,并能以此作为依据来写,尤其是提到《春秋》笔法的要点——记衰世之事,对于现在的我们在抒写历史时,总喜欢侧重写盛世,著辉煌,还是很能让人反思的。

王开岭的《他们真能折腾啊》(《广西文学》第7期)显示了作者由学识而产生的深刻,作者总是能深入到事物的内部去挖掘发现,于是他就有了一座座金矿。他发现,"作为生命场,动荡而散漫的民国属于大时代:一是体量和容积大,像间大客栈,虽简易粗陋,但它能收留各种精神、主义、信仰、叛逆事物和流浪人生的投宿,这与主人的胸怀和开业理想——即制度容积有关,也与乱世机遇有关,威权殆,则江湖盛。二是自由度和活跃度高,它刚捣毁一个大东西——几千年帝制和规仪,而新秩序未夯实,盲区和空当多,天然机会大,仿佛一幅白纸,一幅化浆新生的纸,它鼓励一切涂鸦,任各路笔墨恣肆凌舞,它激活生命能量,从生理到精神,都怂恿实验和出位",可以说,这样的判断是很到位的,"整体上,民国人物身上有着一种江湖气和刺客精神,其灵魂里有一股酒意,自由与反抗,乃其主旨。尤其对腹有诗华的年轻男女来说,有两件事最让生命沸腾,甘于为之憔悴、为之献身。此两件事,一个是革命,一个是恋爱。其实,也是同一件事,恋爱也是革命,革命也是恋爱,双方的要义和内在的'质'都是自由,都是冒险与极致,都是浪漫与迷狂,都是让生命血脉贲张、汗流浃背的活儿","领略张太雷、蔡和森、向警予、彭述之、罗亦农、诸有伦、李一纯、王若飞、颜昌颐等政治青年的恋爱史,其炽热一点不亚于徐志摩、戴望舒、郁达夫、张爱玲、石评梅等文艺纯情派,那些眼花缭乱的情蕾绽放、枝蔓缠绕的人物关系,堪称瑰丽和绚烂。这一点,多少出乎意料","她们真敢爱啊,爱得纯粹、辛苦","她们像疯了一样活着。她们是一种花,只开在民国","原来如此。原来他们曾活得那么野,那么放肆,曾心跳得那么快,像诗,像兽,像带着火苗的醉汉。他们的隐私曾那么多,那么美,那么惊心动魄,甚至夹含粗秽和贪婪……他们追慕时尚、创造时尚,直至自身成为时尚。他们不是我们的历史,他们是我们的未来","民国之阔大,是由'容'和'量'决定的。民国之活鲜,是由多元的人和人生成就的。无论如何,他们都要感谢那个时代,感谢他们一起参演的那个时代"。从上面的文字来看,作者活脱脱写出了民国时期的人物图谱和生活图景,这是以前的散文家没有智慧去发现的真实。

李元洛的《矛盾的灵魂　人生的苦酒》(《湖南文学》第1期)，在"清诗之旅"一篇中，作者认为钱谦益（牧斋）、吴伟业（梅村）、龚鼎孳（芝麓）虽然号称"江左三大家"，"但这三个人在民族大节上，却没有一人够格成为他人的老师"，而吴梅村，在大至公之于众的民族大义的操守，成仁就义还是贪生怕死方面，喝下的只能是一杯人生的苦酒。文中，作者写了卞玉京与吴梅村的唱和与相托，但遗憾的是，卞玉京却错误地认定吴梅村是她避风的良港，最终"她在吴梅村这里找不到自己生命的归宿，加之历经丧乱，心绪成灰，她便自称'玉京道人'而遁入空门，以之作为聊避时代之烈风暴雨的港湾，也作为自己伤痕累累的灵魂的栖息地"。文中所写的吴梅村总是那么惶惶然，凄凄然，茫茫然，"面对大写的家国之情，痛悔也始终煎熬着他的余生"，他面对清廷的招引，不敢不赴，从而成了名副其实的贰臣，但吴梅村的内心又是极度的痛苦，只得忍气吞声，强赔笑脸，以致郁郁成病，而这些矛盾和凄楚都在他的诗歌中印染出来了，即使是面对一个生死相托的弱女子卞玉京，他也终究没有坐守穷追而图破镜重圆的勇气，于是作者感叹道，"矛盾的灵魂谱就的，当然就只能是一曲悲歌与哀歌了"，由此写出了人世之悲，亡国之痛，沧桑之感，表现出了一个地覆天翻的大时代。

李琦的《随笔三题》(《朔方》第3期)，其中的《迷惑》感叹道："在这座城市里，如今已经很少遇到一个迷惑的人。我见到的多数人，都是那么明白。他们好像什么都知道，已经没有什么让他们惊讶的了。……对于发生在生活中各种其实也算得上奇怪的事情，很多人早已懒得好奇。""大家都心知肚明又无可奈何地活在一种见多识广的状态里。多数人都是同一副见怪不怪、心里有数的样子。"作者期望还能有谁会像一个农村的孩子，"满脸惊诧。一个不解之谜，让他的睫毛一眨一眨，黑幽幽的眼睛深井一样，清澈而明亮"。确是如此，当下的社会每个人真都是太"聪明"了，由此可见，作者的眼

光确实是独到深刻的。《发呆》(《散文》第6期)也是很耐人寻味的一篇,文章开始写了邹静之的发呆,认为"智者的发呆,犹如一棵大树倏然收住风中摇曳的声响,进入了对天地聆听的状态。这是茶叶沉入杯底的安宁,是在苍茫气韵的笼罩下,灵魂的飘然出巡,是风卷云舒前那一阵心神的聚拢和停顿",发呆的人,才是真正的他自己,当她看到,"坐在我对面一个农民模样的中年男子忽然发现已经坐过了站","惶惶然一头汗水",于是就感叹道:"草根阶层的平民百姓有太多的忧愁和焦虑,生活中有太多的塌陷和意外,他们是不知不觉就要发呆啊。"而在人生的舞台上,更多的人却似乎都已然是如鱼得水,意气风发,所向披靡,那么我们还会发呆吗?这是引起我们深思的地方。

鲍鹏山的《我们培养了很多高学历有知识的野蛮人》(《美文》第9期),是一篇让人警醒的文章,诚如作者所言,"一个有文化的人,你会发现他的生命力是非常旺盛的。他不是冷冰冰的,而是富有激情、情怀,对这个世界充满了爱和诗意的眼光","可是今天,我们从中小学到大学的教育,更多的是在教知识、技术、专业,唯独缺少文化。我们培养了很多精致的利己主义者,很多高学历的野蛮人,他们是冷冰冰的",因此有些片段的,像一棵胡萝卜一样的知识,"它在侮辱我们的智商,并且在误导我们生命的流向","这就叫无用的知识,生活中有太多这样无用的知识","无聊的知识会让人生变得无聊,琐碎的知识会让人格变得琐碎,甚至猥琐"。这些话语是道出了当前文化的基本特征的,会让我们重新去审视和思考。作者在文中谈到了一个重要的观点,就是荀子的一个判断,叫"不知,无害为君子;知之,无损为小人"。所以,对于知识,我们也是要有自己正确的选择和发现,然后再去学习、应用,因为庄子早就告诫我们,"吾生也有涯,而知也无涯;以有涯随无涯,殆矣"。对于我们每个人所从事的专业,似乎不应该贪多贪大,因为每个人的时间和精力都是有限的。我们倒是可以做些微小的但又是有益的研究,就是孔子的学生子夏早就说的:"虽小道,必有可观者焉。""致远恐泥,是以君子不为也。"而我们今天中国社会的一个问题,"就是缺乏判断力。中国教育的一个问题,就是缺乏文化素养。"

方文竹的《夜晚成形》[《西部(汉)》第9期],在文章中首先发问:"试着设想一下,如果人类只有白昼,将会是一个什么样的景象?""在我看来,人类的梦将会锐减或变色",因为"人类正是依靠白昼的现实和夜晚的梦打发自己"。除此之外,作者还写到了梦,写到了白天说的一句已经忘记的话,夜行者,散步到黎明的老魏,暗夜里"将另一个女人帮托着爬上二楼的窗口"的人,作为逃犯的同学,黑格尔的文字和凡·高的画,等等,都使一个普通的夜晚变得繁复、灵动、诡秘,立体,扩大了。而且作者还发现,"夜是时间的另一端,线性时间向立体时间的转移","在无边的夜色中,我感到自己遗世独立,羽化登仙","文字只是夜晚割下的肉","早晨是夜晚裂开的笑脸",这些都是一些充满智性和想象力的文字。

王月鹏在《青春》第3期发表有《刹那间泪如雨下》《玻璃作为一种阻挡》《彻夜不眠》等几篇散文,都是自己心性的真实表达,有自己的认识和情感在其中流淌。"夜色中的玻璃,身上披满夜色。我以为我看到了最真实的夜色。因为玻璃的存在,我的书桌前的微弱灯光,无法融入广大的夜色之中。一盏灯,此刻是多么的孤单","我删除一些事物,也被一些事物删除。我向往着,这个世界能够简单一些再简单一些",但是,"这个人坐在房间里写下的这些所谓思考,对于已经和正在发生的现实是多么的无力","我在内心的旅程,拒绝同行者。这条路是属于我的,我将独自去走,去完成一个人与一条路的相遇"。作者遵从着自己的思考,将文字延伸到了思想的远方。

阿慧的《一树花的晚霞》(《散文百家》第3期),是写老人的。当下的散文,写老人的很多,但都黏得厉害,而作者在"用越来越黏稠的目光，去注视身边的老太太"时，却发现了更多的美，"她竟然在我正前方的路边睡着，歪在一个简陋的铁制老年推车上，像一团胡乱堆放的破布"，但她依然独自睡在婴儿的梦里，那里铺满绿色的草坪，这让读者似乎看见她妙龄时的媚影，似一树花的春情；还有那个"有着小家碧玉的娇媚"的老太太，虽然时光已然让她的手指缺少弹性，但"依然修长"，"修长的右手食指，不自觉地缠绕脖颈上的水兰色纱巾"，让人不禁猜测她年轻时的模样，和梦一样兰花沁人的幽香。而面对一个牵着老伴的手的人，"我的眼神，多了嫉妒"，这些都给人的晚年以幸福感和美感，犹如兰花醇醉的迷香，"风摇下一地梨花，有几片粘上老太的黑盖头。一抹晚霞映照乡间小院，老太太和她身后的梨花都染成了炫目的红"，还有比这样的情景和画面更温馨温暖的画面吗，恐怕不多了吧。

陈崇正的《命运的宠儿》（《清明》第4期），文中所写的对于生命的认识从宿命到了一种深度，每个人似乎都是命运的宠儿，却都无法把握自己的命运、生活乃至生死。于是，作者用文字摆在我们面前的，首先是等死的大伯，这个"光棍男人躺在地板上，蜷缩着等死。在他身边，放着碗筷，碗里面的饭菜还在，早就冷了"；是一只刚吃了老鼠药的黑猫，"它开始一直猛烈挣扎，后来就温顺地躺在我的臂弯里瑟瑟发抖，口角的白沫里夹杂着一丝鲜血"；是一只被怀疑偷吃了餐桌上的鱼被父亲打跑的猫，它"受伤的不止是一条腿，而是腰。它躺在角落里，头一直缓慢往下垂，我伸手帮它把头扶好，它还是歪下去，慢慢变冷"，等等。面对更为奔波的生活，文中的"我"也无法忍受几十年如一日的生活，无法忍受十年后的自己跟今天的自己并无二致，所以自己要去修改自己的人生轨迹，要做出改变，但这也会耗尽一个人一生的勇气的。

耿占春的《片断集》（《四川文学》第11期），也很有深度，比如他写道："书写下来的文字，语义存在于未来一个接纳它的人偶然的理解,而语音也从那个接纳者身上临时借来。书写者只是将一种离去连结于一种到来的人。"比如他写道:"当个体能够感受到一种无法逆转的'集体命运'或社会趋势而又不愿意利用这一趋势获取'势利',就会陷入'个人命运的困厄'。詹姆士曾说当宗教的真切性被个人感受到时就是个人命运的困厄,而今可以说,'政治'或'社会'在一个人感受到它的存在时就揭示了个人命运的困顿。个人情感的幽深层面与社会认知领域令人盲目的晦暗加剧着一种困顿。"这些都是具有智性的文字,同样是具有思考深度的文章。

二 背井离乡的艺术法则

一般而言,作家中的大多数从小就生活在乡村,于是走到城市的他们在回望家乡时,就有了对家乡的更深的感情,也有了对城市近乎偏执的判断,这就是城市的拥挤、邪恶和肮脏,以及生活的不易。尤其是,这些作家将自己丰富的生活积累与感情积累,经过一定时期的酝酿之后,在异地刻骨铭心地思念故乡,朝思暮想地回忆故乡景物的时候,他们在写作中也就更沉入了一种对于乡村的深情,对于城市的尖刻,而且这种感情在乡村和城市的比较中得到了不断的强化、加深,因此他们既能将故乡的人和事写得更为有血有肉,生动感人,同时也使他们有了写作异地生活苦难与艰辛的视角和能力,由此也加强了这类散文作品的文化深度和艺术品位。

赵荔红的《寂静》(《西部(汉)》第2期)的特色,在于对异乡事物的感知力,以及用语言加以表达的能力,它有一种大理石的光亮,冷峻而且深刻。她写道:"冬日早晨的地铁站,繁忙而寂静,有一种肃穆感","日光灯下,反射出簇簇移动的模糊人影","菜绿铁靠椅,冰冷、坚硬",乘坐地铁的人,"如串在一根钎子上的大小肉丁",在潮湿冷光中"没有人说话","几粒黑脑袋歪仰着","表情冷漠，带着宿睡未醒的倦怠，埋头在铅字密集的对开报纸中"，"伴随铁轨的快意尖叫，自动门滑开，排泄出一堆人，吞进去一串，闭合时哐的一声有点闷声闷气"，我们这些虫卵，低眉顺眼，一个紧挨着一个，等候安检，"坚定的闸机，司法精神的守护者，规则、秩序的执行者，闸机面前、人人平等：持票证者、合法交易者、良顺者，进入；精神混乱者、危险用品携带者、捣蛋者，挡住"，"现在，虫卵们密密挨挨在罐子里，衣服紧贴着衣服，裤子摩擦着裤子，手挨着手，汗粘着汗"，"你吸进去的是面对着的黑瘦老男人吐出的口气，一个胖大婆娘的屁股正顶着你的腰部。你如此清晰地看见左侧女子脸上的皱纹、黑痣、未抹匀的粉、破损的口红。透过我的肩膀，身后男子对我正在发送的短信一目了然"，"我们这些原子，各自在茫茫宇宙中，寂静地运行"，这样的日常生活单调、迷茫、无望，难道这就是我们所追求的生活状态吗？而"天空是张巨大的灰网，拉伸平铺至无极。灰色蓝色土黄的钢筋水泥楼房，四面布满方眼睛，呆头呆脑矗立着，试图突破灰网，奋力挣扎到一半，就停住了，干瞪着灰暗眸子，将一口余气嘘嘘吐尽"，"成百上千的人钻进一幢楼房肚子里，可都到哪里去了？偶尔有个把黑色人虫在一两个半睁的方形眼眶内闪了一下，又不见了"；同写出的城市地铁一样，在作者的笔下，高铁就像是一条条鳗鱼，"人们排队守候在这条鳗鱼骨节处，那富有弹性密而无缝的肌肤奇异地滑开一个口子，虫卵们一个接一个有序地排放出来，像吐出的白色口沫，站台上的虫卵又一个接一个被他吸进去。一切都在无声、有序、循环进行着，洁净、准确、快捷、寂静"，"一个地名紧接着一个地名，地名仅仅是符号，失去鲜活的记忆与生命血肉了"；而我们不得不去的医院，情况如何呢，在作者看来，"输液室是个大蜂巢：被灰色纤维板隔出许多小块洞，每个小块洞排几张菜绿靠椅，一张椅子填一个病号，像蜜蜂幼虫，透过针头、插管，滋滋滋地从药瓶中汲取生命花蜜，那些满巢移动、白衣白帽白口罩、只露出两只眼睛的护士,是照料虫蛹的勤劳工蜂","她麻利地插管、穿刺、拔管,调节点滴速度,幼虫们安静忍耐地盯着药液一滴滴穿越软管进入自己血液,不叫、不动,生怕漏失一滴生的希冀",在这样的包围中,"我"的内心只能一样,时时泛起人们的无名忧伤,读完此文,一种无奈的凄然不由得扑面而来。

丁燕的《看得见东江的出租屋》(《清明》第2期),文章写自己"被陡然摘出来,像心脏离开身体,一个人孤悬,独居于江边的出租屋","我要像过境候鸟般,纵身一跃,进入飞行地带,穿过城市迷宫版图",和自己一起租住屋子的人,"面貌混乱,气味暧昧,宛如大海深处,各种激流相撞,令水质幽暗";作者还写了那些"白蚁般在蛀空我的心房、骨髓、脑髓"的生活,那个"尾随着我,成为第二个进入我房间的陌生人,"加上出租房的混合的气息,河流的濡湿,邻海的潮热,一切都是那么散漫、混乱、稠浊,如同一幅卷轴画,徐徐展开,最终"形成了独属于这里的气息,混乱而热情,感伤而粗粝";丁燕的《那里已没有九座宫殿》(《广西文学》第2期),也一如既往写着生活的琐碎和真相,让时间在所描述的事件中留存下来,杂乱的景物忙乱的人们,都就像文中的几棵白杨,"像是被一场飓风遗漏下来的,树干纤细,叶片稀疏"。

姜博瀚的《我和父亲的过去与现在》(《芳草》第1期),让情感推动自己的记忆行走,时光回溯,到了父亲来送"我"去大学和工作的地方,面对"父亲递给我一支烟","我"不知所措,眼里闪烁着泪花,那个时候,"站台上,人影绰绰。铁路上油光锃亮的铁轨伸向远方,远处大地像有水蒸气在浮动",当"我"上了火车,"我的父亲看起来越来越小,越来越矮,透过脏乎乎的车窗,依稀看得见父亲招手和我惜别。我羞涩地跟父亲挥手,眼睛被他带动着开始滚烫起来,离别的痛惜顿时涌上心头,像喝了二两红高粱酒催促着血压升高",于是"泪洒落在我的心上,像雨在大地上落着"。与父亲一样,沈师傅"年纪不大，头发花白，风吹日晒使得他的脸像刀刻一般"，还有那个为了爱情大献殷勤，却被电当场击倒，像一只烧煳的野鸽子的瘦猴，都是从苦难中走过来的一代人。面对冬天的寒冷寂寞，屋子里的火炉都温暖不了人们的心，不是连自己也是"飘忽不定，居无定所"，过着吉卜赛人般的流浪生活吗？面对这样的困苦，身体虚弱的父亲却忘记了病痛，在路上，"像一个孩子般很兴奋地望着车窗外滑过的华北平原上绿油油的麦田"，听"一群喜鹊跳跃在枝头叽叽喳喳地传递着春天的信息"，那时的父亲的眼神有些凝固，也许他是在想着家里的土地上他种植的麦子，"也这样绿油油地在春风里飞快地拔高结穗"，等待着他的收割吧，这是一篇让人思绪澎湃的文章。

左中美的《看了又看》（《边疆文学》第1期），写得很是安静，"出了家门，不用走太远，就有田野的景色。小城最近的一小片田野，在雪山河二大桥下，沿河的一溜田畴里，依着季节种着不同的作物。有一年夏天，那其间的一丘田里开过洁白的荷花。春天里，桥下的菜花开得一片灿烂。最宁静的是秋天，稻子的黄依着田埂的弧度，一弯一弯地向上叠去，这时候，小城就显得特别地安宁"。"去团山走有几个好，安静，有景，一来一回，时间大约在一个小时，恰到好。大约是十日前，傍晚又去时，看到路下的田畴间，麦子已然由黄转白，也许明天，或者是后天，这些麦子就要被收割。那丘之前的宝蓝紫的花已经不见了，剩下安静的田在那里。在另一丘田里，深碧的饲草被割去了一半。紧挨路边的水渠下，一方小小的田里，短而小的横向的田垄间种上了红薯藤"。"视线所及的那些远山，一年四季总是一样地深青着，天晴的时候看上去明朗一些，天阴的时候看上去晦暗一些。阴雨的时候，有或浓或淡的雾，缓缓地绕在山头。就应了那个词，叫作缥缈"。应该说这篇散文就像文章的题目一样，作者对着远处的景色是看了又看的，她看到的应该不仅仅是自己的生活，更是自己的心绪吧。

羌人六的《总想多长几只手》(《作品》第7期)，文章写出了一种心酸和忙碌，写出了生活的不易，当然文章是从另外的一个角度来写的，这个角度很巧妙，就是想多一双手来缓解生活的压力，因为对栖居在断裂带上的百姓而言，"忙碌比天空的意义更高，也远比一朵云更值得赞美"，因此"生活在这儿的人们也比山外的人们更想多长几只手，忙碌早已升华为一种骄傲，因此没人愿意自己无所事事"。有了这样的手，这个人就会头抬得高望得远且理直气壮，所以外婆"她总想多长几只手，去帮舅舅接住生活在他头上落下的灰尘和沙子"，"我总想多长几只手，弥补自己在世俗中的力不能及"。而当世俗像一块磁铁，吸走了太多的光阴，"我"只能尽量地使自己忙碌，"一旦停下忙碌，我的魂魄就会躁动。我的手，会感到空虚和迷惑。有时我隐隐感到，我的手所创造和所要逃避的，正是忙碌。我的手把我从忙碌里倒出来，又塞进别的琐事。因此，多长几只手，兴许我还能把我想要保留的自己从世俗与迷惑中挪出来，自由生活。在断裂带，忙碌几乎成了检验一个人的标准"。文章是经过精心打造的，或者是生活的逼迫，自然就会使人产生这样的想法吧，但不论如何，这有别于其他的散文的写法。

王小忠的《红尘往事》里(《四川文学》第1期)，作者写道："小镇经过一季的休养生息，渐渐从瑟缩中舒展起来。山梁上缠绕着初春时分的尘烟，低洼处也有了新潮的湿度；田地像发酵的面团，蓬松而肿胀；树林似待嫁的姑娘，有着娇羞与害怕的容颜；冶木河发出欢快的叫喊声，岸边的柳条借春风怀孕，絮包挂满枝头。蜷缩了一个冬天的人群开始出门，开始活动一生里不停操劳的双手。动在静里生长，静在动里狂欢。"从中能够见出作者语言表现力的强大，以及对塑造画面感的得心应手，看来现在的散文作家还是有能力来写景的。

刘云的《乡村纪事》(《延河》第6期)其中的《牲口也笑》写得很有意思，作者善于发现一些更为细微的内容，比如作者发现羊也

会笑,"羊在春天交出大面积青草的早晨或黄昏会笑,它在笑冬天穿上青草,有了温暖感",而"牛的笑声粗野不堪,与羊比,牛显得没有修养,也缺乏文化"。这些文字都体现了作者与他人不同的兴趣和写作方向。

葛水平的《被演奏的乐器带着宿命的美感》、《服饰的活性和通达》(《四川文学》第3期),写得很是从容和开阔,延展出一种特有的时空感,这种时空感散发着一种淡淡的时间的味道,在文字之间穿梭,是那样真实,又是那样虚幻。

三 文化诱惑与现实忧郁

心厚则文厚,这在本年度的散文中体现得尤为明显。在人们的印象中,我们所追求的文化的凝重、意境深邃,应该会带着一篇散文朝着意蕴的深度和宽度进发。应该说,本年度的散文所最为用心用意的,即以尘世和人生为界限的心性的抒写,这也是对于现实中有限的圆满的表达和追求,它所表现的精神是一种深沉静默地与现实文化对接的境界之美,也是与苍茫世界浑然融化的那种既不怨天尤人,也不怨怒于外的生气,这样的散文才应该是我们所追慕的那种成熟。

贾平凹的《老生》(《散文·海外版》第1期)有一种无常之感和宿命之感。平凹先生面对六十年来的命运常常想,"我怎么就是这样的历史和命运呢?""回望命运,能看到的是我脚下的阴影,看不到的是我从哪儿来的又怎么是那样地来的,或许阴影是我的尾巴,它像扫帚一样我一走过就扫去痕迹,命运是一条无影的路吧,那么,不管是现实的路还是无影的路,那都是路,我疑惑的是,路是我走出来的?我是从路上走过来的?"当"我"在黑暗中跪在坟头,点上了蜡烛,就看到了爷爷奶奶的容貌,父亲和母亲的形象,他们是那样的清晰,于是先生突然有了一个觉悟:"常言生有时死有地,其实生死是一个地方。人应该是从地里冒出来的一股气，从什么地方冒出来活人，死后再从什么地方遁去而成坟。""能真正地面对真实，我们就会真诚，我们真诚了，我们就在真实之中。"于是他就能在回望过去的道路时，充满了一种宿命之下的从容，面对风风雨雨的泥泞路，"人是走着，走过来了"。另外，他的《解读中国故事》(《文艺报》2015年7月3日)也是上乘的佳作。

祝勇的《再见，马关》(《江南》第1期)，还是和他以往的写作一样，惯于还原事件的细节，将历史和现实交织起来写，对于我们重新认识百年前的那场战争提供了一个新的思路，认为"维新运动是思想、体制、社会的全方位革新，大清的洋务运动与日本的维新运动尽管发生在同时，却根本没有可比性，甚至连戊戌变法也只是在沙漠上泼上一盆水，只冒了一股烟儿就什么都看不见了。倒是五四运动可与维新运动有一比，但与明治维新比起来，五四运动整整晚了半个世纪"。于是作者从下田的天光帆影、歌舞升平里，看到了和平的脆弱。而清茶浅酌，花好月圆，在枪炮的面前，是那么的不堪一击。

陈丹玲的《低处的流淌》(《民族文学》第8期)，有着很好的语言表现力和思考的深度，对于人生有着很通透的理解。在《连接》一篇中有这样的语言，"河流袒露，汁液丰沛，两岸建筑密集的城区，是河流胸前敞开的衣襟，我们是那些滚落的纽扣，在每一个恰切的时段，通过那些石磴托起抑或钢筋搭建的桥梁，找到家的扣眼。紧合，相扣，拥抱，是抵达生的彼岸，是存在的美好意义"，《流逝》中有这样的句子："注定，水成为时间的衣衫，在流逝中露出行走的破绽和褪色。""花枝已经扦插得好几行了，横看成排，竖看成行。这样，他以为，他可以是一个缝补四季的人，在一个并不宽大的院子里，他用各色的细线一针一针地缝，把这个城市撕破的时间漏洞再缝合，把这个城市遗忘的春天再绣出轮廓。针脚细密，他细心地缝补，安详地翻晒。他心甘情愿，满怀幸福。""水流，这件停留在指端的绸缎似的衣衫，时间的衣衫，轻轻滑落下去，大地就露出冰凉的躯体，坚硬的骨骼，还有那些不明去向的爱恨。""两岸，楼房紧密，拥挤得长不出植物，水流跟着从前的瓦檐、水缸、院落和草木一起逃遁。"作者在《冲积》中也这样写道："纸都包不了火，时间的集体密谋，一段围墙哪能阻得了，包得住。"作者还触碰到了暮年的疲惫和无力，一个人的孤独和内心的秘密等，作者将这些事，这些人，这些物缓缓推远，让我们在一片水雾中慢慢感知和体味，最终给了我们明亮的前景和美好的希望。

姚辉的《醉里乾坤》(《山花》第17期)，写了浊酒三杯豪气发的朱熹，世间杯酒属闲人的姚合，醉在深处的韩偓，且倾三昧之酒的柳宗元，醉里窥人宛见卧龙的窦庠等。他们或是"淋漓的酒意在其中，一看便知是其酒醒之后的漫吟了"；或者为人虽"才高学博，著述斐然可观"，却有着荒寂与颓然自放之意，"千载之下，依旧冷峭侵人"；或者在"夜归晓出"的苦乐与炎凉中，终于一寸寸贴近了那份质朴而有益的彻悟——"转觉才名带累身"；或者寄身江湖之间，大节挺然，绝不与权贵及窃世者合作；或者忧愤与落寞、凄苦与抑郁，却依旧在水光山色间，刻下了一道又一道幽深的印痕，这些都暗含着对于命运的嗟叹。

陈启文的《天路幽险返回》(《花城》第2期)，踩着年复一年枯枝败叶堆积得太深厚的道路，走进了历史，走进了"到朱熹逝世数年之后，才被宋理宗赐额的南溪书院"，开始了与朱熹一起呼吸和穿梭行走的经历；相似地，他的另一篇散文《从祭坛走向神坛》(《清明》第4期)，写了宋末柱石陈文龙，孤城，孤臣，这是多少王朝中反复上演的一幕，现在终于轮到陈文龙来扮演这一段历史的主角，"一座孤城，一面旗帜，一个仗剑而立的书生，仿佛成了一个王朝最后的象征"，为何如此呢，用陈文龙的话就是："此皆节义文章也，可相逼邪？"他让那些俘获他并想侮辱他的人，"恍然明白了，在有的人身上，还真有一种叫气节的东西"，当陈文龙"已经骨瘦如柴，一路飘然而行，如同悬身于虚浮的天地间"的时候，当他仰望岳飞那壮美而威严的雕像的时候，"他一下伏倒在地上，仿佛被一种穿透岁月的伟力所击倒，一阵难以名状的失声痛哭，把他的生命席卷而去"，最终他成就了"玉湖陈氏，满门忠烈"的气节，被后世誉为"兴化义门"，而所谓气节，说穿了，就是刺在岳飞背脊上的那四个血淋淋的汉字——精忠报国。作者在文章中与所写的人物一起喜怒，一起歌哭，一起行走，是一篇能打动人心，激发人心气的散文。另外他的《当智商遭遇政治》（《山花》第8期）写了作为政治家的晏殊，也是一片角度很别致的好文章。

何大草的《辋川书——探访一个隐者》（《山花》第2期），循依着王维当年走过的小路，"路上车辆稀少，山丘漠漠，散落的村舍，在雨中恍如潦草的速写"，作者也是去追寻这条隐居的路径了，去找寻"仿佛一棵落叶的秋树，只剩下一片叶子还挂在枝上"的幽闭的王维了。应该说，这也是一条心里的路径，是历史的路径，也是现实的路径，而且两者很快就交织和交融在了一起，"天色阴郁，空气湿湿的，却很清新。树上结满了柿子，有的青黄，有的熟透，带些透亮的橘红。还有熟过了头，没来由，就掉了下来，砸在地上啪啪地响，声音切实、饱满，似乎在应和着王维的诗句：雨中山果落，灯下草虫鸣"，因此"我以为的隐士，不是隐秘、躲藏，也没有神叨叨的秘籍要苦修，他们就活在人间烟火气浓浓的地方"，唯隐于此，才能好活，才能好死。但是对于全部的王维，自己虽然看了三四十年，在"我"心中，却还依然有个模糊的念头，还需要再去看看王维，等等他，"用许多的耐心，看到他转过身来"。

郑骁锋的《出新安》（《江南》第1期），在面对"一泓山涧、一截沟渠、一脉溪水，最终都会汇聚成一条名叫新安的大江"的时

候,既激发了作者对于历史的想象,也启发了我们对徽州之水的思考。文章写了徽州的两个人物,一个是雄才大略,平定倭患的第一功臣胡宗宪;另一个是孤悬海外多年的汪直。两个不同世界的人却在新安会聚在了一起,于是两个人就有了交集,最终汪直"由嘉靖皇帝亲自裁决判处死刑,妻子儿女发配为奴"。通过两人,作者看到的和反思的是,"真正令我遗憾的,是对汪直简单而粗暴的镇压令中国失去了一次飞跃的机会","随着'汪'字左边的三滴水黯然坠地,那根连接海洋的蓝色琴弦铿然断裂;而被铁锚牢牢钉死的徽州,在之后几百年间,陪伴老迈的中国一个王朝一个王朝地锈蚀,慢慢萎缩成了一片枯叶"。而遐想间,突然长声轰鸣的渡船,让人回到了现实中,"抬眼望去水阔山远,已然驶入了千岛湖","于徽人而言,进入千岛湖,也就意味着出了新安",一切都回归了旧位,没人能够改变,真是一篇耐人寻味,让人低头沉思的文章。

邱华栋在《随笔二题》(《四川文学》第10期)写到了雷蒙德·卡佛短暂的一生,即使是对于他的简单描述,也使得"我的眼睛湿润了","面对雷蒙德·卡佛的一生,我能体会到他的每一点成功,来得都是那么的艰难不易,而上帝又过早地收走了他"。文中可见作者自己判断的准确和情感的投入,以及深深的惺惺相惜之感。

郑集思的《夕照西风亦兰亭》(《作品》第4期),写了道光年间中了进士的鲍俊,他踏入官场,踌躇满志,但最终他蹚的还是一道咸咸的浊水,"在漩涡中浮沉挣扎,身如鹅毛不由自己",在重新走向官位的途中付出了高昂的人格代价,但随着他赴京补缺,途中忽得狂疾,自数其罪,暴死家中,于是一切便在夕照西风里戛然而止了。

四 散文的常态与散文的实验

散文的固有程式,是可以对散文创作有所框定和规范的,这是文体自立自足的前提和关键。但是同时，这种程式确实又对散文创作的开疆拓土产生了限制和伤害，这会使得散文创作自然会有一种趋同化的趋势。而艺术生产的批量化，肯定会使得作品的生命力和艺术价值有所下降。于是，对于散文模式的改进与突破，包括从创作观念到审美形态的探索，就具有了别样的意义，这体现了一个散文创作者的真诚与鲜活，意味着散文基本品格与美质的重新确立，这在本年度的散文作品中还是有所显现的。

郝永勃的《年华记》（《中国作家》第10期）是一种常态的写作，却又是一种结实的写作。他在前言中写道："对写作者来说，才华是虚的，勤勉是实的。文学也罢，艺术也罢，最终说来说去，无非是劳动的果实。一个人的付出与获得是成正比的，这是天经地义的事。"这话说得很有道理，于是才有了他从1980~2010年，跨度为三十年的散文写作，里面的艰辛自然是有的，里面的经验肯定是有的，里面的顿悟肯定是有的，里面被时间淘洗出的金子是有的，所以才成了本年度散文写作的收获之一，也是常态的散文写作中取得的成绩之一。

李达伟的《叙事录》（《边疆文学》第3期），力图改变散文的写法，拓宽散文写作的边界，这点是首先从散文叙述的模式开始的。他开头写道："大地悲凉。悲凉大地。我不停咀嚼着，重复着。""有时，叙述者很重要。这个叙述者可以是甲也可以是乙也可以是丙还可以是丁。在这个文本中，我找到了一些叙述者，真实的叙述者，从甲开始，到癸结束。""我要强调，这些叙述者叙述的都不一样。不一样的叙述者，意味着不一样的叙述方式，也就有了一些不一样的悲凉。但出现这样的情形是很正常的，这只是验证着叙述的个性，以及大地的复杂。这些叙述者的叙述有些会交叉在一起，有些只是单线地进行着。我也必将会成为这个文本中的某个叙述者，可能是甲也可能是乙也可能是别人，我的某片大地确实是悲凉的，悲凉是因为一些简

单的因素起着作用,但其中一些因素只是表述得简单,实则不简单。"交代完这些,文章才进入所写的内容,之后却又荡开了,"到这里,我的讲述应该暂时告一段路,我意识到了自己把大地的悲凉归结得过于简单。我想成为大地上的行者,像那些过去的巫师、毕摩、司娘,其实这些都只是称谓而已,他们是一个群体,是一群为精神世界和生存世界的嫁接存在的群体,我想成为类似的人,但我也知道这样的想法过于奢侈了",进入又出来,这打破了常规的散文的写法,这些文字本身就是文中的一个重要部分,形式就是意义,所以才有了这样的方式,"乙讲到这里,我才有了强烈的感觉,乙是一个老人,是一个真正老了的老人。乙所讲的空,应该是一种更深层意义上的空,一些人长时间的不在场,一些感情长时间处于匮乏之中","丙开始讲述。杨××你认识吧?杨?我一时半会想不起来,说来听听,也许我会在你的讲述中回想起杨也不一定",最后的癸开始讲述,"但并不是我所熟悉的大地悲凉之类的话语。癸不停地谈论着甲乙丙丁戊己庚辛壬,他们都曾有着一些让人难以启齿的柔弱与艰难"。可以说,文章中的讲述者是甲乙丙丁,也是作者,也是我们每一个人,他讲到的是自己的也是别人的,是这里的,也是那里的,作者用这种方式将散文的内容无限地放大了,而且还为内容上体现的大地悲凉的主旨,提供了一种文字上的支撑,是一篇很用心的文章。另外,李达伟还写了《民间》(《大家》第2期),也体现了他散文写作的实验精神。

格致的《雪后尚义街》(《红岩》第1期),在文章之后的创作谈中写道:"写作的人就是猎手和猎犬。好的作家是好的猎手和猎犬。""谁能捕获那跑在最前面的句子?""优秀的作家会飞速越过那些行动迟缓、平庸的句子,像风一样跑过去。""在肉眼无法触及的地方,我秀腿蜂腰,飞檐走壁。"这些特质在这篇文章中是体现得尤其明显的,也有很强的散文写作的实验性。

五　其他散文家的散文创作

在本年度，有些刊物专门开展了散文创作的探讨，《都市》杂志在本年初就开展了一次"新世纪散文十五年"大型笔谈，陆续刊登在其第二期、第三期上，其中有夏榆的《任何问题都有自觉者寻求解决之道》、李林荣的《回看散文十五年》、王冰的《给散文写作一个文学的起点》、江少宾的《别开生面的散文实践》、王月鹏的《散文与现实的互为辨析，以及我们的局限》、陈洪金的《对一个浪潮的追忆与遗忘》、吴佳骏的《关于当前散文的几点思考》、王聚敏的《回顾与盘点》、杨献平的《荣耀何在：新世纪散文十五年》、傅菲的《50散文：一种难以道明真相的文体》，这些或者从事散文创作的散文家或者从事散文理论研究和批评的专家，对于当下的散文做出了准确而深刻的判断，观点鲜明，对于当下的散文创作起到了匡正和拓展的作用。

除此之外，新老散文家都努力开拓散文的疆域，继续推进散文的发展：韩开春的《银鱼乱走》（《美文》第5期），写了两种银鱼，一种藏在书里，一种生活在水中。马风在《唯不忘相思》（《北方文学》第10期）中写道："虽说往事不堪回首，可肺腑深处，仍然沉淀着一片剪不断理还乱的情怀。说穿了，正是挥之不去别是一番滋味的思梅心结。"傅菲的《在恩施》（《山西文学》第10期）、《山居》（《散文·海外版》第4期）、《美蛾》（《天涯》第3期），都写得恣意蓬勃，像生长的草原；庞培的《刘半农：教我如何不想她》（《红岩》第1期），宛似一场夜间的雨，湿湿的，散发着霉味；习习的《血牡丹：另一种镌刻》（《四川文学》第9期），写得比以前更有理性和结实了，又有控制中的舒朗，是一篇好散文。

还有一些作家保持着一贯的迅猛势头，蓬勃着当下的散文创作，

比如闫文盛的《恋爱絮语》(《鸭绿江》第8期)、《失踪者的旅行》(《四川文学》第9期),周晓枫的《手艺人的品德》(《美文》第2期)、《禽兽》(《人民文学》第7期),马叙的《过去的,现在的》(《美文》第1期)、《这年头,做一些无用的事》(《四川文学》第4期),阿占的《一本书的两处欢场》(《山东文学》第3期)、《无用之用》(《散文百家》第3期),德国学者顾彬的《香港沉思录》和《槐树之下》等一系列在《美文》发表的散文,玄武的《众神的盛宴》(《红岩》第6期)、《秋风起,缓缓归》(《作品》第6期),等等,都是本年度的优秀之作。

另外本年度,还有一些令人过目难忘的优秀之作,比如那海的《写作的女人危险》(《天涯》第3期)、卢苇的《五夫里歌行》(《陕西文学》第1期)、汗漫的《一卷星尘》[《西部(汉)》第8期]、须弥的《须弥:书的疯狂》[《西部(汉)》第4期]、周实的《诸子百家人物十题》(《湖南文学》第1期)、丁宗皓的《越飞越快的时间啊》(《海燕》第1期)、李颖的《父亲的三个可疑身份》(《花城》第2期)、朱以撒的《谈艺随笔》(《散文》第7期)、罗晓玲的《罗晓玲散文二题》(《广西文学》第1期)、王蒙的《斯文济世天下归仁》(《中国作家》第1期)、龙一的《衢州美食寻踪》(《散文·海外版》第2期)、宁肯的《思想的烟斗(节选)》[《西部(汉)》第6期]、于坚的《于坚随笔》(《散文》第5期)、蒋蓝的《豹诗典(之一)》(《山花》第5期)、南帆的《草书的表情》(《美文》第5期)、张天夫的《三人行》(《散文百家》第9期)、李晓君的《存在与消逝》(《青年文学》第7期)、张承志的《杀青又汗颜(两篇)》(《四川文学》第10期)、张建新的《江水为何浩荡(外三章)》(《安徽文学》第10期)、程静的《那拉提的低语和风暴》(《西部三文》第6期)、止庵的《我去过的"文豪之家"》(《四川文学》第10期)、叶舟的《伪经、伊斯拉姆·阿洪和赝品时代》(《四川文学》

第6期)、陈建功的《我和父亲之间》(《上海文学》第6期)、凌晨的《一个自己的房间》(《福建文学》第11期)、任林举的《斐波那契数列》(《人民文学》第9期)、武向春的《仙侣》(《花城》第6期)、杨永康的《惊喜记》(《散文·海外版》第6期)、郭文斌的《根是花朵的吉祥如意》(《北京文学》第11期)、周闻道的《论恶》(《作品》第5期)、王鼎钧的《看插花(外二篇)》(《黄河文学》第7期)、大解的《大地与星空断想》(《红岩》第3期)、白描的《翡翠记》(《人民文学》第6期)、帕蒂古丽的《被语言争夺的舌头》《人民文学》第7期)、曾楚桥的《赌徒》(《作品》第1期)等。

可以说,2015年度的散文还是有思考、有深度、有创意、有锐气的,散文写作者们的运思各有千秋,意蕴的春兰秋菊,整体上给人的感觉是可喜的。但认真地回望,严格地检视,仍能发现诸多不尽如人意之处。令人不能不感慨的是,时代大变了,散文却仿佛固守原地不动,不论是写作的理念,还是写作的行为本身;不论是对于传统的借鉴,还是对于当下世情的判断,均有隔靴搔痒,画饼充饥之感。很多散文作品,仅在皮毛之间,未有深探掘,遂流于粗直,这些都是需要更多的散文写作者去努力,去克服的,这样才会给散文一个美好的未来。

(本章执笔　王　冰　中国作家协会鲁迅文学院副研究员)

B.7
诗歌：游弋于"资本"与"云端"的突围表演

摘　要： 纵观 2015 年的诗歌，借助于新兴媒体和资本之力，当下的诗歌在创作、出版、传播等方面持续活跃，事件频仍。而"余秀华热"的陡然出现，"工人诗歌"引起热议，则在显示诗歌写作新的可能的同时，也向人们提出诗歌创作和诗歌文化如何介入当代社会的文化建构实践的崭新课题。

关键词： 诗歌文化　"余秀华热"　长诗写作批评

回顾 2015 年，如果能用几个关键词来概括，我会想到雾霾、创业风潮、股市起伏、经济低迷等，这些词语描述了一个普通人印象中的中国社会在 2015 年的一般状况，而作为描述文学，特别是当代诗歌发展的背景环境，这些关键词似乎难以与文学场域里发生的一切产生直接勾连。作为上层建筑组成部分的文学，与社会经济基础状况发生关联的方式颇为间接与隐晦。或者，反过来，我们也可以说，通过考察 2015 年的诗歌发展状况，比照过去的一年里人们的日常生活关怀，或许能够理解诗歌文化公共性的实践意识及其曲折隐显的呈现方式。

一　观察：升温中的诗歌活动、诗歌奖项和诗歌出版

大致观察可见，近几年，全国各地的诗歌活动种类繁多，诗

诗歌：游弋于"资本"与"云端"的突围表演

歌奖项名目不胜枚举，而诗歌出版也延续着强劲的升温势头。2015年1月2日晚，上海民生现代美术馆举办了"柏桦上海诗歌朗诵交流会"，交流会由诗人王寅主持，内容包括与诗人对话和诗歌朗诵。民生现代美术馆举办的"诗歌来到美术馆"主题活动已经进行了三年多，成了上海文化界一个具有地标性的活动品牌。在固定的文化空间中进行的诗歌活动，能较长久地吸引当地的诗歌和文学爱好者参与，形成稳定的受众群体。上海、北京、南京、成都、深圳、广州都有这样的文化空间，这类空间除了美术馆之外，还有咖啡馆、书店、图书馆、艺术中心等，有些空间已经形成了较为广泛的影响。知名的诗歌文化空间有成都的白夜酒吧，南京的先锋书店，深圳的旧天堂书店等。这些文化空间以经常、定期地举办各具特色的诗歌活动而著名，已经成为近年颇为重要的当代文化风景。

个人诗歌朗诵会是最普通也最普遍的诗歌活动，近年来，各地出现了多种的诗歌节和诗歌文化节，以及专题性质的诗歌推广活动。借助微信平台，诗歌活动信息可以迅速得到传播，相关诗歌议题也可能得到及时讨论。比如，2015年1月4日晚在南京举行的"回答——中国当代诗歌手迹拍卖会"，有梁小斌、杨键等19位当代诗人的42首诗歌手迹得到公开拍卖，据说总体估值为300～400万元。在中国人似乎日益看重文化收藏的今天，诗人的手稿手迹也变成了藏家的目标藏品。这场事先即备受关注的拍卖，总成交率达到92.86%。再如2月2日，在北京皮村举办的题为"我的诗篇：工人诗歌云端朗诵会"，是一场既可现场参与，又能通过互联网直播的专题诗歌朗诵会。而紧随的纸媒报道，相关诗歌微信公号进行延续性的讨论，使得"工人诗歌"这个议题，成为2015年最吸睛的话题之一。诗歌节举办时也会设计一些吸引人的主题，比如3月在广州图书馆举办的"花神诗歌节"就主打

"女性诗歌"牌,虽然其文化立足点还是把女性当成传统的美好形象的化身,并无探讨女性写作复杂内涵的意图。作为中国规模最大的民间诗歌艺术节,3月在云南大理沐村原创艺术中心举行的第九届"天问诗歌艺术节",则把诗歌和音乐、美术、摄影艺术结合起来。而9月在扬州举办的"虹桥修禊"活动中,诗歌与古城,诗歌与历史的关系得到了互相阐发与引申。

2015年还出现了几个新的诗歌节,即首届杜甫国际诗歌节(河南),首届武汉诗歌节,首届北京诗歌节等。诗歌节的举办旨在推动当代诗歌的传播和推广,让诗人与读者、诗人同行之间,诗人与社会有更广泛、深入的交流,如果能够持续高效地举办,其影响自然也会不断扩大,而对诗歌的诗歌写作者而言,诗歌奖项可能更具吸引力。

按照颁奖机构划分,当代诗歌的奖项可以分为体制内奖项和民间奖项两类。体制内的文学奖中设立诗歌奖项的,有鲁迅文学奖、十月文学奖、延安文学奖等。专业刊物如《诗刊》杂志设年度诗人奖,2014年的得奖者为余秀华;《星星》诗刊则设立年度诗人、诗评家奖,2014年的获奖者为诗人王小妮,诗评家张德明,"80后"诗人戴潍娜获得年度大学生诗人奖。十月文学奖2015年已经评到第11届,获得诗歌奖的诗人有沈苇、吕德安、李立云和娜夜;第2届延安文学奖诗歌奖的获得者为秦巴子。民间独立的文学奖并不多,除了华语传媒文学大奖之外,更多的是诗歌奖。2015年的华语传媒文学大奖进行到第13届,年度诗人获奖者为沈苇。2015年首创的诗歌奖有首届人民文学诗歌奖,其中年度诗人奖获得者为雷平阳,年度诗歌奖获得者为江一郎,年度新锐奖获得者为玉珍、莫小闲、杨庆祥;首届李白诗歌奖获奖者为洛夫。民间诗歌奖中,第6届天问诗人奖由吕德安、陈先发获得;第5届中坤诗歌奖获得者为邵燕祥、西川和叶甫根尼·亚力山德耶维奇·叶夫图申科(俄罗斯);第10届"诗歌与人·国际诗歌奖"

获得者为丽塔·达夫（美国）和西川；第23届柔刚诗歌奖荣誉奖获得者郑敏，主奖获得者陈加农，新人奖获得者牟才，校园奖获得者秦三澍等；第2届袁可嘉诗歌奖中，杨健、汪剑钊、胡亮分获诗人奖、翻译奖、诗学奖；第7届闻一多诗歌奖获得者为毛子；第3届扬子江诗歌奖获得者为余笑忠、谷禾、朱朱，评论奖获得者为罗振亚、张清华；第2届海子诗歌奖获得者为江非、徐俊国、江离、李宏伟、熊焱；第2届东荡子诗歌奖获得者为桑克和钟鸣。另外还有如中国当代诗歌奖（甘肃）、红高粱诗歌奖、北京大学未名诗歌奖、复旦大学光华诗歌奖等。多种民间独立诗歌奖的设立对于当代诗人的写作自然是很好的激励，也是当代诗歌文化丰富化、多元化的一种呈现。

大概因为微信公号正当流行的缘故，2015年民间诗歌刊物的编辑出版似不如前些年多样。新创刊的民间诗歌杂志有《大地》（彝族，四川宜宾）、《广场诗刊》（重庆）、《圭臬》（四川新都）、《涂抹》（深圳）、电子诗歌杂志《谈诗》（澳门）等。其他出刊的民间诗刊有《大象诗志》（第11卷"四川、山东70后诗人专辑"）、《环渤海诗歌：纪念陈超先生专号》、《诗领地》（总第8期）、《刀锋·自在诗歌》（总第3期）、《更诗刊》（网刊，总第12期）、《小不点儿儿童诗歌》（总第5期）、《蓝鲨》（总第21期）、《湍流》（总第4辑）、《诗参考》（总第29～30期）、《第三说》（总第7期）、《抓达》（总第8卷）、《象形》（2015卷）等。由潘洗尘主编的"诗歌EMS" 2015年出版了韩东、苏历铭、余幼幼、胡正刚、李森、琳子、梁小静、唐果、扶桑、衣米一、赵卡、冯晏、田炳信、白月、字童、陈太胜、朵渔、余怒、阿翔、苏浅、西娃、吕布布、灯灯、韩文戈、胡茗茗、金铃子、梅依然、西叶、王有尾、谷禾、娜仁琪琪格、黄礼孩等的新诗小册子。

比较而言，公开正式出版的诗歌刊物在2015年有了一些的突破。以

书代刊形式的综合性诗歌刊物《原诗》学术集刊创刊,《先锋诗》创刊并出版二卷,此外,还有继续出版的如《诗与思》(第2期)、《诗建设》(4期)、《读诗》(3卷)、《汉诗》(4期)以及《诗歌风赏》(4卷)等。以书代刊以及像《飞地》丛刊那样以诗歌为主打的刊物,较少受到体制的束缚,在有实力和眼光的编辑团队的努力下,能够囊括的诗人较广泛,也可选约到较高质量的诗歌作品。而基于文联作协体制创办的诗歌刊物近年来也在民刊、以书代刊和自媒体网刊(微信公号)的多重影响下发生了一些变化。有研究者认为,2015年,一些诗歌刊物变厚了,也变美了,栏目更丰富精彩,诗歌刊物的形象展示更立体化,作品质量得到整体提升。(张德明《2015,诗歌刊物的新变化》,载《诗潮》2015年第6期)

2015年出版的诗集、诗选集、诗歌研究专著等恐怕是近年来最多的。由作家出版社推出的"标准诗丛"第二辑,出版了《周年之雪:杨炼集》《你见过大海:韩东集》《山水课:雷平阳集》《潜水艇的悲伤:翟永明集》《旗手和豆浆:臧棣集》;广西人民出版社推出"大雅诗丛",出版了杨铁军《和一个声音的对话》、雷武铃《赞颂》、王志军《时光之踵》、谢笠知《花台》和席亚兵《生活隐隐的震动颠簸》;花城出版社推出"后花园诗丛",推出马永波《词语中的旅行》和远人《你交给我一个远方》;上海社会科学院出版社推出"巨兽丛书",包括叶美《周年》、石可《往生书》、二十月《利维坦的客户》、王炜《比希摩斯时刻》、王良贵《幽暗与慈悲》;中国青年出版社推出"中国好诗·第一季",出版陈超《无端泪涌》、杜绿绿《我们来谈谈合适的火苗》、刘年《为何生命苍凉如水》、路也《山中信札》、臧棣《必要的天使》、汤养宗《去人间》、雷平阳《悬崖上的沉默》、王单单《山冈诗稿》、宇向《女巫师》和江非《白云铭》;黄河出版传媒集团/阳光出版社推出的"千高原诗系"2015年出版了文乾义、王东东、王璞、孙怡、成婴、余旸、张伟栋、沈苇、哑石、泉子、秦晓宇、耿占坤、萧颂、黎衡、穆青等15位诗人的诗集。长江文艺出版社旗下的"长江诗歌出版中心"近年来一直致力于当代诗歌的出版。2015年，中心推出了雷平阳、李亚伟、树才、丁当、杨键、邱华栋、轩辕轼轲、唐果、金轲、温永琪、独化、木桦、李岩、非亚、娜仁琪琪格、李郁葱、范倍、青蓝格格、李长平、慕白、燕七、李铣、丁小琪、青小衣、姚月、王京安、超石、亚楠、王志国、郑希耕、梁潇霏、雪鹰、郑文秀、贾非、包苞、安纲、程方、游天杰、吴再、西乙、陈哀、丘锋、关长安、烟之外、程萍萍、风泉醉、费嘉、辛酉、王乙宴、阿翔等近50位当代诗人的诗集。长江诗歌出版中心推出诗集的方式相对灵活，对入选出版计划的诗人或诗选集可能比较宽松，诗歌的作品质量或许参差不齐，即便如此，其对传播当代诗歌文化功不可没。

其他重要诗人诗集包括：华东师范大学出版社出版"杨炼创作总集"前三卷（计划出版九卷），作家出版社出版许立志《新的一天》、黄茜《女巨人》，北岳文艺出版社出版刘洁岷《词根与舌根》、《出梅入夏：陆忆敏诗集（1981~2012）》、《为你消得万古愁：柏桦诗集（2009~2012）》、蒋蓝《霜语》，华东师范大学出版社出版孟明《细色》、《王寅诗选：灰光灯》，江苏文艺出版社出版《芒克诗选》、翟永明《大街上传来的旋律》，中信出版社出版翟永明《随黄公望游富春山》精装限量版和简装版，人民文学出版社出版《杨克的诗》，凤凰文艺出版社出版《韩东的诗》，当然，还有爆得大名的诗人余秀华，出版了两本诗集，分别是《摇摇晃晃的人间》（湖南文艺出版社）和《月光落在左手上》（广西师范大学出版社），其他出版个人诗集的诗人还有阿卓务林、沈奇、蓝蓝、江汀等。据以上不完全统计，2015年正式出版个人诗集的诗人有一百余位，对于当代诗歌而言，出版数量不可谓不惊人。

重要的诗歌选本包括《2014年中国诗歌精选》（中国作协创研部

编选,长江文艺出版社)、《2014中国诗歌排行榜》(邱华栋主编,周瑟瑟编选,百花洲文艺出版社)、《2013~2014中国新诗年鉴》(杨克主编,江苏文艺出版社)、《我的诗篇:当代工人诗典》(秦晓宇选编,作家出版社)、《百年新诗选》(上、下卷,洪子诚、奚密主编,生活·读书·新知三联书店)、《中国当代民间诗歌地理》(上、下卷,张清华主编,人民东方出版传媒/东方出版社)。除了以上几种年选、专题选本、经典选本之外,还有按地方、诗人群体和写作风格等为标准的选本,如《力的前奏——四川新诗99年99家99首》(蒲小林主编,胡亮执行主编,白山出版社)、《21世纪贵州诗歌档案》(系列第2部,赵卫峰、颜同林主编,中国文联出版社)、《双年诗经——中国当代诗歌导读暨中国当代诗歌奖获得者作品集(2013~2014)》(唐诗主编,四川人民出版社)、《70后诗全编》(上下卷)(吕叶主编,长江文艺出版社)、《河北青年诗典》(郁葱主编,花山文艺出版社)、《东三省诗歌年鉴(2010~2014)》(马永波主编,吉林出版集团)、《江西九人诗选》(熊国太主编,百花洲文艺出版社)、《中国口语诗选》(伊沙编选,长江文艺出版社)等。

值得一提的是,"网络众筹"出版诗集可谓方兴未艾的出版新模式。上文提及的许立志诗集《新的一天》、花城出版社推出的"后花园诗丛"即是网络众筹的结果。许立志是富士康员工,2014年9月30日因抑郁症坠楼辞世,随后的11月30日,诗人秦晓宇和蓝狮子出版在众筹网共同发起"一个底层打工诗人的遗著:许立志诗集《新的一天》"上线,他们期待在2015年1月15日之前,筹集到6万元,以资助诗集出版并帮助许立志年迈的双亲。众筹成功,是原计划的228%,筹集到136850元。花城出版社2015年4月在推出"后花园诗丛"时,也利用了互联网的"众筹"模式,在8天内筹资3万元,其目标却不仅是出版诗集,而且运用一系列运作方式,让待出版的诗集先行在网上得到宣传,因此也被记者陈龙称之为"众筹诗集"模式。"这一营销模式借助出版前的网络预热、微信和微博号召,最终带动读者对于诗集和诗人的关注,继而结合网店销售和地面活动两栖的路径,实现了诗集大范围的传播和销售"。准确地说,众筹出版诗集目的是宣传,"众筹对于诗集的营销而言是一种探索,目的是在诗歌市场漫无目标的背景下加强对读者的影响,有效地把诗集和读者连接起来"。

众筹出版诗集前景如何,记者似乎比较乐观,"可以预见的是,在未来的诗歌传播中,出版社的纸本诗集将面临更窄的道路,而新媒介的阅读会在互动、付费、系统生产等方面有着更多的可能"。(陈龙《网络众筹诗集:诗歌的下一个春天?》,载《南方日报》2015年6月12日第A17版)

二 热点:余秀华爆红与工人诗歌争议

1. 自媒体与资本助推中的余秀华热

2015年初,一位名叫余秀华的女诗人迅速走红,成为舆论热点。余秀华何许人也?她是来自湖北的一位农村妇女,一位脑瘫患者。

余秀华生于1976年,2009年开始正式写诗,曾活跃于一些网上诗歌论坛。2014年9月,《诗刊》发表了她的诗作,11月10日,《诗刊》微信公众号推送了她的文章《摇摇晃晃的人间———一位脑瘫患者的诗》,阅读数很快就到了5万。2014年12月份,《诗刊》微信在与10个微信公众号的互推余秀华的诗歌中收获了1万个粉丝,增幅50%。2015年1月13日,旅美学者、诗人沈睿发表新浪博客文章《什么是诗歌?余秀华——这让我彻夜不眠的诗人》,称余秀华为"中国的艾米丽·迪肯森",盛赞她"出奇的想象,语言的打击力量,与中国大部分女诗人相比,余秀华的诗歌是纯粹的诗歌,是生命的诗

歌,而不是写出来的充满装饰的盛宴或家宴,而是语言的流星雨,灿烂得令你目瞪口呆,感情的深度打中你,让你的心疼痛。"博文发布当天,即被《民谣与诗》微信公众号转载,并配上余秀华的生活照、诗歌手稿及延伸阅读材料。这篇被微信公众号推送的文章迅速在朋友圈得到传播,阅读量达到10万多。也是这篇微信文章使得余秀华爆红,读诗的不读诗的读者们纷纷在自己的朋友圈里转发。

自媒体的传播之力在余秀华身上得到验证。《诗刊》微信公众号的发布只是个开端,网络名人的荐举成为助推,接下来在网上进行的论战,则把余秀华和她的诗歌带进资本和媒体主导的传播机制之中。2015年1月16日,诗人沈浩波在新浪微博连发两帖,质疑余秀华的诗歌:"仅就诗歌而言,余秀华写得并不好,没有艺术高度。"同时他还质疑了当代诗歌的普通读者(大众),"近期大众舆论关注的两个诗人,一个是许立志,一个是余秀华。一个是自杀的富士康打工青年,一个是脑瘫症患者。前者把苦难写成了有尊严的诗,是个好诗人,所以大众不会真喜欢他的诗。后者把苦难煲成了鸡汤,不是个好诗人,所以大众必会持续喜欢。"诗人廖伟棠是余秀华诗歌的激赏者,随即在微博上与沈浩波商榷。1月19日,沈浩波发布了一篇长微博文,依然延续着之前的思路,论及诗歌与大众与媒体的关系,以及作为诗人的余秀华的限度。"再客观一点说,余秀华的诗歌已经进入了专业的诗歌写作状态,语言基础也不错,具备写出好作品的能力,但对诗歌本身的浸淫还不深,对诗歌的理解也还需要再深刻一些,很多诗歌停留在情感的表层,既没有深入进去,也缺乏表达的微妙"。他质疑吹捧余秀华诗歌的人的审美能力。该文于19日在"诗歌是一束光"微信公众号上发布。此时,各大网站和纸媒已经开始跟进网络上有关余秀华诗歌的讨论。新华网、《新京报》、人民网、《南方都市报》等纷纷转载或撰文推出脑瘫诗人余秀华及其诗作。1月20日,诗人、批评家臧棣接受媒体访谈,提出了一些看起来不合公众口味、暧昧但引人深思的观点。他认为余秀华的诗"最大的特色，就是写得比北岛好。"余秀华"之所以能引发如此更大的共鸣，倒不一定是她的诗写得有多么好，而是她的诗，向我们今天的诗歌文化提出了很多问题。"臧棣既肯定了余秀华的诗"在于她的写作重申了一种基于生命事实的书写权力"，同时也希望讨论者能够反思今天的诗歌文化问题。就这样，从1月13日~20日，短短一周时间，余秀华红遍中国，而由两家出版社出版的她的诗集，已在网上同时预售。这两家出版社分别为广西师范大学出版社和湖南文艺出版社。

两家出版社早在2014年底就开始为争取余秀华诗集的版权和预售效果而展开舆论较量。湖南文艺出版社给出了10%的高版税，并称要印1万册，哪怕没销出去也不怕，并承诺尽快出版，让余秀华的诗集成为广大读者最好的新年礼物。广西师范大学出版社则让编辑加班加点选诗并赶印诗集，以便抓住销售时机。"这本书连宣传期都没有"，广西师大出版社的宣传人员相当惊诧。

余秀华的诗歌到底有多出色？其实，经过一番网上论争，结论也不难得出。余秀华的爆红，正如网上有文章分析的，得益于"社交媒介"，她的"人生故事就是一部励志片，而在微信上传播最为广泛的就是那些或真或假的'心灵鸡汤'"。（魏英杰《社交媒介成就了余秀华神话》，《新京报》2015年1月19日）但是，更不能忘记的是，不管诗歌圈内外争议如何，在余秀华诗歌现象中，最具奇观色彩的，不是踏破余家门槛的各路记者，也不是那些曾与余秀华有着恩恩怨怨的网络诗人们，更不是那在余秀华缺席的情况下宣布她为"作协副主席"的钟祥市作家协会，而是独具商业眼光的两家出版社。两家出版社推出的余秀华诗集都在2015年2月出版上市。到2015年中，据报道，湖南文艺出版社出版的《摇摇晃晃的人间》卖出6万册，而广西师范大学出版社出版的《月光落在左手上》已销售10多万册，可谓诗歌出版一大"奇迹"。也许余秀华的写作本身并不带有

"把苦难煲成鸡汤"的意图,而随着资本的介入,媒体推手果断地借助了暧昧的身份话语和诗歌趣味,抓住商机,获利获益。

2. 知识分子与工人诗人混搭打造"我的诗篇"

2015年2月2日,在北京东五环外的城边村皮村的"工人文化艺术博物馆",二十余位来自全国各地的工人诗人和十多位北京的批评家,还有部分工友和媒体记者,以"历史与现状:中国工人诗歌创作研讨会"为题,进行了一天的研讨。晚上,在同一个院里的"新工人剧场",一间固定的帐篷剧场里,又举办了一场特殊的诗歌朗诵会——"我的诗篇:工人诗歌云端朗诵会"。白天的研讨是工人诗人和知识分子学者之间的对话,晚上的朗诵会则是参加者聆听工人诗人朗读他们的诗作。这场朗诵会还别开生面地通过网络,在云端直播,所以,那些不能亲临现场的读者、听众也可以通过网络收看。

这场云端朗诵会引来了澎湃新闻、《钱江晚报》、《北京青年报》、腾讯文化、《工人日报》、《南方周末》等各方媒体的报道,纸媒、网媒,以及官方、民间的自媒体(个人微博、微信公众号、微信朋友圈)争相讨论工人诗歌这个话题。在"工人诗歌"这个概念中,媒体成功地找到了话题点,除了被日益边缘化的"诗歌"之外,就是内涵已悄然变化了的"工人"。这两个同样被放逐出大众精神生活的词语——"被忽视的诗歌和消逝的工人",忽然以活生生的形象出现在人们面前时,其引发的震动可以想见。而这才是开始,"工人诗歌"研讨和朗诵活动的策划与组织者之一,诗人秦晓宇在当天的研讨会上宣布了接下来的一系列围绕该主题的文化活动,包括众筹许立志诗集《新的一天》,《我的诗篇:当代工人诗典》的出版计划,纪录片《我的诗篇》的拍摄计划等。皮村的云端朗诵会成功举办之后,"我的诗篇"策划团队联系了下一场公开售票的朗诵会以及一系列巡回活动,而3月21、3月22日在天津大剧院进行的朗诵会,却因为售票不足10张而被迫推迟。5月初,团队与上海民生现代美术馆等机构合作，举办了"一五一诗：工人诗歌朗诵公益活动"。5月下旬，"我的诗篇：草根诗会"在天津大剧院举办，两场诗会共售出40张票。同时，跟之前媒体一味赞誉的态度不同，出现了反思和批评"工人诗会"的声音。

亲临现场的观众之一，记者伍勤撰文谈及她对打工诗会的观感与质疑："知识分子以自身的美学视角，把会写诗的工人选拔了出来，又以浪漫主义的方式陈列给公众，台下的观众（包括我在内）感动了、落泪了。可是，这种以审美为基准而整合出的'声音'，真的还具有抗争性吗？"（《新京报·书评周刊》微信公众号2015年5月28日）表达了对朗诵会美学趣味的质疑，工人共同体的历史分裂之后的主体性危机的反思，伍勤提出了当代工人如何运用文艺抗争的问题。随即，秦晓宇在《我的诗篇》微信公众号，接连发表两篇文章，反驳伍勤，而《新京报·书评周刊》微信公众号也随即应战，杨枞《这是一场无关工人诗歌的讨论》，把关于"工人诗歌"的话题延伸至工人阶级主体性以及知识分子与工人的关系等议题。论争中，工人诗人魏国松撰文，戏谑地称工人诗歌朗诵会为"知识分子诗人和工人诗人混搭的时代来临"，"以打工诗人为主的诗会，是两个曾经不相互往来的群体诗人的真正的褪去了物化的联手经营的精神产品"。不过，他并不认同工人诗会的目标在于匕首投枪式的抗争政治诉求，而试图"将暴力思维里的投枪匕首置换成了美好的祝愿与祈盼"，因此而肯定工人诗会的艺术和文化价值。

"我的诗篇"综合计划仍在继续着，2015年6月21日，以打工诗人为记录对象的《我的诗篇》纪录片获得第18届上海国际电影节的最佳纪录片金爵奖。随后，纪录片《我的诗篇》也在团队策划下有计划地全国巡回展演。该纪录片于上海国际电影节展演期间，又有学者撰文质疑工人诗歌的当代呈现。复旦大学政治学院的郦菁撰文，指出这部纪录片"由于只有情绪和情怀，这注定只能是一部中上之

作。根本的问题还在于,这部作品没有深刻地切入政治经济学。换言之,《我的诗篇》在成功传达诗歌意象之余,并没有进而剖析工人所处的权力关系,包括他们与机器和技术的关系,与资本所有者和国家的关系,以及在全球价值生产链中的地位。""权力关系被遮蔽这一重大的缺失,使得观众并不能从本质上理解,工人为什么需要诗歌。工人诗歌从来都不是对于诗意体面的中产阶级生活的想象。实际上,诗歌和音乐类似,正是工人阶级能够掌握的少数几种反抗形式之一。诗歌打开想象的新空间,并且以显而易见的'无用性'公然对抗资本主义的功利逻辑。"作者认为,正是由于对"资本看不见的手"的介入不加反思,使得主创团队无法深入到政治经济学的层面进行深入剖析。作者"震惊于资本的吸纳能力为何如此强大,连工人诗歌这样异质性的反抗形式也能够被重新包装贩售,瞬间变成温情脉脉的面纱,以遮蔽真实的权力关系与潜在的劳资斗争。这很可能是工人阶级的二次异化:第一次是与劳动产品的异化,第二次是与自身文化产品的异化。"(《我的诗篇:情怀和感动之后,工人诗歌如何挑战资本逻辑》,载《澎湃新闻网》2015年6月18日)上海大学文化研究系的高大明认为,"整个影片的基调充满了改革开放三十年来个人苦难与个人奋斗的'励志'叙事。这一不断重复的文化形态总是突出经验感触的个体化层面,所永葆的理想也属于个人。它具有强大的表面普世性,既可以用于描述工人的经验,也可用于为资产阶级的个人成功史进行合法辩护。""知识分子究竟应与谁结合在一起,成为问题的关键所在。那些表现模糊、未及展开的镜头体现了知识分子认知的矛盾,他们其实捕捉到了触及工人主体性,以及阶级政治的层面,比如,讨薪的问题以及北京工友之家的歌曲。更为重要的是,虽然都是个体化的苦痛,但性质却惊人的一致:机器的压迫、身体的劳累和残缺与精神的煎熬表征了异化的劳动,压榨并扭曲了工人们的劳动与生活。然而可惜的是,这些内容未能成为影片结构与内容的核心,甚至被嫁接到个人奋斗的励志叙述中。"（高大明《个人奋斗价值观的局限与工人诗歌应构造的文化》，载《新陇之声》微信公众号2015年6月21日）不过，对于已经相当深入的讨论，"我的诗篇"主创团队再无人出面探讨，这个问题似乎被搁置了。

无论是余秀华爆红，还是工人诗歌热，它们都共同联系着一个因素——作为幕后推手的资本。究竟如何理解资本力量介入文化之后的作用，这将是一个新的课题。

三　深度：长诗写作批评及其他

2015年，不仅有相当多的当代诗人诗集得以出版，而且也有数量不菲的当代诗批评和研究方面的著作面世。比较重要的著作有：诗歌批评家沈奇策划出版"当代新诗话丛书"，包括耿占春《退藏于密》、陈超《诗野游牧》、于坚《为世界文身》、赵毅衡《断无不可解之理》、沈奇《无核之云》（陕西人民教育出版社），诗歌批评家唐晓渡的两卷本文集《先行到失败中去》、《镜内镜外》（作家出版社），颜炼军《象征的漂移——汉语新诗的诗意变形记》（广西师范大学出版社），荣光启《"现代汉诗"的眼光——谈论新诗的一种方法》（中国社会科学出版社），任毅《百年诗说》（武汉大学出版社），胡亮《阐释之雪：胡亮文论集》（中国言实出版社）等。诗歌研究著作固然是学者较长时间里阶段性研究成果的总结，而及时有效的当代诗批评基本集中学术刊物上，重要的深度批评话题也来源于此。

总体而言，当代诗歌的批评和研究一直滞后于创作。诗人在写作，诗集也在出版，但相应及时的批评却成果不多，诗歌批评似乎很难得到全面的展开，无论是作品研究还是诗人研究。批评家耿占春《先锋诗》创刊号（长江文艺出版社2015年4月出版）发文，以

"作为一种别样的写作"的诗歌批评为视角,对当代诗歌批评加以反思。他首先质疑了当代文学研究专业化和学科化的弊端,尤其对于诗歌来说,分类视野、主题研究都不利于真正进入这一独特文体的内部。他认为诗歌批评既是一种针对诗歌文本的阐释性话语,同时也是一种独具风格的创造性写作,因为"诗歌批评是一种批评主体与诗歌文本之间的主体间的关于理解的实践,一种通过有关非交流性的话语进行言外之意的交流"。诗歌不像其他文类那样呈现或表现意义,"诗歌写作意味着将日常经验与事物变成一种隐喻认知的显现,把生活经验变成一种意义模式来加以验证的希望"。"对一个批评家来说,诗歌文本的意义并不能够还原于对现实的参照,无论是写作者的身份与属性,还是诗歌话语中的指涉","诗是语言表达的无限自由的象征,是一种把自由与意义实践连接起来的话语活动",由此,耿占春呼吁"一种僭越学科边界的认知功能"的诗歌批评的诞生。

最近几年,大约出于经验整合与写作阶段性飞跃的抱负,第三代诗人中不少人开始写作长诗。稍早一些,如柏桦的《水绘仙侣1642～1651:冒辟疆与董小宛》(2008)、《史记:1950～1976》(2012),2012年,《今天》杂志春季号"飘风特辑"发表了西川《万寿》(选章)、翟永明《随黄公望游富春山》(选章)、欧阳江河《凤凰》(选章),这是长诗写作的集体亮相。接着,萧开愚的《内地研究》(2014)、欧阳江河《凤凰》(2014)、翟永明《随黄公望游富春山》(2015)陆续出版。有别于体量轻盈的抒情短诗,长诗的写作需要的技艺准备与水到渠成的爆发力都是非同一般的,因此,这些长诗发表之后,也相应地得到关注和肯定,一些长诗甚至和关于它的批评文字同时出版,如柏桦的《水绘仙侣》、欧阳江河《凤凰》和翟永明《随黄公望游富春山》。结集出版时的评论多为肯定褒扬的声音,尽量挖掘长诗的丰厚容量,并盛赞诗人苦心孤诣的努力。而作为一种群体写作现象,这些长诗作品出版之后的近两年,也出现了严肃的批评之声。

较早发出质疑的，是诗人、批评家姜涛，他在《"历史想象力"如何可能：几部长诗的阅读札记》（《文艺研究》2013年第4期）一文中，以著名诗歌批评家陈超在分析1990年代先锋诗歌时运用的一个概念——"个人化历史想象力"为切入点，以柏桦《水绘仙侣》和《史记》、西川《万寿》、萧开愚《内地研究》、欧阳江河《凤凰》的长诗文本为研究对象，分别讨论四位诗人在处理个人经验与构建历史想象时各自存在的问题，评析他们的写作如何体现出一种历史想象力与诗歌想象力之间的失衡。时隔两年，《江汉学术》2015年第2期的"现当代诗学研究"栏目发表了颜炼军、李海英两位年轻学者的论文，继续就第三代诗人写作长诗现象加以讨论。

颜炼军的《"大国写作"或向往大是大非——以四个文本为例谈当代汉语长诗写作的困境》一文，也以欧阳江河、西川、柏桦和萧开愚的长诗写作为例展开，从当代长诗写作的困境的两种体现——"命名的精确性和命名的整体性"入手探讨。作者指出，现代以来，"文字语言的传统功能领域自17世纪以来越来越缩小，首先是科学语言与文学语言的渐趋分野，随后是图像语言大面积占领了日常生活的各个角落，再接着是人类有史以来最剧烈的信息革命。它们对长诗写作的直接影响就是，现代长诗不可能再像但丁、弥尔顿、歌德那样，可以有兼容巨细的知识、真理抱负和语言抱负，可以用词语大江大海的雄辩或戏剧场景来命名剧变的生活世界"。"现代以来成功的欧美长诗都是以批判现代性为主题，梦想新的精神统一性为主旨，它们在这两方面都走在了思想与政治反省的前面，因此而显出特殊的历史价值。对当代汉语诗人来说，要以长诗写作来大面积地发明精确性命名，面临着种种困难。首先，经典意义上的现代性反省修辞，在西方的现代长诗写作中已然消耗殆尽，不可复制；同时，针对中国当下面临的复杂体验，已有的新诗技艺资源则显得捉襟见肘。现实内蕴的

超级想象力,对诗歌命名的精确性,提出了近乎残酷的要求,对长诗写作尤然。"作者从诗歌主题、诗歌素材、诗歌风格等方面,一一评析这几位诗人在精确性方面的薄弱,他推断,由于"化"功之不足,几位诗人也没有做到整体性方面的艺术突破。最后,作者认为,与二十世纪现代长诗传统中比较,当代的几位中国诗人也没有发明"一种词语的液态",他们"虽有庞德、艾略特式的抱负,我们在其中却似乎还看不到'荒原'式的有效命名。"而究其原因,"可能是诗人们过于看重或依赖自己所写的所谓'现实'了,他们笔下的诗意形态、词语的指标,是直接通过其社会历史批判性呈现来完成的,有意思的是,许多批评家却也喜形于色地认同这一点。"

李海英的《白昼燃明灯,大河尽枯流——论当下作为"症候"的知名诗人长诗写作》,是另一篇重要的批评文章。作者首先肯定了这几位诗人的写作意图:"柏桦在重启某种中国文人士子的内在追求,欧阳江河试图为我们这个民族重塑某种崇高精神,西川用新历史主义的态度以诗歌完成一部近现代中国社会的百科全书,萧开愚似乎要站在地方志的某个支点上把脉当下社会的种种症候"。但她也指出这些诗人的不足:"首先是语言的美感变得极为艰难,其次是言说的诗意极为扭结,再次是经验的内化非常生硬,同时也没有接受到'负审美'或'恶之力'应该带来的震惊。此外,我个体对诗歌文本真实感受与已有的某些知名评论家的观点也存在很大偏差,比如被誉为'当代史诗'的文本,而我恰恰认为是反史诗的"。论者重视长诗作者的具体写作意图,比如柏桦为了让读者更有效地理解他的长诗,给全诗不厌其烦地作了大量的注释,但通过阅读,论者认为"如果文本本身的写作意图并不明确进而呈现出含糊和雾化的样态,究其原因就是因为诗歌文本本身并没有形成一个完整的场。显然,今天的读者对那些被注释的'事物'并不陌生,但诗人像个热情的'导游解说员'",使得那些词语词条变成了"毫无张力和艺术感染力的废料"。在西川的长诗中，展现历史细节的愿望，却没有产生"百科全书式"的力量，反而变成一种信息的堆积与循环重复、复制甚至戏谑。"诗歌创作中，将历史、社会、时代做一个百科全书式的聚合则特别需要个人功力的驾驭，不仅要把思想、精神、材料、词汇等元素完美融合在一起，且要成功地转化为诗歌经验。"而《万寿》中，诗人西川的问题也就出在此处。写作《内地研究》的萧开愚"想做的是要把宏观的结构框架（上层建筑）与个人环境之间的相互作用、这个框架的变迁以及它对个人环境所造成的影响，全景式地展示出来"，但长诗的"新闻话语"借用却没有被转化为"诗歌话语"，而细节写作又缺少活力，不能将"大量的信息引爆为诗意的灿烂烟花"。而有批评家认为具有"史诗品质"的欧阳江河的《凤凰》，在李海英看来，仅是"具有宏大叙事的特征"，此外"既没有在形式上追求'整体性、目的性、历史性和现实批判'，也没有实现'在叙事法则之下的结构性要素和审美性要素'，更不要说完成了'一种人类思维方式和精神性追求'"。同时，《凤凰》中的"历史叙述者"也缺少权威性，导致"原型精神的暧昧"，"《凤凰》一诗虽然也涉及神话、历史和当代生活中工业建设、艺术问题、精神失落、神话流俗等的问题，但却是蜻蜓点水的扫描，所谓的对当代生活全景式的'洞察'，其实不过是将'一种失败感转瞬化为崇高的审美胜景'，且'包含了享乐的气质'"。《凤凰》文本中看不到"凤凰"精神可以重构在何处，而这一在当今时代被失落的"神物"也远没有显现出其不可失落的因由。基于此，李海英认为，《凤凰》恰恰是"反史诗"的。总体而言，论者认为这几位当代诗人的长诗实践是失败的。

第三代诗人的长诗实践究竟成败如何，或许我们应期待更多样的写作和批评实践加以比照。但颜炼军、李海英严肃的批评态度和认真踏实的分析，则是近年当代诗歌批评的重要收获。2015 年 11 月，两位学者也获得了由江汉大学现当代诗学研究中心、《江汉学术》编辑部设立的第二届"教育部名栏·现当代诗学研究奖"。

2015年,我们既能看到诗歌借媒体和资本之力,深入当代文化建构实践之中,亦可以发现,媒体与资本也如紧箍咒一般,为诗歌的介入性和对当代现实的批评功能所设的限度。如何在日常生活与文化实践之间,以诗歌和诗歌话语言说,或许这是当代最持久而迫切的话题。

(本章执笔 周 瓒 中国社会科学院文学研究所研究员)

B.8
戏剧：国家资本助推产业发展与美学建设

> **摘　要：** 2015年，在强有力的国家资本推动下，主流戏剧在机制创新与美学创新的道路上艰难前行；戏剧工业化的道路，也在国家资本的助力下展开新的空间。与此同时，在民族复兴的旗帜下，中国戏曲与中国话剧都在文化自信的感召下，直面市场的挑战，创新中国戏剧的美学表达。
>
> **关键词：** 国家资本　戏剧工业　民族美学

2015年，对于原来一直处在文化产业边缘地带的戏剧艺术来说，有两个要素的变化对它产生深刻的影响。一个要素是国家资本的强有力推进——自2013年国家艺术基金成立以来，国家艺术基金在2014年、2015年连续两年的投入，虽然还没有改变当前戏剧生产的全局，但强有力的国家资本的注入，也的确在带动戏剧市场与戏剧产业的变化。另外一个要素就是在传统文化复兴的氛围中，中国戏剧传统的美学方式，正在以不同的方式回归到当下的戏剧舞台上，并且逐渐与当代观众的审美心理融合，力图创造出全新的表达样式。

一　国家资本助力主流戏剧的发展

笔者曾在2014年《中国文情报告》中指出，2014年发生的

"《雷雨》笑场"事件，呈现出以院团为主体的主流戏剧在创作上的疲态；同样在2014年，国家艺术基金开始以国家资本、以艺术创作基金的模式助推主流戏剧的创作①。2015年，国家艺术基金继续强有力地支持舞台演出，资助大型舞台剧项目138个，资助大型舞台剧和作品重大加工修改提高项目58项，资助的传播交流类项目中有关的戏剧有63个项目，资助小型舞台剧（节）目114项。在资助的项目主体中，国有机构（部队、事业单位、国有社会团体、国有企业）申报2190项，立项资助439项，立项率约为20%，高于平均值；非国有机构（民营企业、非国有社会团体、民办非企业）申报760项，立项资助77项，立项率约为10%，低于平均值。这也印证了国有机构目前还是艺术生产中的"主力军"②。国家艺术基金连续两年如此大规模地对于舞台剧的投入，意味着国家的资本重新介入到文艺生产的诸多环节，以国家的财政支持着主流戏剧的生产与创作。

严格说来，在2015年的戏剧演出市场中，国家艺术基金对于创作的直接影响似乎并不大——2014年直接投入创作的话剧剧目大小加起来才有20多部，但它的示范效应与带动效应却是非常明显的，它给整个行业带来了新的动力和信心。在文化体制机制改革重新激活生产力、在"社会效益与市场效益"两个效益都要兼顾的当下，这种情况在2015年演出市场中一个突出表现，就是长久以来一些院

---

① 2015年，是国家艺术基金正式运行的第二年。2014年国家艺术基金在舞台艺术创作项目中，总计投入为2.3亿元，其中资助大型舞台剧项目81个（其中创作类话剧10部），小型舞台剧独幕剧10部，资助的传播交流类项目中有关的戏剧有30个项目，其他诸如人才培养等，也有有关戏剧类的项目。主要资助对象还是以原来的院团为主要对象。参见国家艺术基金网站发布的《国家艺术基金2014年度项目评审报告》，http：//www.cnaf.cn/gjysjjw/jjdtai/201411/99eef4b6d1f946278a1832f4c959b403.shtml。《艺术评论》2015年第1期。

② 《国家艺术基金2015年度项目评审报告》，2015年9月8日，http：//www.cnaf.cn/gjysjjw/jjdtai/201509/b8737a176ec746be93e800511f3af323.shtml。

团戏剧（尤其是京沪两地之外）消失在观众的视野之外，如今，又在整个行业新的变局下，重新回到演出市场。比如由北京人艺每年举办的首都剧场精品剧目邀请展，以往这个邀请展除去国外一些重点院团的精品剧目之外，国内主要是京沪两地院团的戏剧作品；而在2015年，在这个邀请展上，不仅有北京人艺、国家话剧院的作品，还有两部来自外省市剧院的作品：一部黑龙江齐齐哈尔市话剧团创作的《风刮卜奎》，一部是天津人艺的《红旗谱》。这两部作品，与当前市场上流行的作品不同，也与国家话剧院、北京人艺的话剧风格不同，它们带有鲜明的传奇性，也有着鲜明的意识形态指向。这些新作品带来的新现象，并不是偶然而生的，它是在文化体制改革与国家资本投入方式变化的大背景下，在戏剧生产与创作中出现的新的气息。

我们可以以2015年由国家话剧院主办的"原创话剧展演"项目为例，分析一下国家资本助力后当前院团戏剧的发展状况。

由国家话剧院主办的"原创话剧展演"并不是直接由国家艺术基金支持的项目，但它的出现显然与国家艺术基金的投入有着千丝万缕的关系。这种关系不仅是因为展演中有国家艺术基金的项目（比如上海话剧艺术中心的《老大》《代理村官》），而且，整个项目的出现也是呼应着文化体制改革大背景下的国家对于艺术创作的新构想。国家艺术基金的出现，让广大的戏剧创作者与管理者看到了国家对于发展舞台剧、推动舞台剧创作的重视，因而，各种舞台剧的新创作与各种活动也就应运而生。

国家话剧院"原创话剧展演"于2015年3月15日开幕，6月7日落幕，在近三个月的时间里，有来自北京、上海、天津、黑龙江、辽宁、宁夏、陕西、四川、云南、浙江、福建、广东、深圳、台湾等全国各地的20部大剧场原创剧目和15部小剧场原创剧目演出，每个剧目演出两场。参加此次展演的演出团体与剧目如下：

剧目	演出团体	剧目	演出团体
《阮玲玉》	北京人艺	《共产党宣言》	广州军区政治部战士文工团的
《公民》	北京人艺	《丝路天歌》	宁夏演艺集团有限公司
《理发馆》	北京人民艺术剧院	《时间都去哪了》	四川省演出展览公司 四川人艺
《民生巷11号》	南京市话剧团	《婢女春红》	天津人艺
《索菲亚教堂的钟声》	哈尔滨话剧院	《老大》	上海话剧艺术中心
《代理村官》	辽宁人艺	《枣树》	国家话剧院
《祖传秘方》	辽宁人艺	《伏生》	国家话剧院
《天心顺》	陕西演艺集团 陕西人艺	《柏阿姨的上班路上》	上海现代戏剧谷
《求偶》	上海现代戏剧谷	《这辈子有过你》	北京大麦文化传播有限公司
《鲁甸72小时》	云南省话剧院	《我用生命守护你》《古田会议》	西安话剧院 福建人艺

小剧场作品

剧目	演出团体	剧目	演出团体
《庄先生》	深圳文联	《孔子》	浙江话剧团
《美味型男》	台湾广艺基金会	《我和我的午茶时光》	台湾广艺基金会
《你好,打劫!》	春天戏剧工作室	《失歌》	三拓旗剧团
《Hi,米克》	哲腾文化	《醉生梦死》	圆核艺林文化传媒
《你好,疯子!》	成都八点文化传播有限公司、西安当代戏剧中心	《招租启示》	北京京都文化投资管理公司
《隐婚男女》	英皇星艺(北京)	《如果我不是我》	盟邦(北京)文化发展有限公司
《向上走、向下走》	中国国家话剧院	《花心小丑》	中国国家话剧院
《给"人肉"穿上衣服》	深圳市福田区公共文化体育发展中心		

戏剧：国家资本助推产业发展与美学建设

这个由中国国家话剧院主办的邀请展，具有三个特点：一是它不同于文化部等行政部门主导的各类展演，它不是评比性质的，带有观摩与交流的意味。国家话剧院作为未改制的院团，积极发挥中央院团的作用，创造性地集合了全国各地各艺术院团，包括国有院团、民营剧团、社区剧团。这35部原创剧目集中展演，也是对近些年国内原创剧目的一个较为整体的梳理。二是这个邀请展，是向社会开放的，这35部剧目，既有国家院团的作品，也有民营剧团或者社会投资的作品。从上表我们可以明显看到，大剧场的作品以国家院团为主体；小剧场的作品，社会投资则占据了主要部分。三是以"原创"为自己的定位。自从习近平总书记在文艺座谈会上提出"有高原缺高峰"的问题以来，从主管单位到创作团体，大都意识到如果没有真正体现当代中国艺术水准和人文精神的话剧原创作品，中国话剧就很难获得实质性的发展，因而致力于推动原创作品的创作。

因而，在笔者看来，国家话剧院的此次原创戏剧邀请展，给了我们一次难得的集中观察当前院团原创戏剧的窗口——在20多部大剧场剧目中，院团戏剧占了19部。而观察、分析这些院团戏剧，也是对我们当前主流戏剧创作的整体把握。笔者曾经在2014年的文情报告戏剧分报告中指出，从目前的戏剧创作整体来看，院团戏剧可以说处于"塌陷"状态，在整个戏剧结构中只能说约等于主流而"不等于"主流。说院团戏剧"不等于"主流戏剧，是因为1990年代以后，在文化体制改革的大背景下，院团戏剧在一个新的戏剧市场中长期失语。院团戏剧经常只是出现于文化部等部门举办的艺术节、戏剧节的评审项目中，在我们的日常生活中越来越变得不那么重要。但又要说院团戏剧"约等于"主流戏剧，是因为不管怎么说，从1950年代起，逐渐建立起来的基本上遍布全国的戏剧院团网络，虽然历经"文革"、文化体制改革的起起落落，不管构成这个网络的每个节点的性质是什么（即不管是改制为企业，还是变成研究所，还是如国

家话剧院这样仍然保持事业单位编制），这张遍布全国的院团网络都还存在。只要这个网络还存在，院团戏剧也就必然是当前中国戏剧当中的一个非常重要的力量。2014年开始的国家艺术基金，就是深刻意识到这样一个网络的存在，以国家资本的力量在推动这个网络在市场经济的整体环境中能够推出精品剧目。国家话剧院的"原创话剧展演"，就是在这样的一个历史时刻出现的。

我们可以通过具体的分析来了解此次国家话剧院原创剧目呈现出的特点。

如前文所述，在这次邀请展的36部剧目中，大剧场以国有院团的作品为主，小剧场是以民间院团的作品为主。如果从题材上比较我们会发现，民间剧团的小剧场的作品，仍然大多是以爱情、婚姻以及职场故事为主体——这也难怪，小剧场的受众主体是青年观众，这些主题是他们生活中经常碰到的问题。不过，在此次展演的小剧场的剧目中，如《你好，打劫！》《庄先生》《失歌》等等作品，在题材与表现方式上，都已经显示出小剧场戏剧创作已在日渐摆脱题材上的限制。这些作品在市场上越来越多地出现，意味着小剧场市场的丰富性也在逐渐形成的过程中①。

反过来，从题材上看大剧场的国家院团的作品，直观上是非常丰富的；比如天津人艺的《婢女春红》写的是大宅门内的女性生活，辽宁人艺的《代理村官》写的是民选村官如何带领村民求发展，上海话剧艺术中心的《老大》写的是崇明岛上的老渔民的生活……但如果透过这些丰富的题材，观察这些内容背后的线索，就会发现，这些多元的题材背后，沉淀着一些常见的关键词：比如"正能量"（以前叫"主旋律"）（《鲁甸72小时》《我用生命守护你》），比如"中国梦"（《伏生》），比如"重大题材的历史剧"（《索菲亚教堂的钟

---

① 参见陶子《从〈庄先生〉谈民营剧团的艺术创造力》，《中国戏剧》2015年第6期。

声》《古田会议》),比如"民生"(《枣树》《民生巷11号》);还有一类和题材无关,但也是常常出现的关键词:"灵魂"与"哲理"——《老大》就是这一类的代表作①。

从这些关键词我们大略可以看出,指导院团戏剧创作方向的,仍然是"社会主义现实主义"的基本脉络。一方面,社会主义现实主义,既是一种内容规定,也是一种美学方向。内容规定,从这些作品来看,大致是指内容方向上一是聚焦于革命历史题材的,比如《古田会议》《共产党宣言》;二是以民生为导向,强调对于当下现实中的正面意义的,比如《鲁甸72小时》,写的是在鲁甸地震后,大学生带领村民在重重隔绝之下,经历各种艰难险阻,寻找救援的感人故事;比如《我用生命守护你》是以第四军医大学西京医院麻醉科副主任陈绍洋先进事迹为原型创作的话剧,赞扬的是普通人在平凡的工作岗位上发光发热。另一方面,社会主义现实主义的方向,则是对其表现方式的规定——即以"现实主义"为基本原则。当然,在"现实主义"中也包含一定程度上的变化——比如"诗化的现实主义"。笔者也难以总结现实主义美学的基本原则,但总的来说,社会主义现实主义作为从苏联的文艺创作中总结发展而来的创作理论,在舞台上集中表现为强调在一个相对完整的故事结构中,通过塑造人物形象,去展现作品的主题,在舞台表现上,则具体化为以写实的美学为主导,其直接的对立面就是以荒诞派为代表的现代主义。

这样一种创作方向的指引本身并没有错,什么样的内容、题材以及什么样的美学方向都可以创作出好的作品来。成问题的是,一方面,这样的内容导向越来越像是一套系统的规定,这套"系统"即评奖、选优体系。体制内的作者,对于这套体系所偏爱的题材都有着

---

① 笔者对"关键词"的提炼可以说是来自一种经验。但其实,关键词,并不是笔者的发明,像国家艺术基金的评审报告也经常撷取关键词。比如2015年审计报告的关键词为"中国梦"、"社会主义核心价值观"、"中华优秀传统文化"、"一带一路"等。

心领神会的理解。而国家艺术基金,也是以"关键词"在引导着项目的申报。另一方面,我们可以清楚地看到,"现实主义"原本只是对一种创作方法的经验总结,但当它作为一种创作方法来约束创作时,就逐渐成为了一种模式。比如这次展演中《代理村官》与《鲁甸72小时》两部作品,故事的情境不一样,人物关系却很类似:都有着村干部面对着保守派、动摇派的种种"辩论"。在笔者看来,这两部作品的题材未必不是好题材,但现实主义的美学追求,却简化成了创作的图式,简化成了按照一定的模式去设置情境——在这样模式化的情境设置中,怎么会有现实,又怎么会有"人物"?从话剧的舞台呈现方式来看,无论怎么说,当代的戏剧舞台都是经过现代主义的"洗礼"的。现代主义的戏剧观,抛开其内在的复杂性不谈,它本身蕴含着对工业乃至后工业时代观众心理节奏与审美情绪的探讨,在现代主义叙述方式主导下的舞台节奏,深刻地改造了当代舞台的叙述方式、表演方式。这套经过现代主义戏剧观改造的叙述方式与表演方式,经由舞台、影视以及理论的实践与表现,对于观众的影响是极其深刻的。比如说2015年的电影市场上,"开心麻花"制作的电影《夏洛特烦恼》异军突起,在没有任何明星加盟的情况下,以强大的口碑成为2015年电影市场上的一匹黑马,赢得14亿的票房。而《夏洛特烦恼》的成功,显然来自"开心麻花"在话剧市场上运行了10多年积累的经验。这经验中既包括对市场的判断,也必然包括什么样的作品的内在节奏与美学方式更适合在当前的文化环境中成长起来的中、青年观众。也就是说,当前观众的内心节奏、对于舞台表演的认识与要求,都与传统的现实主义方式有了很大的不同。在这个意义上,"现实主义"与"现代主义"并不是截然对立的,现代主义在某种意义上是现实主义的发展与变形,是适合当前观众生活节奏感的一种舞台表现形式。也是在这个意义上,我们也很难说市场上流行的剧目,就一定是商业的,因而就一定是庸俗的;我们也很难说,我们在体制内评选的"精品",在市场上应者寥寥,就一定是市场太浅薄的原因。

如今,以国家艺术基金为标志的国家资本,逐渐成强势回归的态势,但它面对的,是一个全新的市场经济条件下的文化市场。而国家资本在运作方式上,长时间偏重于过去计划经济时代的展演、奖励机制,导致其作品封闭在自身的体系内;这种封闭在体制内的运作方式,又直接导致了作品与观众的审美感受严重脱节——"奖优"模式最大的弊端是以体制内评委的审美取向为导向,而我们现在的专家评委所持的从1980年代以来的美学观念,已经远远与时代不一致了[①]。2014年的"《雷雨》笑场事件",就是这一艺术生产脱离当下观众美学趣味的最典型的表现。这二者又互为作用,加深了体制内的艺术作品与市场和新观众群体的隔阂。事实上,在这种情况下,如果还简单地以"市场=低俗;院团=高雅"来做区分,不理解市场上的戏剧作品虽然有其低俗的一面,但文艺市场上作品的表达方式的变迁还是与观众审美心理的变迁有着直接的关系,对院团的戏剧创作必然是不利的。不理解这种变迁,就无法面对这个新的文化市场,也就无法在这个新的市场上实现自身的意志。

在这种情况下,院团戏剧的创作其实是非常困难的。一方面它要承担"国家队"的任务,发挥正能量,提高思考的品质,另一方面,它的这些要求,又需要与当前观众的内心感受相呼应。如果不考虑前者,院团就不称其为院团,而如果不考虑后者,院团戏剧又容易封闭在自身的评奖系统内,起不到应有的作用。

当下,如何发展这个仍然扎根在全国的院团体制,如何让院团重新回到"主流",在戏剧市场形成的过程中,发挥更为重要、更具有主导性的作用,从目前来看,确实是个很迫切的问题。国家艺术基金的成立,至少在资本运作方式上,在试图克服上述问题,从资本的角

---

① 在这里笔者暂时排除了利益关系板结造成的问题。

文学蓝皮书

度给予了院团－主流戏剧建设最为有力的推动。国家艺术基金的成立资本运作方式的变革，是否可以推动艺术生产方向与复杂的市场接轨，如何在介入的过程中，对市场做进一步的调整，还需要时间来观察。这必然是个非常复杂的问题。面对复杂的问题，首要的还是要认识到现状的复杂性，认识到我们的标准与某种创作方式之间的关联，认识到市场与艺术并非简单对立的——尤其在我们这个戏剧市场重新建设的过程中。在主流（院团）、商业与实验三种戏剧形态共同构成的戏剧市场中，如果院团戏剧能够不总是高高在上地在各种艺术节、各类评奖活动中，面对专家评委，而是更多地往下走，往普通观众中走（比如此次国话邀请展就是一次这样的尝试）。让演出在与普通观众的碰撞中，寻找到新的舞台节奏，这会不会对于院团戏剧是更好的帮助呢？在与越来越多的普通观众的交流中，"精品"，才能锻炼成真正的精品，"院团"戏剧也才能真正体现主流的做派。

二 《战马》与中国的戏剧产业

2015年，国家资本的作用不仅是以投资为形态直接带动了院团戏剧的发展，而且，也提升了院团戏剧内部的创新能力。在这方面，国家话剧院历时两年制作的舞台剧《战马》，就是这样一部带有创新性的引进作品。2015年，舞台剧《战马》中文版开启了其在中国巡演的旅程。《战马》在全国的巡演，也许对于中国的戏剧工业与产业有着深远的影响。

《战马》是由英国国家剧院导演蒂姆·莫尔斯在2007年推出的一部作品。这部作品改编自英国儿童桂冠文学作家迈克尔·莫波格的同名小说。小说以第一次世界大战为背景，讲述了少年艾伯特在战场寻找爱马"乔伊"的故事。在将这样一部小说通过改编搬到舞台的过程中，导演蒂姆·莫尔斯创造性地运用了南非的木偶技艺，经过5年的研发，最终展现了演员以手工操控木偶的方式塑造舞台上的战马形象，并用这个手工操作的战马形象推动了舞台的整体叙述。《战马》一经搬上舞台即刻轰动整个英国。2009年，《战马》开始在伦敦西区驻演并于2011年进入百老汇，当年即包揽了美国百老汇最高奖项"托尼奖"的"最佳话剧、最佳话剧导演、最佳话剧布景、最佳话剧灯光、最佳话剧音响、特别奖"全部六项大奖。2015年，作为中英文化交流年的重要文化项目，《战马》中文版由中国国家话剧院出品，于2015年9月4日在北京国家话剧院首演并进行驻场50场的演出。据媒体报道，《战马》在北京国家话剧院的驻场演出，出票率达85%，上座率达95%，观众人次约4.5万。完成在国家话剧院的驻场演出之后，该剧中文版还将在上海演出64场，广州演出50场，天津演出30场①。

从单部作品的特点来说，《战马》是一部非常英国的作品。《战马》确实是一个属于英国人的故事。因为在英国人的一战记忆中，很重要的一部分就是随着现代战争悄然来临，马，作为战争的重要工具，就从这一时刻谢幕——据《战马》作者莫波格统计，整个一战，共有1000多万匹马死于战场，这和死于战场的士兵人数相当。一战，意味着一个新的机械化的时代，从此破土而出。它带来了社会生产的巨大进步，也迅速地让人脱离与自然万物的血脉联系。《战马》是在回应这种记忆，并且以高超的舞台技艺生动灵活地再现了战争的场面和人物的情感。

此次《战马》所有的制作过程都是由英国团队指导着中国团队完成，费时费工，看上去非常"奢侈"。舞台上的战马们使用了一种源于非洲马里独一无二的工艺以"实操木偶"的方式呈现，其中

---

① 刘淼：《舞台剧〈战马〉中文版启动全国巡演》，《中国文化报》2015年11月24日。

"主角"战马乔伊约2米高,约108斤,由三个演员操控,由14个人手工制成,在硬件设备上需要有过硬的技术含量。由于演员需要骑在马背上,所以马背脊受力部分用铝合金制成,其余都用韧性非常好的藤条,马的皮肤用了透明的尼龙网制成,而马毛的制作则是用了不易撕扯的杜邦纸。马身上大大小小的零部件多得数不清,每一个可以活动的关节都至关重要。除此之外,在看似简单的舞台上,每一块地板背面的结构都不一样,需要按照图纸一块一块拼接起来。地板共有五层:最外面是做了麻点处理加上电脑切割的图形用了高亮质感材料的表层,它的下面有两层基础地板,第四层是吸音材料层,第五层是木结构层。这样加工的地板不仅非常有弹性,对演员有很好的保护作用,而且马蹄在上面发出的声音会非常好听和逼真。在音响方面,舞台两侧的音响塔上下两层放置了 D&B 的音箱(下端低音型号为 Ci - Sub),中间则使用了 Meyer Sound,由于《战马》有很多战争场面,所以需要特殊的战火音效,在舞台底下还藏了两个双18寸的大超低来表现特殊音效。《战马》中文版有2000多件服装,由于在中国找不到与一战时期军服相同的布料,这些服装都必须从英方"原装进口"①。

也是因为这部作品的制作成本太过高昂,而作品本身又带有浓郁的英式特质,在演出后也遭遇了一些质疑:需要用这么大的力气完成这样一部作品的本土化么?

在笔者看来,《战马》在今天的意义,是要将其置于中国文化/戏剧产业发展的过程中去观察的。

文化产业,我们已经讨论了很多年。可是很久以来,媒体上热衷讨论的"产业",要不聚焦于作品/产品能不能"大卖",要不就是聚

---

① 《幕后亲历:舞台剧〈战马〉中文版不为人知的秘密》,2015年9月6日,搜狐汽车,http://auto.sohu.com/20150906/n420507661.shtml。

焦于投融资环节。投融资是产业的前端，消费是产业的末端，而文化产业，是要以文化生产的工业化为基础的。没有完整、强大的工业体系，产业是很难壮大的。

从这个角度来看，《战马》是典型的工业化——也可以说是工业发展到很高层次的——戏剧产品。只有工业发展到很高层次，它才能够在工业的舞台上，将手工制作、人工操作的马的运动，马的呼吸，马的故事，嵌入到一个完整的叙述过程中。《战马》的舞台制作高超，并不只体现在舞台上如何创造"马"，而是在整个舞台上，如何才能让被演员操作的"马"成为舞台上的主要表演对象？如何才能让这一匹有个性、有生命的马，在舞台上完成一个总体的叙述？这些，都是英国版的舞台剧高明的地方。

《战马》的中文版，从某些意义上来说，由于演员要去扮演一战前后的英国人，看上去还没有完全脱去之前中国人扮演外国人的习惯，有些地方有些拿腔拿调不太自然；但抛开这些需要磨合的要素，我们还是发现，《战马》中文版舞台上所有场面的调控，都是精准地展现了英国原版的精彩之处。举个最简单的例子，但凡看过《战马》的观众，想必都对《战马》的战争场面记忆深刻。但那给人印象深刻的、"宏大"的战争场面，它运用的方式并不像我们常见的投影之类的技术，它几乎就是在空的舞台上，用灯光的闪烁、用几个人影的造型，以及超强的音效，就构造了如电影大片一般宏大的战争场面。舞台上并没有真的骑兵团队，却时时刻刻有着骑兵团队的战马嘶鸣——他们确实就只是用简洁的舞台效果营造出庞大的战争场面。不错，这看上去是导演的构思，但如果没有舞台制作的强力配合，这些有可能完成么？

因而，《战马》的制作如此颇费周折并如此费心，显然不是如简单引入一部音乐剧那么简单。近年来，在文化产业的发展过程中，由于美国百老汇音乐剧有现成的商业模式，而且，美国的音乐剧制作方

文学蓝皮书

也对中国广大的市场觊觎良久,因而,很长时间以来,戏剧产业总是围绕着引进大型音乐剧展开的。从2002年6月《悲惨世界》在上海大剧院亮相起,引进版的音乐剧也在中国行进了13个年头。2002年的《悲惨世界》由全球最大音乐剧制作公司之一伦敦麦金托什公司负责提供全部演员、舞美人员、布景及伴奏乐队,当年在上海演出20余场;2004年,韦伯音乐剧《猫》在人民大会堂连演数场;2007年,英文版《妈妈咪呀!》在京沪两地共上演46场。但引进音乐剧并不那么容易。据媒体报道,2008年,北京共上演了《猫》《灰姑娘》《发胶星梦》《阿依达》4部音乐剧,除了《猫》平均售票率达八成,另外3部都惨淡收场,以引进音乐剧为业务的合资公司东方百老汇也从此关门。① 在那之后,将国际知名的音乐剧本土化成为一种音乐剧产业化模式的选择。2011年,中文版《妈妈咪呀!》问世,这是首部通过版权合作"汉化"成功的世界经典音乐剧。2012年,第二部中文版音乐剧《猫》推出。将经典音乐剧改成中文版看似是一个很讨巧的商业模式,但是本土化的经典音乐剧在吸引更多中国观众的同时,人们对中文版音乐剧票价的心理定位也要比看原版低得多。因而,"本土化"也不是什么救市秘方②。

我们在这里可以将引进-改版音乐剧与《战马》的制作方式略作一个比较。从戏剧产业整体分布来看,无论是我们之前引进的音乐剧,还是此次引进的《战马》,在全球戏剧产业链的分布来看,我们还只是在产业链的末端。但相比之下,音乐剧的引进乃至本土化(演出改造成完全由中国演员唱汉语歌词),一来,每一部作品制作的周期非常长,导致成本太高,比如2015年在北京天桥艺术中心演出的著名音乐剧《歌剧魅影》,演出不仅邀请来国外演员,演出剧场

---

① 吴晓东:《音乐剧如何在中国落地生根》,《中国青年报》2015年7月10日。
② 吴晓东:《音乐剧如何在中国落地生根》,《中国青年报》2015年7月10日。

与道具还为此要做专门的设计①。二来，引进音乐剧是否成功的重点还是在作品层面上。

《战马》的制作，就是想摆脱以一部作品的商演为终端的演出模式。与引进音乐剧相同之处在于，无论如何，我们还是在产品链相对低端的地位；但与引进音乐剧不同的是，它的重点并不是以复制方式完成作品的演出，而更在意如何借鉴英国的舞台生产制作经验，完成我们自身舞台制作水准的升级换代。花那么大的力气在舞台制作上，重要的并不只是要保证这一部作品的成功，而是要用学习的经验带动我们自己的团队建设。中国当前大多新建剧场的舞台基础设备相比于国际水平都不算差，但是在总的感觉上，舞台效果总是不尽如人意。比如说同样的战争场面，我们的舞台技术就很难处理到《战马》那样的干净利落。这之间的差别，就是从手工业到工业发展的那非常关键的一道门槛。这道门槛，往往不在设备，而是在如何运用这些设备、如何理解这些技术、如何将舞台制作看作一个齿轮式彼此衔接的过程，进而完成工业的运作。从这个角度去看，花两年的时间以如此奢侈的方式引进《战马》，对于我们理解什么叫舞台工业，应当说是在关键时刻起到了关键作用。

此外，国家话剧院在2015年引进《战马》，应当说还有一层更为深远的意义。如上一节笔者所提到的，目前，在文化体制改革之后，国家资本正在以各种方式强有力地推进院团戏剧的发展。而当

---

① 《"音乐剧之王"〈剧院魅影〉首次亮相北京》："《剧院魅影》是一部大制作、高科技的音乐剧，对剧场的设施、环境要求非常高。该剧需要在有限的舞台空间上营造出故事中歌剧院从地下密室到剧中舞台，从水中划船到宫殿舞会等22个不同的场景。剧中非常经典的一幕是歌剧院顶上悬挂的大吊灯划过观众席从高空坠落，这一场景将台下的观众带入一种紧张、恐怖的气氛。剧中使用的大吊灯宽3米重1吨，由6000颗珠子穿成，演出过程中的下降速度达到2.5米每秒。这就为剧场的吊杆位置、称重等提出了很高的要求，需要极高的安全条件，在上海演出时为满足复杂的技术要求，上海大剧院对舞台进行了大量的改装，装台时间就达到了一个月。"2015年5月22日，腾讯娱乐，http://ent.qq.com/a/20150522/027788.htm#p=1。

前的戏剧院团,大多数时候都在为自身的生存而烦忧;目光所及的市场,仍然是此前有许多民间团体以手工作坊的方式艰苦开拓出来的。其实,院团改制以及国家资本助推院团戏剧发展的重要意义,是国有的戏剧院团要面对一个蓬勃的国际资本对于中国戏剧市场的觊觎,要面对更为广阔的世界性的竞争,开拓更为广阔的国内国际市场。

中国文化产业刚刚起步。电影、动漫启动最早,经过多年,含辛茹苦,这两年刚刚在国内市场上略有起色,戏剧的产业化道路,将更为艰难。"战马"只是在这个刚要展开的道路上起跑而已。

三 民族复兴视野下的戏剧的中国化

"中国梦"是当前文艺创作中的一个关键词。"中国梦"既是一种内容规定,也是一种美学规定。它意味着在民族复兴的大背景下,中国的传统文化与传统文化中所蕴藉的美学,会在新的时代找到它的表现方式。

就戏剧创作来说,借鉴中国戏曲美学,将戏曲的表达方式,融入到话剧舞台上,这些尝试一直没有断过。比如,林兆华导演一直在话剧舞台上强调中国戏曲的表演方式,李六乙导演则以各种实验创新国剧。但总的来说,1990年代以来的实验戏剧对于中国传统戏曲的借用,还是在西方现代主义戏剧观的影响之下的。因而,对于中国戏曲表演美学,形式上的借用,"破"的成分多,但破的用意,更多还是在适应现代主义戏剧观,而非带有自主性的重建。

21世纪以来,尤其是近些年来,随着中国国家整体实力的提高,对于传统文化的自信越来越强。这种文化自信,不仅仅体现在文化部门三令五申对于传统戏曲的保护,也不仅仅体现在文化部对于戏曲的各种财政支持,在笔者看来,这种自信最为精准的体现,还是在实践中的创造。从 2015 年的情况具体分析，可以从两个方面对戏剧的本土化加以概括：一是以"小剧场戏曲"为代表，戏曲的创作，正在逐渐突破以往单纯依赖国家补贴的局面，艰难而又坚定地要在当前的市场格局中为戏曲的发展找到一条道路；二是中国话剧舞台上对于戏曲的借鉴越来越抛弃了从形式上的简单借鉴，而是深入到传统美学的内在维度之中，从容大度地在话剧舞台上呈现戏曲的美学精神。在这里，笔者分别以 2015 年的小剧场戏曲展演以及话剧作品《我不是保镖》《北京法源寺》为例，分别对这两种现象加以说明。

1. 当代小剧场戏曲

2015 年，"小剧场戏曲"的展演项目，有些意外地在北京、上海两个城市同时展开。

北京的当代小剧场戏曲展演在 2015 年已经是第二届了。北京第一届小剧场戏曲展演举办于 2014 年，由北京戏剧家协会、中央戏剧学院、中国戏曲学院、天桥演艺联盟、天艺同歌等单位共同主办，繁星戏剧村承办，北京西城区文创办是该项目的支持单位。2014 年第一届小剧场戏曲展演从 10 月 16 日开幕，到 11 月 23 日落下帷幕，共有 13 个剧目、50 多场演出。这十三部剧目包括由《倾国》、《一夜一生》、《一旦三梦》（繁星戏剧村制作），《青春谢幕》（台湾国光剧团），《319》（江苏省昆剧院与香港荣念曾工作室联合创作），《惜娇》、《浮生六记》（北京京剧院），《霸王别姬》（中央戏剧学院），《来自地球的你》、《朱莉小姐》（中国戏曲学院），《杀子》（上海戏剧学院田蔓莎创新戏曲工作室）、《琼林宴》（天津京剧院），《天仙配》（湖北省地方戏曲艺术剧院）。2015 年第二届小剧场戏曲展演由北京市西城区文化委员会、北京市戏剧家协会、北京天艺同歌国际文化艺术有限公司共同主办，北京京剧院协办，繁星戏剧村承办，北京市文化局作为支持单位。从主办单位的变化也可以看出，小剧场戏曲

的发展得到了各级政府越来越多的关注,强强联合共同为小剧场戏曲发展助力。也是有了政府的支持,北京的小剧场戏曲展演自推出以来,多以40~80元的惠民票价,鼓励更多观众购票走入剧场。

2015年的第二届当代小剧场戏曲艺术节于11月19日在繁星戏剧村开幕,本届艺术节将一直延续到12月31日结束。在此次展演中,将上演12部戏曲大戏。这些作品分别是:《三岔口2015》、《倾国》、儿童剧《小英雄梦》(繁星戏剧村)、《荼蘼花开》(常秋月戏剧工作室)、《洛阳宫》(天津京剧院)、《馒头山》、《马前泼水》(北京京剧院)、昆曲《四声猿·翠香梦》(上海戏曲学院)、秦腔《清风亭》、豫剧《伤逝》、河北梆子《陈三两》以戏曲元素舞台剧《网子》(风雷京剧团)等。相比于首届小剧场戏曲展演,第二届小剧场戏曲艺术节时间更长,剧种也更为多元——这次演出集中了京剧、豫剧、昆曲、河北梆子、秦腔等诸多大戏曲剧种。这些来自全国大江南北剧种的集中展演,充分说明"小剧场戏曲"对于各个剧种都有着强烈的吸引力。多剧种的参与,不仅仅能够让观众体会到各个剧种在历史长河中的演变和发展,也能够让观众体会中国戏曲综合性、虚拟性、程式性的艺术特征。这些特征,凝聚着中国传统文化的美学思想精髓,也构成了独特的戏剧观,使中国戏曲在世界戏曲文化的大舞台上闪耀着它的独特的艺术光辉。

就在北京举办当代小剧场戏曲展演的同时,由上海戏曲艺术中心主办的首届小剧场戏曲节也在此期间于上海开幕。上海的小剧场戏曲节时间稍短,从2015年12月1日延续至12月6日闭幕,分别在上海话剧艺术中心戏剧沙龙和上海京剧院周信芳戏剧空间两个剧场同时演出了6部剧目。这6部剧目分别是:北京京剧院的《碾玉观音》、越剧《情殇马嵬》、上海昆剧团的昆剧《夫的人》、上海京剧院根据李渔戏曲作品《十二楼》改编的京剧《十两金》、台湾国光剧团的《青春谢幕》以及梨园戏《御碑亭》。据报道,这6部作品中有两部是由上海戏曲艺术委约创作并资助的①。

上海的首届小剧场艺术节取名为"戏曲·呼吸",力图为传统戏曲艺术找到更青春、更时尚的呈现方式。与北京选择繁星戏剧村为小剧场戏曲的演出基地一样,据报道,上海正在将宛平剧院改造为一个戏曲专属剧场,明年的上海小剧场戏曲节将"落户"于改建后的宛平剧院②。

京、沪两地,几乎同时关注"小剧场戏曲"的发展,为"小剧场戏曲"搭建平台,笔者认为,这不仅对于小剧场戏曲的发展非常重要,而且对于戏曲自身的发展非常重要。这种重要性主要表现在两个方面。

首先,"小剧场戏曲"与小剧场话剧发展的轨迹有相似的地方,也有不相似的地方。从环境与大背景上来看,小剧场话剧起源于一个文化资本匮乏的年代。当年小剧场戏剧的创作者们,选择小剧场这样的一个低成本的戏剧生产方式,推动了一个新的戏剧市场出现。而今天的大环境,正如前文所述,在国家资本强有力的推动下,戏曲发展本身不缺资本的——但它缺少的是一个以新的年轻观众为主体的市场。在这样的情况下,戏曲人从小剧场出发,以较低的成本,在政府的支持下,做各种各样的面对新观众的实验,带动戏曲观众群体的变化,推动一个新的戏曲市场的逐渐在大城市中形成,这,对于戏曲的发展将有着深远的意义。

其次,"小剧场戏曲"的集中出现,是在中国崛起的大背景之下。在这样的大背景下,无论是创作者,还是观众,对于传统文化的自信,已经逐渐深入内心。对于观众来说,这种自信表现为对于传统文化的热爱,表现为越来越自主地选择去剧场看戏曲;对于创作者来

---

① 邵岭:《首届上海小剧场戏曲节6部作品今起献演》,《文汇报》2015年12月1日。
② 王剑虹:《戏曲"实验"究竟怎么搞》,《新民晚报》2015年12月6日。

说，这种自信表现为小剧场戏曲的艺术探索，可以更加从容不迫。小剧场戏曲的艺术探索，可以具有更强的包容性，它不用削足适履，强行地以实验、先锋、探索来命名自己，将自己的表现方式适应于现代主义的戏剧观；也不会太故步自封，固守"祖宗家法"。因而，无论是在北京还是上海，今年演出的共18台剧目，除了"小"是它们的共同特征之外，在艺术表现上，都各具特色。

根据这些作品的风格，我们大致可以将其分为三类：有的作品"破"的程度多一些，有实验戏剧的特点；有的保守一些，古色古香，更像传统戏；有的则在传统的基础上有所创新。

在北京、上海演出的小剧场戏曲中，像《三岔口2015》、昆剧《夫的人》乃至京剧《倾国》大致属于第一类，破坏性比较强。这其中像《三岔口2015》就是走得比较远的。《三岔口2015》取材自传统剧目《三岔口》，但整部作品不仅将故事、情节、人物进行全新的诠释，而且是各个剧种"混搭"在一起，创造出了一部实验性的滑稽戏剧。剧中人物的造型，带有现代艺术元素抽象化的特点，类似卡通人物的造型。在音乐上，运用鼓、笛、箫、埙、筝、琵琶等乐器，进行全新的旋律设计与编配，并通过不同乐器的音质特点和情感属性，尝试创造一种新的武打音乐语汇。整体来说，这部戏融入话剧、武术、现代舞的表演元素，将武打的气氛和节奏以更加多元的音乐元素呈现，给人一种全新的视听体验。当然，做了太多"破"的工作以后，也使得这部作品缺乏整体叙述的动力，整部作品显得有些松散。

而像天津京剧院的《琼林宴》则属于比较传统的剧目。《琼林宴》是一部传统的折子戏，此次演出的《琼林宴》是由天津京剧院的青年戏曲演员凌珂领衔。凌珂自2011年7月在天津创办"元声京戏坊"，就力求"摒弃胸麦，回归传统，打磨传统骨子老戏"，《琼林宴》是在这个思路下完成的。这出戏中体现了凌珂作为优秀老生演员的基本功:他运用髯口、水袖、甩发、圆场、吊毛、僵身、眼神等,成功地塑造了舞台上的人物形象。从现代舞台的要求来看,《琼林宴》确实很传统,只是在演出开头加一个串场的老人和孩子,以老人给孩子讲故事的名义就展开了《琼林宴》的演出,但这样一部表演细腻的作品,也确实很适合小剧场的表演空间。整场演出唱念做舞充实、表现全面且平衡。

与《琼林宴》相比,像京剧《碾玉观音》、昆曲《319》等剧目,则是从传统出发,带有更多的创新精神。昆曲《319》的名字看似很奇怪,它用的是崇祯皇帝在世的最后一天作为标题——公元1644年的4月22日,即农历甲申年3月19日。戏曲展现的是明思宗朱由检在人生的最后一天,坐在已经空无一人的大殿中,回忆往昔;在这一时刻,他执政十七年中那些与自己息息相关的各种人物一个个地浮现在眼前,与他对话。从作品的气质来看,非常像是意识流的呈现方法;但具体到作品的表现,它又几乎严格遵守昆曲的表现方式,并没有太多的破坏性。《碾玉观音》则是在尝试用"歌舞演故事"的现代手法。《碾玉观音》根据明话本改编,重点是写其中的爱情故事。《碾玉观音》剧组成员都是京剧科班出身,扎实的基本功让他们在创作新戏时能够巧妙化用传统技法,在传承的基础上创新,新旧之间严丝合缝,不夹生,不违和,鲜明的京剧标签之下,有着许多新鲜体验,比如"策马扬鞭"时加入了蒙古舞动作。著名导演郭宝昌在看完《碾玉观音》后说:"我对京剧的现状很有些失望,主要是老戏中一些观念和手法,和今天的年轻人距离太远了,很难让现在的观众接受。可是看了《碾玉观音》,我对京剧又有信心了,京剧的希望在他们这些年轻人身上。"[1]

---

[1] 《〈碾玉观音〉:京剧生来就是小剧场艺术》,2015年8月12日,凤凰娱乐 http://ent.ifeng.com/a/20150812/42472227_0.shtml。

文学蓝皮书

确实，当我们看到越来越多的年轻人以各种方式来进行新的戏曲编导，当我们看到越来越多的年轻人走进小剧场，观看各种各样的小剧场戏曲，我们还是有理由相信，戏曲，这一中国艺术的瑰宝，不会只具有"非遗"的文化功能。通过戏曲人的不懈努力，它还是会和当前人们的生活找到关联，并在与当下社会不断互动中逐渐发展出自己的新形态来。

2.《我不是保镖》：找回我们"以假为真"的自信

就在当代小剧场戏曲如火如荼地发展过程中，传统戏曲美学表达的原理，也在一些话剧作品中呈现出来。在话剧舞台上，我们惊喜地看到不仅如田沁鑫这样的大牌导演，继续以中国美学在舞台上书写大气磅礴的中国故事，而且看到更为年轻的编剧导演在舞台上创造性地将戏曲的美学特点转化到话剧舞台上。2015年的《我不是保镖》《网子》等作品，都带有这样的特点。《网子》是北京风雷京剧团出品的一部话剧作品，它集合了戏曲、曲艺演员，但基本的架构却是一部标准的传奇剧。这部戏以戏曲舞台的后台为基本的表演场所，以戏曲演员在一个大时代的悲欢离合的传奇为主线，讲述的是小人物的人生坚守。这部作品看上去很"现实主义"，但与我们上面讨论的院团戏剧的"现实主义"非常不同的是，从内容层面上来说，现实主义在这里落实为生活中非常丰富的细节。比如说，不同于现实主义常见的，对人物设置简单的对立关系，在这部戏中，人物的对立关系是很模糊的，在戏班子里，班主和打工的都是纠缠在一起的：有你吃的，也才有我吃的。当然，现实主义在这部戏中给人最为重要的感受还是表现方式上：舞台上戏曲演员，并不是炫技般地展现他们的身段与绝活，而是以他们对于舞台表演的熟悉程度，以有点表演性质的方式呈现出生活化的人物关系。按照一般的理解，如果演员在舞台上的表演性质过强，呈现的风格相对就比较夸张，因而就不是生活化的表演。但在这部戏中，舞台上风雷京剧团的演员们，则是以他们的默契，将这种表演与人物塑造恰到好处地融合在一起，虽然带有表演性，但却恰如其分，创造了一种非常有味道的表演方式。这种独具特色的表演风格，也为我们加深对现实主义表演美学的理解，提供了丰富的经验。

在这里，笔者重点以《我不是保镖》为例是来说明戏曲的美学如何融会贯通在话剧的舞台上。

《我不是保镖》这部作品是由北京曲艺团面向市场创作的一部话剧。这部话剧的特殊之处在于这部戏的演员是"混搭"而成的：一部分演员是以李菁、何云伟领衔的曲艺演员，一部分是在话剧舞台上较为活跃的年轻演员，而编剧、导演则是常年活跃在话剧舞台上的刘深、黄凯。它以"反腐剧"的面目，呈现出别样的舞台风采。

《我不是保镖》的情节线索并不复杂，但细节的头绪却很多——《我不是保镖》讲的是李菁饰演的大师兄与他的师兄妹一行三人冒充保镖，以护送贪官伍佰贰出海的名义，要从这贪官身上找到他藏匿的"官商"关系图；而这一切，并非误打误撞，而是"清风大老爷"的刻意安排；路上，巧遇要杀贪官报私仇的何月茹、何迷瞪姐弟；最后，这两组人马在"清风大老爷"的远程协助下，发挥曲艺艺人的特点，用计迫使伍佰贰退出赃款、交出关系图。

《我不是保镖》是部非常强调现场感的作品。笔者在这里也尽量描述一下现场。《我不是保镖》的首演是在民族文化宫，这里并不是经常演话剧的地方，还有或许是因为这部戏是李菁何云伟这两位在北京很著名的相声演员主演，观众席中多的是普通市民——说他们是普通市民的理由，就是在剧场内吃着各式东西。就在闹哄哄中，几位乐手上台：一个是鼓手，一个吉他手，还一个拉二胡的。接下来一位演员身着长褂走上来和观众客套。这个演员还有一项重要的工作，就是要"训练观众鼓掌"——他说，后面剧情需要，如果剧中人说"下雨了"，你们要跟着鼓掌啊；如果说雨越下越大，你们要鼓得更猛烈一些！

如果真要按照现代编剧法的结构去推理，这部作品情节上不那么严密的地方也还是有的，但也恰恰是这种结构不那么严谨、编织不那么紧密，反而给这部作品留出了很多空隙。而这很多空隙，就是留给表演的空间。比如说，"清风大老爷"的卧底"棒槌"要找"清风大老爷"，他就在舞台上喊着"清风老爷"的名字，"清风老爷"没有出现，而是以一根竹子从天而降的形式出现在舞台上。人物不出现，以画外音等方式出现是常见的一种舞台设置，但在《我不是保镖》的舞台上，则更为大胆地用一根从天而降的竹子与音乐的配合来设置人物。这种方式，第一次出现，大家还有点愣，越到后面，观众就理解了，而竹子的音乐也是越到后面越来越多样——有时，这竹子还会通过现场音乐发发脾气；就这样"竹子"不用说话，就能直接和戏剧中的人物对话了。再比如，这一行人遇到了报仇的姐弟——扮演弟弟何迷瞪的何云伟出场。他身着黑色紧身衣，背着树枝，在众人面前晃过来晃过去，摸过来摸过去，大家很奇怪地看着他，他也很奇怪——"你们不该看见我啊，我穿着夜行服啊！"这大白天的穿着夜行服还以为人家看不到，一上来就突出了这个人物"迷瞪"的特点。最后有一段情节，不仅仅是留给舞台表演的空间，而且是舞台上的演员与观众一起上演了一出"调包计"。何云伟扮演的老太太，声称要来献画：这画的特别之处是下雨时，画中的书生是打着伞的；不下雨，画中书生就收了伞。到这时，全场观众都有些迫不及待地要参与到制造下雨的鼓掌声中了……

正如编剧刘深在开场曲词所说：演戏的是疯子，看戏的是傻子，此故事，虚虚实实，真真假假……这部《我不是保镖》确实是真真假假，虚虚实实，而且转换都特别自然。这部戏的编剧、导演到演员，他们作为一个整体，完整地贯穿了一种特定的戏剧品格：这是一场戏，我们是演戏给你（观众）看的。

从这个角度去看这部戏，就会发现，这部戏的情节设置，如果只从自身的逻辑中梳理，也许是有它讲不太通的地方。但在"我演给你看"的基调中，只要现场观众认了，这逻辑就对了——这里的情节逻辑，是设置在包括观众在内的整体剧场氛围中的，而不是仅仅在舞台上演出的封闭剧情中。也正是由于有了这样一种基调，这部作品在剧场里创造了一种"异样"的欢乐气氛。说它"异样"，是因为这种欢乐，并不是"喜剧"那么简单的，而是这样一种观演的逻辑，与中国观众的内在经验是吻合的，因而，它就可以轻松地调动观众的情绪，给观众带来快乐之外的审美愉悦。

《我不是保镖》这出戏的特殊性在于，它有意无意地碰撞到中国传统戏曲美学的重要特点：首先，戏就是戏，戏就是建立在"我演给你看"这种以假为真的基础上的；其次，"我演给你看"这样的方式能够成立，是需要"你"（观众）的自觉参与的。只有这样，它的逻辑，才能是自洽的。《我不是保镖》的主创未必对这些理论上的辨别有多大的兴趣，但《我不是保镖》这部作品呈现出的，首先是因为这些年轻创作者对于传统本身的自信——自信意味着，信手拈来，不用再强调我是"传统"。其次相比林兆华、李六乙等从传统戏曲中寻找资源的"老一代"导演们来说，《我不是保镖》的年轻的创作者，无论编导还是主要演员，都是长年在戏剧市场活跃着的。文艺确实不能做市场的"奴隶"，但在市场上的长年演出，让这些创作者对当前观众心里节奏有着直觉上的把握。只有对观众的内心节奏有着感觉，并且能呼应这种内心节奏，那些对传统的自信，对传统的理解，才有可能顺利地传达给观众，形成良好的剧场氛围，创造出带有中国特色、并被大多数观众普遍接受的戏剧作品。

3.《北京法源寺》：人间戏场

《我不是保镖》以喜剧的方式，以曲艺（相声）演员为主体，完成了一场别致的舞台叙述，在嬉笑怒骂中体现了中国戏剧的高明之处。与此同时，在 2015 年底，田沁鑫的一部《北京法源寺》更是贯彻了中国戏剧的普遍精神，并将这真与假、虚与实的美学品位，与禅学精神相结合，聚焦于戊戌变法前后的光景，描绘出在这历史剧变时刻风云人物的群像，创造了一出荡气回肠的"中国大戏"。

《北京法源寺》①由中国国家话剧院、天桥盛世投资集团联合出品，李敖原著，2015年12月5～20日在天桥艺术中心中剧场演出。李敖的《北京法源寺》小说以北京原宣武区的法源寺为故事背景，描述了从戊戌变法到辛亥革命前后，康有为、梁启超、康有为、梁启超、谭嗣同等的人物活动。从李敖的小说《北京法源寺》出发，田沁鑫导演以圆熟的民族美学推动了崭新的舞台叙述。

首先，这部戏的舞台叙述非常复杂——它是在多重时空中组织起多重叙述。舞台上，法源寺主持普净与弟子异秉1921年在法源寺的对话，以及他们与谭嗣同的隔空对话，将观众带入晚清这段历史，将观众带入这段历史中的家国与君臣的辩难、出世与入隐的选择。这种叙述方式最为直接的便利，是推动一种动态的历史叙述——舞台上，普净与异秉自由地穿梭在1898年与1921年两个时空中，与两个时空中的人自由对话。而在他们的穿梭中，不仅是用1921年的眼光参与到1898年的辩论中，而且还将这以后100多年来人们对戊戌年变法的评判、对变法中各色人等的意见、闲言杂语，等等，都统统地汇入到舞台的思想与情绪之中。比如舞台上袁世凯的出场，先是被康有为用拓片的滑石粉扑了一脸白粉，又被小和尚异秉扑了一脸——袁世凯就是带着世代人们对他的诅咒粉墨登场的。也就只有在这样多重时空的多重叙述交叠中，袁世凯直接指责谭嗣同"你能代表历史么"，谭嗣同说自己是个"官二代"，"戊戌四章京"纷纷在舞台上亮相说自己是"戊戌变法代表人物"……这些，也就不会让人觉得有什么奇怪了。

---

① 这一项目也是2015年国家艺术基金的支持项目。

戏剧：国家资本助推产业发展与美学建设

　　就是在这样多重时空的多重舞台叙述中，康有为，梁启超、谭嗣同，光绪、慈禧，荣禄、李鸿章、袁世凯……晚清各色人等，游走在寺庙、庙堂与民间的不同空间，在革命、改良与保守之间，在生还是死，在为什么生、为什么死之间，进行激烈的辩论与对话——他们不仅是在当时的历史时空中互相辩论，而且，还在与后世对他们的是非功过的评判中进行对话。

　　如果说《北京法源寺》是要在晚清这"极端的失败、极端的成功"中发现常态，寻找平衡，那这探寻的出发点，就是以佛家的众生平等为底色，站在今天回望历史的相对平和的心态与视野中。

　　在这样的视野中，我们看到，虽然戊戌变法中的激进革命派，不乏幼稚与莽撞（一边是晚清大臣们在询问着教育经费、军备军费、外交军费，一边是变法者高喊着开阔眼界、解放思想），六君子在就义前大多数也不乏动摇与胆怯（"……救我"），但不管怎样，他们都是以生命殉了自己所选择的道。在六君子临刑的道路上，导演在为林旭铺上一个"翠"，为刘光第铺上一个"公"，为杨锐铺上一个"竹"字……也是在尊重、褒扬革命者内心理想的光彩，为他们的灵魂超度。在这样的视野中，我们也看到，慈禧褪去历代对其妖魔化的叙述——"你们说我亡了大清朝，那你们也太高看了我，如果说我昏庸无能，却统治了大清朝 47 年，那你们也太小瞧了你们自己"，恢复其保守派的正常面貌——"不管你心里有多火急火燎，也不能急手忙脚"，恢复了其作为晚清政治家的无能为力——"如果我是一个卓越的政治家，皇帝依然在紫禁城主政，六君子也不会人头落地，变法依旧进行。可我没有更高超的智慧……"

　　其次，导演为整个演出奠定的审美基调，就是这是一场"戏"，是一场在空旷的舞台上上演的中国大戏。

　　这的确是一场戏。不仅仅是袁世凯在被扑了一脸白粉后粉墨登场，在场的每个人物，也各自都是以自己的独特形态粉墨登场。康有

为的亮相是一场演讲:"哈佛大学、哥伦比亚大学…这不是戏,这是震动中国的大事件……";慈禧的亮相是被众人骂为"泼妇"、"荡妇",而她却和颜悦色地对隔个时空的异秉说:"想听那段?是想看戊戌变法?还是想听我说话?"戊戌四章京的亮相,是作为"变法重要人物"的自报家门……

这确实是一场戏。你看谭嗣同夜会袁世凯,在锣鼓点的催逼声中,在战马嘶鸣声中,等一切安静,进入夜的黑暗,谭嗣同上场,演员用自己在舞台上的步伐,用说评书的方式,带领着观众与他一起走到袁世凯居住的法华寺:"天干物燥,小心火烛。清明朗月,飞沙走石却眯了眼睛。破军!贪狼星出北方。乌云中,獠牙乍现。半空中,怪鸟长鸣。我径自出宣武门向南行,过珠市口。西厅胡同、葱店四巷、驹章胡同、报房胡同,山门三大间豁然眼前,黑暗中看不真切。我到了……"

传统美学的要素就如此悄无声息此融化在空旷的现代舞台上,让观众不自觉、却在无意识中深入那审美的愉悦之中。

但更为高明的是,这种中国戏曲美学的特征,这种"戏"的感觉,对于这部戏来说,并不只是在创造一种审美的愉悦,它与舞台上的多重叙述有着气质上的契合。由于处理的是晚清复杂的历史人物,这对于导演提出的要求就比较高。田沁鑫非常巧妙地将100多年来正史、野史乃至笔记中对于这些历史人物的态度,以各种叙述方式呈现出来——这100多年来各种关于戊戌的叙述,关于戊戌中各种人物的叙述,都被作为塑造人物的素材。这些人物,都是在这些叙述中创造出来的——对于历史学家来说的"叙述",对于舞台来说,就是"戏"。这样一群耀眼的历史人物,在晚清的舞台上,在中国历史最为极端的时刻,在大清支离破碎的版图中,演出了一场大戏;而后世关于他们的叙述,不断地让他们一次次地出场,在不同的历史时刻又演出不同的剧目。但这种"戏如人生"的舞台审美,却非"戏说",

也不是在说历史真的是可以"随意打扮的小姑娘"。舞台上多重叙述的叠加，表明的是历史是在不停的叙述中，在不同的时代轨迹中寻找并找到它的形态。能不能在其中把握真正的平衡，需要的，确实是高超的政治智慧与人生智慧——当然，最为重要的，是叙述它的时代，是否真的有能力去把握这其间的平衡。或许，也就只有在当下，在民族复兴与传统文化逐渐成长为社会的主流心态时，我们才会在面对如此不堪的历史中形形色色的努力，多一些宽容，多一些理解。

看《北京法源寺》，不会是一场简单的娱乐，多重叙述的叠加与快速切换的场景，都有些考验观众对知识、对历史、对思想的兴趣；但看《北京法源寺》的过程，又将是一次令人愉悦的审美与精神的旅程。它确实在寻找一种平衡，它如此努力地以中国人的思维方法、中国人的美学方式，在这个时代的舞台上建构着某种微妙的平衡。

2015年出现的这些带有鲜明中国传统美学特点的戏剧作品，也许是在说明，中国当代戏剧将在话剧与戏曲之间寻找到某种微妙的平衡——在这种微妙的平衡中，戏曲与话剧之间的鸿沟，也许会逐渐消弭。如果说1950年代，我们曾经试图沟通过这两种戏剧形式，以互相学习、取长补短来寻找中国现代戏剧的表达方式，如果说在1950年代，我们曾经以《茶馆》创造出崭新的"中国学派"，那么，在今天，在中国已经成长为世界第二大经济体的今天，在民族复兴的旗帜之下，我们还是有理由相信，我们有可能接续《茶馆》的成功，创造出带有圆融中国美学精神的中国现代戏剧样式。

（本章执笔　陶庆梅　中国社会科学院文学研究所副研究员）

B.9 网络文学：趋向主流化，酝酿新格局

摘　要： 2015年的网络文学，在中央重视、政府主导、民间先行、资本发力等诸多因素联手推动下，呈现出借势发展和强势进取的良好势头。网络小说创作，在虚构类的玄幻与仙侠，写实类的历史与都市，都有好的和比较好的力作佳构联袂而来。主流体制组建网络文学机构，"IP热"愈演愈烈，都从不同的侧面和层面推动网络文学进而做大做强，使之成为当代文学中最具成长性的新兴力量。

关键词： 网文创作　主流化　新格局

严格意义上说，2015年是网络文学规模化发展的第十个年头。自2003年起点中文网成功推行VIP收费阅读模式，并由此产生第一批网络职业写作者以来，数百万网络写作者笔耕不辍，艰难跋涉，大浪淘沙，终于在"中华民族伟大复兴的中国梦"的号角声中，迎来了丰收之年。

据《第37次中国互联网络发展状况统计报告》称，截至2015年12月底，网络文学在线用户有2.97亿人，通过手机阅读网络文学的用户有2.59亿人。网文创作队伍与在线阅读人数与去年相比变化不大，收入规模超过70亿元人民币，在线长篇小说完本数量超过10万部。玄幻、仙侠和都市仍然是主要创作类型，现实题材作品受读者关

注的程度有所上升，网络女性文学由于在影视改编和图书出版方面成绩突出，社会关注度空前高涨。通过培养优质IP，出售版权进行影视、游戏等一系列改编来寻求获取更大的商业价值，已成当前网络文学产业的主要发展方向。面对日新月异的主流化趋势，网络文学的发展格局正在酝酿新变，数字阅读作为基础模式，对网络文学的质量要求，也进入了一个全新的阶段。换句话说，受众、文学网站，以及作者对网络文学的理解和认知，都在不同程度地发生剧烈变化，网络文学的门槛提高了。

一 推动网络文学发展的六大因素

立足2015年，我们可以通过六大积极因素分析网络文学现状并展望其未来发展趋势。

第一大因素：中央高度重视网络文艺发展。习总书记在文艺座谈会上的讲话，时隔一年全文发表，这个讲话给蓬勃发展、但仍争议不断的网络文学定了基调。其中有两段话，我认为是对网络文学创作者的最大鼓舞，一是论述何为优秀作品："优秀作品并不拘于一格、不形于一态、不定于一尊，既要有阳春白雪、也要有下里巴人，既要顶天立地、也要铺天盖地。只要有正能量、有感染力，能够温润心灵、启迪心智，传得开、留得下，为人民群众所喜爱，这就是优秀作品。"二是对新生文艺现象及文艺家的期待："近些年来，民营文化工作室、民营文化经纪机构、网络文艺社群等新的文艺组织大量涌现，网络作家、签约作家、自由撰稿人、独立制片人、独立演员歌手、自由美术工作者等新的文艺群体十分活跃。这些人中很有可能产生文艺名家，古今中外很多文艺名家都是从社会和人民中产生的。"上述观点高瞻远瞩，明了透彻，不用再做多余的解释。10月，《中共中央关于繁荣发展社会主义文艺的意见》出台，明确指出"大力发

文学蓝皮书

展网络文艺",既为网络文学正名,也指明了发展方向。

第二大因素:政府主导、民间先行,网络文学主流化大势所趋。政府力量、社会力量、资本力量和学术力量形成合力,为网络文学的未来发展创造了良好的基础条件。中宣部、中央网信办均将包括网络文学在内的网络文艺纳入了常规管理和扶持、引导范畴,中宣部专门成立了相关管理部门。国家新闻出版广电总局、中国作家协会等业务管理部门出台了一系列管理办法,采取多种措施,加大对文学网站、网络文学创作的扶持力度。中国作协成立了网络文学委员会,网络文学较为发达的上海、广东、浙江、北京、四川、江苏和安徽等十多个省市,由作家协会牵头,陆续成立了网络作家协会、网络文学委员会等相关组织机构,为网络创作保驾护航。由此可见,网络文学主流化进程已进入快车道。

第三大因素:资本市场热情拥抱网络文学。2015年,网络文学行业进行了结构性调整和资产重组,进一步做大做强,并与市场进行深层次对接。这为网络文学"量与质"同步协调发展,真正成为文化产业孵化基地提供了保障。年初,腾讯集团斥资50亿元人民币,在原有腾讯原创文学的基础上兼并盛大文学,成立阅文集团,将腾讯巨大用户流量的优势与盛大文学丰富的内容资源相结合,形成网络文学阅读平台与传播手段的跨越式升级。紧接着,凯撒股份发布公告,于3月23日签署股权收购框架协议,以5.4亿元人民币现金收购杭州幻文科技有限公司100%股权。10月,湖南广电所属上市公司电广传媒出资5.51亿元人民币入股看书网,取得69.25%股权。而以"数字出版领导者"自居的中文在线,则在年初成功上市,成为国内"数字出版第一股",目前市值已飙升至200亿元人民币。跟随其后,一大批优质文学网站或将在三五年内陆续上市。无论是收购、入股,还是上市,资本瞄准的目标均是以网络文学为龙头,覆盖游戏、影视、动漫等文创产业,打造"互动娱乐"品牌。凡此种种，说明资本市场对网络文学产业化给予积极评价，并表现出浓厚兴趣。

第四大因素：建构网络文学评价体系成为学界共识。网络文学创作实践与理论研究之间存在一定落差，对网络文学的品质提升非常不利。这已引起高校、作协系统、社会团体和网络文学界人士高度关注。中国作家协会继2014年召开"网络文学理论研讨会"之后，2015年又与四省市作协联合举办了"首届全国网络文学论坛"。在学术研究方面，最早起步的中南大学网络文学研究中心与北京大学网络文学研究团队、山东师范大学网络文学研究中心形成南北中呼应，取得了可观的研究成果。随后，浙江传媒学院成立了网络文学创作与研究中心，四川省网络文学研究中心则落户西南科技大学。在教育培训方面，江苏省三江学院首次亮出了高校招生的牌子，2015年首批录取了41名"网络文学编辑与写作"方向本科生。浙江网络作协举办了"第一届网络文学双年奖"。广东作协主办的《网络文学评论》与浙江网络作协主办的《华语网络文学研究》成为集中刊发网络文学理论评论文章的媒体，其他文学理论评论刊物、《人民日报》等主流报纸也发表了大量理论文章。高校硕博士论文涉及网络文学领域的研究课题，已具有相当规模。

第五大因素：游戏、影视剧和网络剧改编聚焦网络文学IP，网络文学主导新一轮文化产业升级创新。今年，由《鬼吹灯》改编的两部大电影《九层妖塔》《寻龙诀》和校园青春剧《何以笙箫默》先后搬上银幕。电视剧《琅琊榜》《花千骨》《芈月传》《华胥引》相继掀起收视高潮，《翻译官》已经录制结束，即将登陆湖南卫视金鹰独播剧场。网络剧《盗墓笔记》《执念师》《心理罪》《无心法师》《他来了，请闭眼》《灵魂摆渡2》《暗黑者2》等后来居上，创造了天文数字的点击量，影视业对网络剧的期待值爆棚，文创行业新的角逐场拉开帷幕，甚至有观点认为，网络剧是电视剧的

文学蓝皮书

未来。

第六大因素：网络文学具有旺盛的生命力和巨大的发展潜力。在竞争日趋激烈的环境下，网络文学生态向多元化、个性化方向发展。除了老牌文学网站，如起点中文网、17K小说网、纵横中文网等，占据网文主流渠道之外，近年来涌现出一批新型文学网站，他们避开所谓"主流"渠道，另辟蹊径，如看书网以网络文学形式关注国家重大战略；晋江文学城致力于东南亚周边国家的网络文学推广与传播；掌阅文学、阿里文学先后推出原创平台，创别书城、"不可能的世界"小说网、偶家中文网、云阅文学网、浩阅文学网，以及一批文学站点则专攻某些类型。这些做法开拓了网络文学的生存空间，也推动网文创作向多元化和个性化方向发展。

二 年度网络文学重要作品

根据对各文学网站的统计调查，本年度最受读者欢迎的网络文学类型依次是玄幻仙侠类、都市类、历史类和动漫向轻小说。

随着网络阅读分众化，读者欣赏水准不断提高，2015年的玄幻仙侠类小说渐渐有脱离升级打怪千篇一律的趋势，开始着重凸显人物性格塑造、情感细节描写，以及对中国传统文化的深度挖掘。此类作品多以平凡的小青年穿越到异界大陆，为了亲情、爱情和理想而崛起，最终有所成就，比较符合广大青少年的阅读习惯和价值取向。实力雄厚的作者，更加注重作品的创意和内涵的丰富性。2015年的代表作品有猫腻的《择天记》、耳根的《我欲封天》、我吃西红柿的《雪鹰领主》、无罪的《剑王朝》、血红的《巫神纪》、风青阳的《吞天记》、观棋的《万古仙穹》、祈祷君的《木兰无长兄》、乱世狂刀的《御天神帝》等。

都市小说由于代入感最强，拥有最大的受众群体，始终是饱受读者青睐的类型。但在今年，都市小说的主流类型比往年发生了比较大的变化，开始不再以暧昧和小白风格为主体，出现了很多创新型的题材，主要包括世家子弟经商，重回过去改变命运，娱乐圈，医生流等，呈现百花争鸣的趋势。今年的代表作品有跳舞的《天启之门》、全金属弹壳的《黄金渔场》、骁骑校的《穿越者》等，创新作品有尝谕的《我真是大明星》、陈词懒调的《回到过去变成猫》、风流书呆的《快穿之打脸狂魔》等。

历史类作品虽然人气稍弱，但在网文圈中经久不衰，网文历史小说多以三国和唐宋明清为背景，写历史争斗的三国也是一个热点。起点中文网大多数历史作者偏向于考据历史作品，并在写作中冠以自己的想法等，比较有特色。其知名作品有月关的《夜天子》、贼眉鼠眼的《贞观大闲人》、三戒大师的《大官人》、府天的《盛唐风月》、离人望左岸《醉卧江山》等。

动漫向轻小说，主要是指带有明显漫画风格的二次元小说。这类作品的创作者和读者，属于网络文学中的新生代群体，以95后、00后中国互联网原生态居住民为主体。2015年，类似《我叫道格是只猫》这样的动漫向轻小说成长迅速，一定程度上代表着年青一代的审美倾向，也是网文发展的新动态。

多年来，网络女性题材作品在数字阅读中始终处于弱势，但2015年却有了一些变化，这主要是由于女性作品的内容变化所引起的。以往的女性题材作品多局限于言情，传统的穿越重生、女强复仇类题材占主流，长此以往，题材内容同质化现象较严重，难以吸引读者。2015年，很多女性作品中融入悬疑、推理、灵异、惊悚、异能等新元素，而且故事框架有所扩大，所涉及的知识面有所拓宽，情节越来越紧凑跌宕。因此，读者很快被吸引过来。

穿越类古代言情文以《邪王追妻》《女帝本色》《御宠医妃》《木兰无长兄》为代表，一直引领着穿越类女频文的高潮。《邪王追

妻》中杰出的金牌杀手苏落，穿越后却变成了废材小姐，小说讲述了主角从身为一个废材到与男主南宫流云一起携手登临巅峰，傲视天下的故事。《女帝本色》中的女主穿越为傀儡女帝，《御宠医妃》中的女主则为女军医穿越而来，都加入朝堂权谋，让爱情变的诡异难测，不拘泥于俗套的古代言情，以独特的笔锋讲述不一样的爱情故事。《木兰无长兄》让一位现代女法医穿越到妇孺皆知的古代女豪杰花木兰身上，重塑这位超越性别的女主形象。小说书写特殊的落寞英雄，关注人的成长以及社会历史进程，暗藏讽刺意味又不乏勇气和温情，语言兼具热血悲情与幽默搞笑。

女强重生文以《娇娘医经》为代表。女主程娇娘重生为一个痴傻儿，在家人冷嘲热讽中逐渐强大，想要完成拯救家族于覆灭的使命。名为"医经"，重点却不是治病救人，而是借施恩承恩，展现错综复杂的人际关系与世态炎凉。

古言悬疑推理文以《一品件作》为代表。讲述女法医穿越到古代为件作，在为父报仇、寻找真凶的路上遇到一系列命案，最后找到真爱的故事。作者写作严谨，案件的设计合理，悬疑的气氛更是把握到位，亮点是融入法医鉴证、微表情、心理学等多种创新元素在其中。

现代言情文以《有风自南》《七年顾初如北》为代表。前者在叙事上大胆尝试，不落俗套，内容立足言情，夹杂悬疑，故事新颖独特。后者以男女主角别后重逢的情感线为主，以四个案件的环环相扣来解开彼此的秘密和重重误会。两部作品均具有细腻敏锐的情感、丰富的想象力和自然流畅的文笔。

现代悬疑推理作品以《黑萌影帝妙探妻》《我有特殊沟通技巧》为代表，两部作品均以言情为主，案件为辅，运用推理方式和物件拟人手法展开故事，并在故事中融入真实案件，引人深思，发人深省。

三 年度网络文学重要事件

中国作协网络文学委员会成立。2015年12月17日，中国作家协会网络文学委员会在北京成立。中国作协副主席李敬泽表示，网络文学委员会的成立标志着网络文学作家、网站、批评家、学者拥有了自己的组织。委员会将充分发挥平台作用，整合各方资源，推动网络文学创作和评论的发展。在中国作协网络文学委员会第一次全体会议上，中国作协网络文学委员会主任陈崎嵘透露，网络文学委员会将大力开展网络文学理论研究和评论工作，不断向读者推出网络文学精品力作；采用多种形式和渠道团结联络并服务网络作家；组织评选"中国网络文学排行榜"；建立网络文学创作基地和研究机构。

网络文学著作权纠纷进入高发期。2015年年初，国家新闻出版广电总局印发了《关于推动网络文学健康发展的指导意见》，其中就试图用网络文学实名制的方法来保护作者的知识产权，让网络文学创作者的自身权益得到保护，同时也规范网络文学创作中的不良行为。近年，网络文学著作权纠纷呈逐年上升趋势，各大文学网站对网络文学知识产权保护有了新的认识，但在权力维护方面仍然缺乏有效手段。很多作者对自己的作品遭到盗版、抄袭既感到愤慨，又无能为力，索性保持沉默。明星石天琦抄袭侵占网络作者署名权案、《芈月传》作者蒋胜男诉讼导演郑晓龙及其妻子王小平侵权案等著作权纠纷，引起了社会广泛关注。2015年，阅文集团虽然在《我欲封天》《大主宰》等作品的维权中获胜，但网络文学维权仍然任重道远。

互联网"扫黄打非"专项行动持续深入开展。2015年6月，国家互联网信息办公室在全国部署开展"护苗2015·网上行动"，重点

打击危害少年儿童健康成长的网上违法和有害信息的传播，集中清理整治淫秽色情低俗、血腥暴力恐怖等内容。"护苗行动"的积极开展，让广大网络文学从业者、网络作家看到了政府对互联网信息传播的高度重视，以及规范互联网行业行为的决心。对传播劣质作品的网站予以打击，有利于网络文学的健康发展，有利于正规文学网站的良性竞争。

资产重组显示行业竞争日趋激烈。作为移动和PC两大客户端的龙头，中国移动手机阅读基地化身为咪咕数字传媒有限公司，腾讯兼并盛大文学成立阅文集团。这两大网文巨头的资产重组，向市场发出了做大做强网络文学的信号。咪咕数字传媒在数字阅读领域具有天然优势，截至2014年已收录43万册正版图书，累计用户达4.2亿，每月访问用户超过1.6亿。阅文集团旗下则拥有创世中文网、起点中文网、云起书院、起点女生网、红袖添香、潇湘书院、小说阅读网、言情小说吧等网络原创与阅读品牌，腾讯文学图书频道、华文天下、中智博文、聚石文华、榕树下、悦读网等图书出版及数字发行品牌，以及由天方听书、懒人听书等构成的音频听书品牌。在资本市场，湖南电广传媒收购成都古羌科技有限公司（看书网）；浙江华媒控股股份有限公司收购精典博维旗下的明月阁；半壁江两大原创文学网站以及军事题材类的铁血科技股份公司（铁血网）向新三板提交《公开转让说明书》，正式挂牌转让，等等；这些均为2015年资本市场亮眼看点。

2015年3月19日，鲁迅文学院第八期网络作家培训班开班。本届培训班为期半个月，共有来自不同网站、不同地域的52位网络文学作家参加培训。起点中文网、17K小说网、创世中文网和纵横中文网推荐的耳根、七十二编、林海听涛、善良的蜜蜂、衣冠胜雪、丛林狼、月如火等网络作家参加了培训。

2015年6月23日，由中国作协组织的中国网络作家"走进抗战历史"采访采风小分队，途经北京、辽宁、山西、山东、江苏、湖南等六省市，为期十天，基本完整"亲历"了抗战主要过程。同时，在江苏三江学院举行了一次"网络文学论坛"，并与三江学院师生进行了座谈。参加此次活动的有月关、张小花、七十二编、阿彩、紫伊281、西子情、仙人掌的花、梦入洪荒、最后的卫道者、未苍、梁不凡、三盅、疯丢子、乌兰格格、夜十三、断刃天涯、天蚕土豆、梦入神机、烽火戏诸侯、骷髅精灵、跳舞、萧瑟朗、缘分0、真邪、暗摩师、米问问、天下尘埃、流浪的军刀、菜刀姓李、愤怒的香蕉、亦蓝、欲不死、纯情犀利哥、秋叶梦、慕惜、满城烟火、神我很乖、魔女恩恩等40多名网络作家。

网络文学理论批评研究逐步进入常态化，一批网络文学研究专著和文集出版。北京大学副教授邵燕君推出新著《网络时代的文学引渡》、鲁迅文学院副研究员王祥出版《网络文学创作原理》，山东师范大学教授周志雄在一年内推出个人专著《网络文学的发展与评判》，主编出版《大神的肖像：网络作家访谈录》、《网络文学研究》（第一辑）两部研究论著。

四 年度网络文学热点

1. 网络文学"IP热"愈演愈烈，潜藏危机

2015年，网络文学"IP热"成为文化产业最具社会影响力的热点。对于线上要IP值，线下要文学值，这是网络文学界需要形成广泛共识的一个努力方向，更是网络文学界需要不断践行的一个重大课题。这一现象可以说是喜忧参半。

一方面，它的确给网文作者带来了较之从前成倍增长的利益，也为文学网站开辟出了一条崭新的前景光明的道路。由《鬼吹灯》改编的两部大电影《九层妖塔》《寻龙诀》和校园青春剧《何以笙箫

默》先后搬上银幕,电视剧《琅琊榜》《花千骨》《芈月传》《华胥引》相继掀起收视高潮,网络剧《盗墓笔记》《执念师》《无心法师》《他来了,请闭眼》《灵魂摆渡2》《暗黑者2》等后来居上,创造了天文数字的点击量。

另一方面,随热跟风现象集中爆发,则给网文行业带来了潜在的危机。如果网络文学从业人员一味沉溺于好光景,那么离走下坡路也就不远了。实际上,网络文学"IP"当下虽热,但优质的有价值的"IP"却是供不应求,销售速度远远超过生产速度,无疑将催生IP泡沫,一旦泡沫破灭,结果可想而知。除了优质"IP"遭遇哄抢,一些影响力相对较小,但具备一定开发价值的"IP"也被企业抢购并囤积起来,自己不开发,也不给别人开发的机会,造成恶性的浪费。

2. 中国作协网络文学委员会推出中国网络小说排行榜,引导公众阅读

2015年,由中国作协网络文学委员会主办、中国作家网承办的"中国网络小说排行榜"季度榜单和年度榜单开始推选发布。排行榜采取线上投票与线下评审相结合的方式,邀请网络文学业界、高校、作协系统等专家学者组成专家组,兼顾新书和精品,推介优秀网络文学作品,站在文学立场为公众选择网络文学作品提供阅读引导。排行榜的评选和推出过程,是建构网络文学评价体系的重要探索和实践,也是网络文学主流化的重要标志。

2015年度中国网络小说排行榜精品榜

  爱潜水的乌贼:《奥术神座》

  陈词懒调:《回到过去变成猫》

  祈祷君:《木兰无长兄》

  骁骑校:《匹夫的逆袭》

  国王陛下:《从前有座灵剑山》

酒徒：《烽烟尽处》

天下归元：《凤倾天阑》

孑与2：《唐砖》

风御九秋：《紫阳》

我想吃肉：《女户》

2015年度中国网络小说排行榜新书榜

陈词懒调：《原始战记》

希行：《诛砂》

卧牛真人：《修真四万年》

骁骑校：《穿越者》

罗森：《碎星物语》

欣欣向荣：《厨娘当自强》

血红：《巫神纪》

观棋：《万古仙穹》

玖月晞：《他知道风从哪个方向来》

黑暗荔枝：《灭世之门》

3. 首届中国网络文学论坛在上海举行，中国作协牵头与四省（市）作协联办

2015年9月24~25日，由中国作协与上海、广东、浙江、江苏四省（市）作协联合举办的首届中国网络文学论坛在上海举行。中国作协副主席陈崎嵘、上海市委宣传部副部长潘敏出席并致辞。各地作协、文学网站负责人共100余人参加论坛。上海作协党组书记汪澜对本次论坛活动作小结。

在论坛理论研讨阶段，文学评论家代表夏烈、黄平、何平、王勇；网络作家代表刘勇（耳根）、张荣会（风凌天下）、徐胜治（徐公子胜治）、向娟（天下尘埃）、徐彩霞（阿彩）、刘炜（血红）、李虎（天蚕土豆）、王辉（无罪）、魏立军（月关）、刘华君（寂月皎

皎）；文学网站代表起点中文网杨晨、中文在线 17K 小说网栗洋、大佳网祁兰柱、网易云阅读范少卿、掌阅文学谢思鹏、晋江文学城刘旭东、蔷薇书院李贤，以及血酬、千幻冰云等从不同角度围绕网络文学的现状、IP 热对网络文学的影响、网络文学面临的困境等问题展开了讨论。

在论坛作品研讨阶段，何向阳、欧阳友权、马季、王祥、周志雄、桫椤、吴长青、乌兰其木格、项静、安逸等专家学者分别对网络作家唐欣恬的《裸生》、骷髅精灵的《机动风暴》、丛林狼的《最强特种兵》、蒋胜男的《芈月传》、跳舞的《恶魔法则》进行了研讨，五部作品的作者对专家学者的点评作了回应。

4. 一批新型文学网站陆续开站，网文创作显露新的生机

今年有一批新型文学网站陆续开站，他们各具优势，丰富了网络文学的格局。掌阅文化旗下新成立原创文学网站"掌阅文学"，签约一大批网文大神，开展原创业务。偶家中文网上线，致力于为网络作家经营"粉丝经济"，同时号称旗下所有作品永久免费阅读，尝试探索新的盈利模式，开启全新的网络阅读时代。创别书城、云阅文学网、浩阅文学网、"不可能的世界"小说网等一批新型文学网站纷纷开站。创别书城、云阅文学网、浩阅文学网立志于成为以阅读为核心内容的综合娱乐平台。"不可能的世界"小说网有别于传统文学网站，该站定位年轻化阅读，以"浪漫主义""想象力"为主导，主打轻小说，建立贤者制度，由读者评判作品的优劣。早几年开站的风起中文网则避开大神争夺战，转向为不同层面的作者提供 IP 升级服务，他们建立了一支网文改编队伍，成立了剧本中心，将网络文学战线拉长，取得了显著效果。

5. "90 后"网络作家迅速崛起

阅文集团成立以来，注重对青年作者的培养。《阅文集团 2015 年原创文学报告》显示，有一个值得注意的现象，"90 后"网络作家正

在迅速且大量崛起。数据显示，阅文集团签约作家中，"90后"的作家数量占78%，"80后"占16%，其余年龄段仅占6%。

"90后"网络作家的作品也越来越受到欢迎。在体现作品人气程度的销售榜上，"90后"作家在前100名中已经占据28席，其中最为年轻的作家年仅19岁。此外，值得注意的是，"80后"作家的构成也日益年轻化，在上榜的53位"80后"作家中，"85后"占据了一半以上。年轻作家的价值在版权上也开始得以体现。比如阅文集团重点运作的叶非夜等"90后"成功作家作品整体版权价值就已经进入千万元的阶层。

6. 网络文学受众群体学历偏低，阅读追求浅显与娱乐

据一项调查表明，随着移动互联网的发展，人们碎片化的时间得以被充分利用，网络文学就是其中的重要构成。在阅读人群学历方面，中学学历读者占比过半。小学学历的读者占比7.39%，初中学历的读者占比36.36%，高中学历的读者占比30.17%，本科学历的读者占比24.78%，硕士学历的读者占比为0.8%，博士及以上学历读者占比仅为0.5%。

在短短的十几年时间里，网络文学完成了世界文化史上从未有过的壮举，积累了庞大的作品量，仅阅文集团就拥有300万部长篇小说的版权，而且养活了一大批专业写手。不过，量大和质高毕竟还不是一回事，网络文学鱼龙混杂、许多作品质量低下的问题，毋庸讳言，也一直被读者乃至评论者们批评。从无到有，从文学到影视，网络文学这些年是否成长得过快了？许多人对网络文学的未来表示担忧，但也有人认为，不论是网络文学自身的壮大，还是网络文学向周边领域的辐射，对于文化消费来说，是值得庆贺的好事，文化作为一项产业，需要类似的动力。

然而，文学界在谈论网络文学时，几乎无一不涉及精品化、经典化的问题，这个问题的另一种问法则是：网络文学究竟有多大文学价

文学蓝皮书

值？那么，网络文学到底有没有可能走出这样的一条路来呢？今天，我们所处的是一个相互依存的网络消费时代，这个问题，不应只是让网络作家去回答，而应由我们共同去面对。

（本章执笔　马　季　中国作家协会中国作家网副主编）

B.10
理论批评：为着振兴的自审与自省

摘　要： 2015年的理论批评，最为引人注目的，是习近平《在文艺工作座谈会上的讲话》和《中共中央关于繁荣发展社会主义文艺的意见》引起文坛内外关注与热议，由此立足，理论批评界密切联系当下理论批评的实际，认真审视其中的问题，切实探讨存在的不足，并为大力振兴理论批评，使之健康发展和重显活力，献计献策，建议谏言。这使得对于理论批评自身现状的认真检省与深刻批评，成为理论批评家的自觉行动，构成2015年理论批评的重心所在。

关键词： 习近平《在文艺工作座谈会上的讲话》、《中共中央关于繁荣发展社会主义文艺的意见》　理论反思　批评自省

　　自从文学在新世纪进入全媒体时代之后，文学日益地多样与多元，也更加分化与泛化，因而种种观点的冲突与观念的抵牾，就既在逐步增多，又在进而放大。这也使得较之以往，理论批评面对的问题不断增多，承受的压力越来越大。

　　2015年的理论批评领域，由于习近平《在文艺工作座谈会上的讲话》（以下简称《讲话》）的公开发表和《中共中央关于繁荣发展社会主义文艺的意见》（以下简称《意见》）的正式发布，其中涉及

的有关理论批评的论述与要求，强力地导引与推动着理论批评界在学习贯彻《讲话》与《意见》的精神中，密切联系当下理论批评的实际，认真审视其中的问题，切实探讨存在的不足，并为大力振兴理论批评，使之健康发展和重显活力，献计献策，建议谏言。这种对于理论批评自身现状的认真检省与深刻批评，构成了2015年理论批评的重心所在。从这个意义上，2015年的理论批评，总体上充满了自审的勇气与自省的精神。

一 学习习近平《在文艺工作座谈会上的讲话》

习近平总书记在2014年10月15日主持召开文艺工作座谈会并发表重要讲话，对于文艺的地位与作用给予了高度评估，对于文艺的发展与繁荣提出了新的要求，在文坛内外引起广泛的关注与热烈的反响。正当文坛内外学习和热议习近平文艺座谈会讲话精神之际，2015年10月，习近平的《讲话》公开发表，党中央同时下发了《中共中央关于繁荣发展社会主义文艺的意见》，这些重要的文献与文件从思想指导和政策引领的高度，有力地推动了文艺界尤其是理论批评界学习贯彻习近平文艺座谈会讲话精神的活动进一步地走向深入。

首先是从中央到地方，纷纷召开专题会议，座谈和研讨习近平文艺座谈会讲话和中共中央《意见》的精神重点与理论要点，及其贯彻落实的部署与措施。10月20日，中共中央宣传部在京召开"繁荣发展社会主义文艺推进会"，强调要深入贯彻习近平总书记在文艺工作座谈会上的重要讲话精神，贯彻党中央关于繁荣发展社会主义文艺的意见，提高思想认识，强化文化担当，深化落实措施，巩固文艺繁荣发展的良好局面。10月22日，中国文联在京举办深入学习贯彻习近平总书记在文艺工作座谈会讲话精神、学习贯彻《中共中央关于繁荣发展社会主义文艺的意见》专题研讨班，深入学习领会中央精神，研究贯彻中央部署，思考谋划文联工作，积极推动文艺发展。10月23日，中国作协召开第八届主席团第八次扩大会议，会议深入学习习近平《讲话》和中共中央《意见》，对中国作协今年以来的工作进行了总结，对深入学习贯彻习近平总书记在文艺工作座谈会上的重要讲话精神、学习贯彻《意见》作出部署。同一时期，全国各地的文联、作协，都先后召开类似的会议，就学习习近平文艺座谈会讲话和贯彻落实中共中央《意见》，结合实际进行研究和部署。

习近平的《在文艺工作座谈会上的讲话》的公开发表，为深入学习领会其精神，研讨和解读其思想，提供了可靠的文本与强劲的动力。《人民日报》《光明日报》等党报，《文艺报》《文学报》《中国艺术报》等行业报，都开辟专栏，一些著名的文艺家、活动家、理论家、批评家、作家和艺术家纷纷撰文，畅谈自己的学习体会，发表自己的文艺见解。

钱小芊在《大力弘扬现实主义文学创作》的文章中，着重从弘扬现实主义文学精神的角度阐述道：习近平总书记在文艺工作座谈会上的重要讲话中指出，文艺创作应该用现实主义精神和浪漫主义情怀观照现实生活，用光明驱散黑暗，用美善战胜丑恶，让人们看到美好、看到希望、看到梦想就在前方。这一论述从根本上揭示了文艺作品与现实的关系，指导着文艺创作如何看待现实、如何反映现实。有没有现实主义精神，对于中国文学艺术的整体面貌关系重大。广大文艺工作者应该感国运变化、立时代潮头，以更多优秀的现实主义作品汇成当代文艺创作主流，弘扬中国精神，凝聚中国力量，助力中国梦的实现。文章从弘扬现实主义文学创作是时代的客观要求和为弘扬现实主义文学创作创造有利条件两个方面，具体论述了把现实主义落实到文学创作和作协工作的实处的思考与举措。

景俊海在《大力弘扬柳青精神，扎根人民生活》的文章里，从要始终坚持以人民为中心的创作导向，要始终坚守中华文化立场、传

承中华文化基因,要始终坚持尊重和遵循文艺创作规律,要始终坚持扎根人民、扎根生活等四个方面,论述了柳青精神的内涵,他指出:柳青对人民充满了热爱,将自己的人生和创作融入了时代前行的主流和人民事业的伟大实践中去,因而他写出来的作品就有一种既真挚又深刻的艺术感染力量。柳青的文学理想,就是坚持以人民为艺术描写的对象,在书写以人民为主体的文学作品中注重揭示社会发展的动向和历史前进的规律。

关于习近平《讲话》的思想意义与理论内涵,董学文以《发展中国当代文艺理论的指南》的文章发表了自己的体会与看法。他认为,《讲话》为中国当代文艺理论的发展指明了方向,为建构21世纪中国的马克思主义文艺学提供了指南。习近平的讲话充分体现了紧贴中国实际,富有中国特色的基本原则。它从实现"两个一百年"奋斗目标、实现中华民族伟大复兴的中国梦高度来强调文艺的"不可替代"作用,认为"文艺是时代前进的号角,最能代表一个时代的风貌,最能引领一个时代的风气",这就给我国文艺理论建设铺展了新的背景和底色。而他的"社会主义文艺,从本质上讲,就是人民的文艺"的界定,不仅坚持了马克思主义文艺观,而且对当代文艺的人民性做了新的揭示。《讲话》对优秀传统文化的重视,对中华美学精神的弘扬,也极大地增添了文论的"中国的"元素和精神内涵。这不仅出色解决了文艺理论上批判与继承的关系,而且为未来的文论建设创造性地铺设了一块具有完全自主知识产权的基石。

中共中央《意见》发表之后,中国文学批评研究会和白烨先后发表署名文章,就《意见》对于指导新世纪的文艺工作和繁荣社会主义文艺发表了自己的学习体会。中国文学批评研究会的《繁荣发展社会主义文艺的指针——学习〈中共中央关于繁荣发展社会主义文艺的意见〉的体会》文章,认为《意见》以理论原点的扼要阐述,方针重点的精要提示,工作重点的全面部署,构成了对于习近平文艺工作座谈会讲话精神的深入贯彻和具体落实,为新世纪文艺工作构制了一份清晰路线图,提供了有力的政策与制度保障,堪为新的世纪繁荣发展社会主义文艺的新的指针。白烨的《新世纪文艺工作的行动指南——学习〈中共中央关于繁荣发展社会主义文艺的意见〉的体会》指出:《意见》)以六个方面、二十五个要点的意见指导和工作安排,对做好当前的文艺工作进行了全面的部署,提出了全新的要求。从主要精神与基本内容来看,这个《意见》是以中共中央文件的形式,对习近平总书记文艺工作座谈会讲话精神的进而细化和具体落实。因而,《意见》的作出与下发,为深入贯彻落实习近平文艺座谈会讲话精神,大力推动社会主义文艺的繁荣发展,以顶层设计、整体谋划的方式,提供了有力的政策保证与制度保障,使新世纪的文艺事业有了强大的思想引领与精神动能,为新世纪的文艺工作制定了新的发展路线与行动指南。

《人民日报》的"文艺观象"专栏,围绕着习近平文艺座谈会讲话的理论要点,连续发表了《展现中华审美风范》《家国情怀与文学书写》《文艺要与时代同频共振》《文艺家何以先觉、先行、先倡》《从高原到高峰,障碍何在》《惟有精品留其名》《柳青的意义》《坚持以人民为中心的创作导向》《怎样讲述中国故事与中国经验》等专题系列笔谈,联系文学的当下现状与创作实际,延伸性地论说了讲话精神中的要义与要点。12月份,中国社会科学院和上海市委宣传部联合主办,在《文汇报》推出由张江主持的《海上观潮》文艺评论专栏,首篇文章以"文艺是精神的火炬"为题,四位评论家和作家就此发表了自己的心得与意见。

为着切实贯彻落实习近平讲话中"要高度重视和切实加强文艺评论工作"的指示精神,2015年年中,中国文学批评研究会创办了《中国文学批评》,中国文艺评论家协会创办了《中国文艺评论》。两份文艺评论杂志都编辑出版了3~4期试刊版,从所设栏目和所收文

章来看，直面当下文学与文艺现实，力求在褒优贬劣中激浊扬清，显然是这些新版批评刊物的基本路向。

二 理论界的自我反思

习近平的《讲话》和中共中央的《意见》，都高度重视文艺理论的研究与建设工作，《意见》强调要"高度重视和切实加强文艺理论和评论工作"，指出"要实施马克思主义文艺理论与评论建设工程，深入研究中国特色社会主义文艺理论，编好用好马克思主义的文艺理论教材，把马克思主义中国化最新成果贯穿到课堂教学和文艺评论实践各个环节。"与这样的高目标、高标准、高要求相比，我们的文艺理论研究与教学现状，不仅差距很大，而且短板甚多。因此，反思理论研究现状，找寻主要问题，分析症结所在，提出改进措施，便自然成为理论界在2015年着眼较多，着力甚大的重要课题。

在对文艺理论现状的反思中，首先的一个问题是文艺理论迫切需要联系文学现实和创作实际，改变目前不接地气，缺少元气的贫弱状态。刘琼在《文艺理论应介入文艺实践》的文章里，着重论述了文艺理论与文艺批评的严重分离，导致了批评的理论缺席，以及理论的孤芳自赏。就文艺理论的适时更新话题，她提出要有效地把握新的文艺形态，打捞经典文艺理论，要使整个人文学科联动三个方面的问题。泓峻的《回归文学的现场，重塑理论的尊严》一文，也指出文艺理论脱离现实的严重倾向：日趋学院化的理论界，表面上看十分活跃，讨论的话题也不断转化，日新月异，从现代到后现代，从性别政治到后殖民主义，从文化研究到生态批评。然而，从世界理论格局看，这些话题多是引进与翻炒别人的，不仅与中国自身的现实关联度不大，而且也并非是独创性的、真正前沿性的话题。最近二十多年来，无论是在世界范围内还是在中国，现实语境的变化与文艺状况的变化都是十分惊人的。国外的文论界已经有一种无法跟上现实变化步伐的感觉，靠翻炒国外已经产生的话题、与中国自身的现实越来越隔膜的中国文论界，就越发面临着理论话语陈旧、无法解释急剧变化的社会现实与文艺现实的窘境。他认为：无论就世界而言，还是就中国而言，当今的时代都是一个急剧变革的时代。新的社会形态，给理论提出了各种各样亟待解决的问题，刺激着理论家理论创造的热情。这样一个时代，不应该是理论死亡的时代，而应该是理论大有作为的时代。新的文学时代呼唤着文学理论的在场，文学理论也只有在应对新的文艺现实挑战的过程中获得新的发展，进而重新赢得自己曾经享有的尊严与地位。

呼吁文艺理论与文艺批评的深度结合，从而使两个方面形成应有的合力，是文艺理论反思中的又一个重点。高建平在《呼唤理论与批评的"深度"——贺〈中国文学批评〉问世》的文章里，重点论述了理论与批评都需要改造，因而需要对接的问题。他认为走出理论的困境的现实途径，这就是理论与批评的结合。理论要研究作家、文本、阅读和批评的现实，这样的理论，才是关于文学的理论，是用得上的理论。这并不是说，理论可以直接从创作和批评实践中生长起来，而是说，从事理论研究的人，要面向这些实践，使理论具有现实对应性，在现实的激发下发展。与此同时，要有深度的批评。批评要结合理论，从作品中总结出理论的意义，用理论阐发作品的意义。李圣传在《我们需要怎样的文学、理论与批评？》的文章里，就同样的问题，从作品、理论与批评的三个维度，提出了三者的联系与聚合问题。他认为，正是由于理论的"泛文化化"、"泛他者化"和"反理论倾向"，造成了当下文学理论的合法性危机。改变这种状态，需要立足本土、以我为主，进而在跨文化交流中实现异质文论间的互涵互补、互动对话，这种文学"本土性"与"主体性"在场的言说立场与价值诉求是不容动摇的，也应该成为当下文艺理论学科建设的出发点。此外，理论需要捕捉前沿、追逐热点，但相较于各种域外理论新潮，"基础性理论"问题实则更为重要，倘若得不到有效解决，其自身知识就难以在学科脉络上求得突破与进展。

阎嘉的《对当下文学理论诸问题的反思》一文，也强调我们走进和了解西方文论与文化，并不是为了对它们的膜拜和景仰，而是为了求知，为了借鉴，更是为了新的创造。因此，他提出反思传统，追问传统的问题。他指出：中国当代文学理论虽然与近代以来的"西学东渐"有关，但中国古代一直存在着自己的文学理论传统，包括中国特有的文学理论概念、范畴、评判标准和理论框架，它们与外来的西方文学理论传统存在着很大差异。加之，马克思主义作为当代中国的主流意识形态，对当代中国文学理论的建设和发展有着深刻的影响。因此，当代中国的文学理论始终面临着马克思主义的理论传统、中国本土固有的理论传统和西方现代理论传统之间相互融合、吸纳、传承和创新的局面。

2015年间，文艺理论界相继召开有关专题研讨会，反思文艺理论的现状，探讨文艺理论的出路。在11月份中国社会科学院举办的"文艺理论学科建设与文艺理论发展"高峰论坛上，老中青三代学者就文学理论面临的危机等问题，共同研讨，相互对话，提出了不少有益的见解与看法。在分析当前文艺理论所出现的问题时，北京第二外国语学院曹卫东总结出三对矛盾，一是学术话语与大众话语之间的矛盾，二是中国话语与国际话语之间的矛盾，三是线上话语与线下话语之间的矛盾。他认为，面对文学经典，文艺理论能够帮助我们树立起正确的历史意识，帮助我们明确自身的民族价值以及与其他民族的共同价值。可以说，文艺理论应该面向经典、面向世界、面向时代，去解决真善美缺失的问题。文艺理论话语必须是科学话语，也就是真实的、正确的、真诚的，失去这三样东西，则会变得不但不可爱，还会很尴尬。北京大学中文系金永兵也谈到文艺理论的功能定位，他认为，文艺理论是政治文化的一部分，只有作用于自己身处的时代，才能实现自身的价值。另外，文艺理论还承担文化解放的功能和哲学使命。文艺理论课程的作用，不是告诉学生有多少学派，而是培养学生的理论素养，因为常识只是一种历史建构。谈到学科的分化与泛化带来的问题与冲击，北京语言大学黄卓越认为，不能把文学概念与文学理论的变化等同，文学理论不再坚持过去的形象，可以看作理论的危机，也可看作理论的重生。陕西师范大学文学院李西建认为，全球化和后理论时代关注的是价值取向和价值冲突的博弈，就文艺理论而言，就是价值选择问题。面对文艺理论处于自我游戏的状态，焦虑或者对抗都是不可取的。学者应该有信心，后理论不意味着理论的终结。北京大学中文系时胜勋也指出，形而上、形而下和形而中构成文艺理论的生活世界。面对他者、自我，当下的文艺理论应该有两个维度：首先是知识层面，将核心竞争力延伸至更多的领域；其次是面对现实，要作语境化的阐释，要研究文学如何将现实整合到文化中。

三 批评家的自我检省

进入新世纪之后，由于文艺观念的趋于多元，文学创作的日益多样，文艺批评既面临着严峻的挑战，自身也需要随着新的文艺时代适时新变。习近平的《讲话》，中共中央的《意见》，既对文艺批评的作用提出了新的更高的要求，也对文艺批评的现状提出了一些严厉的批评。这些有关文艺批评的意见与精神，进而促使文艺批评界对于文艺批评现状进行自我检省与自我批评。

2015年的批评自省，涉及文艺批评领域的方方面面。首先的一个问题，依然是对于存在的主要问题的把脉与诊断。因为角度不同，

对于问题的看法也不尽一致,但大致都指向着批评的错位、批评的失衡、批评的不及物等现象。雷达在《文学批评的"过剩"与"不足"》一文里,指出批评的矛盾与尴尬在于一方面"过剩",一方面又"不足"。"过剩"在于:首先是同质化、平庸化的东西太多,它们的角度、思路、思想资源、评价标准、话语风格都大体一样,既提不出什么尖锐的问题,也不可能作出什么意外的评价。价值立场也许都很"正确",但价值立场不能代替文学批评本身,它们的审美精神是狭窄的和单一的,没有显示出审美的丰富性、多样性,更谈不上观念和方法的创新。其次是有些论题相对固化,隔几年就会转圈儿似的重新讨论一回。最后是研究队伍的庞大与研究对象的单薄之间的不平衡。当代文学的研究者队伍可谓庞大,高校教师、学生,再加上文联、作协和各科研机构的,他们的研究对象主要集中在"一线作家"身上,像莫言、贾平凹、王蒙或者张爱玲甚至胡兰成,都变成了"唐僧肉"。相对于这种"过剩",另一些方面则显示出诸多不足,如经典研究与跟踪批评不能很好地对话,评者自评,读者自读,热者自热,冷者自冷,互不相涉、漠不相关;一些重要的、先锋性的创作得不到及时有力的评论,一些带有典型性的创作难题得不到及时的正视。也就是说,无效的话语繁殖淹没了有效的意义阐发,文学批评的"不足"之症反过来侵蚀了文学本身。黄力之则从另外一个角度来审视文艺批评的弊病,他在《文学批评主体性的阙如与滥用》一文中指出,现在文艺批评的问题,一方面是批评者主体性阙如,另一方面是滥用主体性。所谓主体性阙如,是批评者屈从于强硬形式的某种权力,或服从于软实力关系,从而丧失自己的良知和判断力;而主体性的滥用,则表现为评论者在享受学术民主、艺术民主时,放大批评主体性的欲望,随意亵渎历史形成的审美准则甚至审美文化史本身,以自己的准则为普遍准则,打压健康的审美文化,竭力为那些与历史走向相悖,与文明发展相冲突,与审美发生规律不符的文艺现象、作品呼喊，在吸引眼球时误导社会的审美情趣，甚至不惜损害到社会生活的和谐。

谈到文艺批评如何改变当下的现状，一些论者首先提到要真正回到文学现场，密切联系创作实际。钱小芊在《结合文学创作展开文学批评》的文章中，以博鳌文学论坛为例，论说了关注中国经验，介入文学现场开展文学批评的可行性与重要性。他指出：文学评论应在借鉴吸纳人类丰富经验的同时，更多地关注中国经验、中国传统、中国现实。在文学评论和文学创作中，要防止和克服"以洋为尊""唯洋是从"的问题，努力做到古为今用、洋为中用、辩证取舍、推陈出新，从而实现中华文化的创造性转化和创新性发展。文章还指出：面对我国文学创作生产活跃，内容形式丰富，风格手法多样的新现实，文学批评应该"及物""中的"，褒优贬劣、激浊扬清，评论家也要走出书斋，深入生活，面对中国当代变革中的新鲜经验，自觉以马克思主义文艺理论为指导，从中国文学发展实际出发，运用历史的、人民的、艺术的、美学的观点评判和鉴赏作品，在艺术质量和水平的评判上敢于实事求是，对各种不良文艺作品、现象、思潮敢于表明态度，在大是大非问题上敢于表明立场，说真话、讲道理，把好文艺批评的方向盘。

文艺批评要有批评精神，是文艺批评现状反思中的另外一个焦点。朱辉军在《文艺评论要有批评的锋芒》的文章中指出，人们不满于文艺批评的，主要是批评缺乏批评的锋芒，不能对文艺作品、文艺思潮、文艺现象等做出鞭辟入里的分析，提供给人以茅塞顿开的启迪。因此，改进文艺评论，首要的就是应恢复其批评的锋芒，重建其在公众心目中的权威。曾庆瑞在《好的文艺批评也是剜掉文艺烂苹果的正义之剑》的文章里，发表了相同意思的看法。他认为，有些号称为"文艺家"的人，在市场经济大潮中迷失方向，沾满铜臭气，把低俗乔装打扮成通俗，把欲望刻意美化成希望，把低级的只"养

眼"的"单纯感官娱乐"故意混同于既"养眼"又"养心"的愉悦灵魂的"精神快乐",一言以蔽之,把自己变成了有害有毒的"烂苹果"。治理这种乱象,和威力无比强大的"法治"一样,文艺批评同样可以大有作为。比如,文艺批评可以通过科学的有力论证,采用有说服力的理论话语,指出这些文艺作品都是"烂苹果";进一步指出这些"烂苹果"的危害,再进一步指出这些"烂苹果"的要害是中华民族审美精神和审美情趣的塌陷,总之,文艺批评应该做一柄真正的能够剜掉文艺"烂苹果"的正义之剑,一柄长悬在文艺作品头顶上的达摩克利斯之剑。

在对文艺批评进行自省的同时,一些批评家还从各自不同的角度就文艺批评需要予以特别重视和着力加强的方面,提出了许多建议与建言。如庞井君在《文艺评论工作急需加强顶层设计和工作布局》里提出,推动文艺评论繁荣发展,既需要从战略上做好"顶层设计",又需要从理论、组织、阵地、人才等各方面扎实推进工作。刘川鄂在《文学批评的文体与批评的有效性》一文里,提出重塑文学批评的文体意识问题,增强文学批评的权威性;通过各种综合性的工作,提高文学批评有效性。李云雷在《文艺需要争鸣》的文章里,提出需要开展文艺争鸣的问题,他认为:中国当代文艺的发展面临着重大机遇,也面临着诸多问题,要以文艺争鸣的方式表达出不同的观点,不同的观点进行平等的学术讨论,"百花齐放,百家争鸣",才能为当代文艺的发展提供不同的可能性。樊星在《良好的批评氛围需要各方共建》的文章里,提出文艺批评需要建立良好的氛围,这既需要作家养成豁达的胸襟、评论界远离不正之风,有关管理部门也应该汲取前车之鉴,以宽容的胸怀营造百家争鸣的良好氛围。杨庆祥在《文学批评的文化责任》一文里,提出抛开西方强加于我们的自我认知,找到新的方法论,建构具有中国视野或者中国立场的文学批评。他认为,这不仅是个历史问题,同时也是一个认识论问题,也是一个涉及文学批评的方法论的问题。刘大先也在《文学批评的中国视野》文章里提出，要重提文学批评的中国视野，这有两方面的意义，一方面是要接续中国文学批评主体性历史建构的"未完成的规划"，另一方面则是走出文学批评的封闭圈，让文学回到生活之中，与现实发生互动。这两者实际上都指向了一种瞻望中国文学批评未来前景的企图。如许角度不同又自有见地的意见，体现了批评家自我反省的多维与多向，也表明了文艺批评需要从多个方面予以改进与加强。

四 "强制阐释论"引发热议

2015年间，理论批评界最为凸显的，是文学理论界围绕着张江提出来的"强制阐释论"，展开广泛而深入的学术讨论，参与的学者之众，介入的刊物之广，发表的言论之多，研究的问题之深，都为近年的文学理论界所少见。因而，自然而然地形成了年度文学理论领域的一个热点。

张江有关"强制阐释论"的提出与阐说，主要是在发表于2014年第6期《文学评论》的《强制阐释论》一文中。文章在回顾了20世纪当代西方文论的创造性成果和历史性进步之后，特别指出：当代文论的缺陷和遗憾同样很多。一些基础性、本质性的问题，给当代文论的有效性带来了致命的伤害。割断与历史传统的联系、否定相邻学派的优长、从一个极端转向另一个极端，以及轻视和脱离文学实践、方法偏执与僵化、话语强权与教条等问题，随处可见。特别是在最近三十多年的传播和学习过程中，一些后来的学者，因为理解上的偏差、机械呆板的套用，乃至以讹传讹的恶性循环，极度放大了西方文论的本体性缺陷。对此，许多学者已有清醒的认识和反思。然而，当代西方文论的根本缺陷到底是什么，如何概括和提

炼能够代表其核心缺陷的逻辑支点,对中国学者而言,仍是应该深入研究和讨论的大问题。提出"强制阐释"的概念,目的就是以此为线索,辨识历史,把握实证,寻求共识,为当代文论的建构与发展提供一个新的视角。关于"强制阐释",他解释是指背离文本话语,消解文学指征,以前在立场和模式,对文本和文学作符合论者主观意图和结论的阐释。其基本特征有四:第一,场外征用。广泛征用文学领域之外的其他学科理论,将之强制移植文论场内,抹杀文学理论及批评的本体特征,导引文论偏离文学。第二,主观预设。论者主观意向在前,前置明确立场,无视文本原生含义,强制裁定文本意义和价值。第三,非逻辑证明。在具体批评过程中,一些论证和推理违背基本逻辑规则,有的甚至是逻辑谬误,所得结论失去依据。第四,混乱的认识路径。理论构建和批评不是从实践出发,从文本的具体分析出发,而是从既定理论出发,从主观结论出发,颠倒了认识和实践的关系。

张江的"强制阐释论"如同一块巨石,在国内外的文艺理论领域激起了千层浪,而且涟漪不断。在2015年1月和7月,《文艺争鸣》杂志两次在长春召开"'强制阐释论'理论研讨会",数十位专家学者围绕"强制阐释论"话题进行了热烈而深入的讨论。在4月17~18日于北京召开的"当代西方文论的有效性"国际高层论坛上,9月19日于上海召开的"欧美左翼文论与中国道路"学术研讨会上,"强制阐释"都成为会议的热门话题,应邀与会的张江与有关学者就"强制阐释"问题进行了对话式研讨。是年,张江还与朱立元、王宁、周宪等人就"强制阐释论"涉及的有关理论问题,先后八次以相互通信的方式进行了认真而深入的探讨。与此同时,美国、法国、俄国等国外的一些文论家也参与到"强制阐释论"的讨论中来,或以简代文,或进行对话,使得"强制阐释论"的讨论从国内文论界延宕到国外文论界。在这一过程中,约有三十几位国内的文论家和二十多位国外的文论家先后参与到讨论中来,从不同角度发表了自己的看法与见解,这也使"强制阐释论"的讨论,与国际文论界密切接轨,成为一次具有重要国际影响的文学理论问题讨论。

有关"强制阐释论"讨论的文章涉及的内容广泛而深入,概要地来看,主要是三个方面的指向:"强制阐释论"提出的意义,"强制阐释论"涉及的西方文艺理论问题,"强制阐释论"隐含的问题与可能。

国内外的文论学者对于张江提出"强制阐释"的意义,都给予了比较充分的肯定与估价。周宪的《也说"强制阐释"一个延伸性的回应,并答张江先生》认为,张江有关"强制阐释论"的系列论文,"锋芒犀利,观点鲜明,对当代西方文学理论中的一些关键性问题做了点穴式的批判,直陈其弊端所在,读来给人启发良多。"陈晓明《理论批评:回归汉语文学本体》认为:张江的"强制阐释论",以极大的理论勇气,对西方文学理论进行了独到而犀利的剖析,提出了很多非常有价值和启发意义的观点。张江怀着理论抱负,要为文学理论寻求更加真实可靠的理论起点,为中国文学理论和批评找到新的出发点,在世界文学理论的格局中确立中国文学理论和批评的应有地位。无论从哪方面来说,这样的理论追求都是难能可贵的。他还认为:"强制阐释"作为一个富有挑战性的理论,虽然包含着很鲜明的中国立场,具有当下中国文化建设的战略性意义,但这一理论出发点也可放置在现代性的自我反思性的思想脉络中去理解。李春青的《"强制阐释"与理论的"有限合理性"》认为:张江提出的"强制阐释",是对当代西方文论一个具有普遍性的"核心缺陷"的概括。如果概而言之,也就是说先有一种理论模式和立场,把文学作品作为证明此一理论合理性与普适性的材料。"强制阐释"所得出的结论,不是对文学作品本身固有意蕴的揭示,而是先在地包含在理论模式与立场之中。高楠的《理论的批判机制与西方理论强制阐释的病源性探视》认为：张江的"强制阐释论"，在新时期以来我国文论界被动接受西方文论及西方理论的大背景下，拉开了对西方文论及西方理论进行整体性批判的厚重的大幕。毫不夸张地说，这是一个重要的时代性标记，它标记着中国文论界终于迈入了富于批判精神，以自身为主体的能动接受期，也可以说，这是中国文学理论对西方理论的接受具有逆转意义的重要理论事件。夏秀的《从"妄事糅合"到"强制阐释"：20世纪以来关于西方文论与中国文学关系的三次省思》也认为："强制阐释论"的价值和意义，主要表现在其对西方理论整体特征的梳理上。客观地说，虽然百年来西方理论对中国创作、批评有着持续影响，也虽然我们的理论研究中西方术语、逻辑频频出现，但若论及西方当代理论的整体特征，或者说西方理论的整体生成方式，却并不是特别清楚。因此，"强制阐释论"的意义之一就在于整体呈现了西方文论的特征："场外征用""主观预设""非逻辑证明""混乱的认识路径"。这四个特征集中呈现出西方理论对于其批评对象自身——文学——的疏离，而"强制阐释"命名中的"强制"一词，也集中呈现出命名者的意图：提醒学界注意西方文论自身的先天气质或不足——对"文学"自身的忽视或者说傲慢。

　　许多国外的文论界著名学者也参与了讨论，并从他们的角度发表了自己的意见，作出了肯定性的评价。俄国批评家瓦列莉亚·普斯托瓦娅指出：俄罗斯有不少人批评家学习西方文论，很多人把文学分析变成了文学政治，张江先生对此作了很好的描述，这是一种"强制阐释"，是文艺理论发展过程中出现的一种后果。我完全同意张江先生的看法，我们绝对不能脱离具体文本进行文本分析。瑞士学者阿娜斯塔西娅·德·里亚·福尔特认为：张江提出的是一个重要的问题，比如，文学理论是不是与生活实践有关，概念的运用，其他学科的方法在文论里的使用，等等，这些问题都很重要，对文论的进一步发展有建设性意义。法国学者让·尼夫·盖兰指出：张江教授对"强制阐释"提出的批评，恰当而深刻。的确，强制、滥用和野蛮的阐释，即所谓过度阐释，以前有过，如今也依然存在。张教授对"教条主义"的谴责也完全合理。美国学者劳伦·迪布勒伊认为张江的看法也与自己的感受不谋而合，他认为："强制阐释"常常对某一个主题进行语言逻辑上一系列强词夺理的演绎，使得文学文本陷入学术用语的罗网之中。这就是文学的学院研究的僵化。

有关"强制阐释论"的讨论，涉及最多的是西方文艺理论何以走向"强制"的相关问题与病源探悉，尤其是西方理论在场外征用、主观预设等方面的功与过、得与失等。许多学者认为，"强制阐释"成为西方理论的主导趋向，既有其形成的过程，也有其广泛的辐射。周宪在《也说"强制阐释"一个延伸性的回应，并答张江先生》的文章中指出：近几十年来文学研究中的种种理论化和理论先行的偏向，已经导致了文学理论的某些弊端和问题，并从根本上改变了文学研究的路径或范式。如果我们把眼光放得更远一些，可以说强制阐释大约是这个理论宰制时代人文学科研究的普遍倾向。不仅文学理论，而且其他人文学科，甚至社会科学，也深受强制阐释之累。李春青在《"强制阐释"与理论的"有限合理性"》一文中指出："强制阐释"确实是西方文论中存在的一个极为明显而普遍的问题，特别是在后现代主义思潮浸润下的各种文化理论，诸如女性主义、后结构主义、解构主义、后殖民主义等，更是如此。这些文化理论都有预设的理论观点和立场，面对任何文学作品，都能以不变应万变，得出符合其理论预设的结论。王宁在《也谈场外理论与文学性——答张江先生》中，认为泛文化现象是"强制阐释"背后的历史语境：文学研究的泛文化现象的出现并非是进入本世纪才有的，而是早在20世纪后半叶结构主义文学理论衰落之后，解构主义异军突起，从而消解了语言中心主义，为文化理论的浮出地表奠定了基础。之后崛起的新精神分析

学、新历史主义、新马克思主义、后殖民主义、性别政治、文化研究以及生态批评等,无一不以文学和文化现象作为分析讨论的对象,用以发展自己的理论话语,但隐匿在这些批评理论话语中的仍然是文学性。贺绍俊的《以"文化政治"作为批判性反思的切入口》认为:强制阐释就是一种教条主义和本本主义的表现方式。教条主义的主要特点就是理论与实践相分离,主观与客观相脱离。强制阐释显然也是一种理论与实践相分离的论证方式,具体来说,强制阐释是与文学的审美实践相分离。高楠的《理论的批判机制与西方理论强制阐释的病源性探视》文章,指出"强制阐释"是实用主义理论运作之后的后遗症:这种方式运用到理论运作中,便成为一种工具主义的信念,即一切为了前置的观念目的。为了这个目的,场外征用是合法的,主观预设也是合法的,非逻辑论证和混乱的认识路径也是合法的。强制阐释就在这种远离实践的观念实用主义路径上前行。

2015年,张江与朱立元、王宁、周宪三位学者,就"强制阐释"的基本概念、外场征用、主观预设等话题,展开学术性的八次通信,这些通信先后在《文艺研究》《学术研究》《北京师范大学学报》《中国文学批评》《社会科学战线》等刊物发表,把有关"强制阐释论"的讨论进而引向深入。总体来看,朱立元、王宁、周宪三位学者在基本肯定"强制阐释论"基本观点的前提之下,在一些具体问题上,分别从各自的角度提出了补充性的看法与延伸性的意见,这些意见在交流中构成了一种对话关系,使得参与者都在原有的基础上从中得到新的启发,原有的观点也得以不断完善。如张江与周宪、王宁和朱立元的第八次通信,主要围绕对文学文本的阐释是否符合作者的本来意图而展开。张江认为,这涉及批评的伦理,不应该把作者所没有的意图强加给作者。周宪与王宁先生认为,应该区分"意义"(meaning)和"意味"(significance),前者是文本本来所具有的,后者是文本对读者的影响。周宪认为,阐释是两者"协商"的结果,王宁认为，阐释要多元化，即兼顾两者。而朱立元则就此提出自己的质疑。他认为，第一，作家的意图会随着写作的进程而改变；第二，难以找到衡量批评是否符合作家意图的客观标准；第三，批评实践也表明，批评家们并非在寻找作家的意图。这些有同又有异的意见，体现了论者的不同角度，也体现了诤友的良好风度。

在讨论中，"强制阐释论"隐含的问题与可能，是另一个重要的焦点。这里首先的一个问题是，不少学者认为，这可能是"中国话语介入当代西方文论价值判断的一个有力尝试"（陆扬语）。"其鲜明的价值立场、宏大的理论视野以及切身的中国问题意识，必将有助于中国文论的建设与发展，同时也增强了学界同人进一步拓展其论争空间的理论兴趣与理论信心"（宋伟语）。在《文艺争鸣》主办的"'强制阐释论'理论研讨会"上，与会的专家学者纷纷提出了借助"强制阐释论"实现中国文论的力量聚合和"弯道超越"问题。

陈晓明说道，很多年，我们各说各话，很难坐到一起就比较高的、比较大的理论展开对话。很多年，我们遗忘了一些高的、大的问题。"强制阐释论"举起了一面旗帜，理论的队伍又聚集在一起。

赵勇认为，站在重构中国话语体系的高度，会发现一些以前未曾意识到的问题。"我们应该把西方文学理论资源化，而不是教条化、甚至信条化。"朱寿桐表示，应将西方文学理论与中国古代文学理论和现代文学理论的资源融汇到当代汉语学术理论、汉语学术风范的建构中去。张清华指出："重构中国式叙事已经变成中国作家的实践，但批评界还处于相对失语的状况。""强调中国身份、本土自觉，是一条出路，也是一个必要的前进方向。"

王宁就此也说道："中国已经摆脱了在全球化中的被动地位，开始引领全球化潮流，为什么我们的文学理论不能走向前沿呢？"

文学蓝皮书

在有关"强制阐释论"的讨论中，还有一些话题由文论的角度延展开来，从"强制阐释"的角度反思古典文论研究、比较文学研究中的相关现象，也有不少文章就"强制阐释论"存在的疏漏与隐忧提出自己的看法。

（本章执笔　白　烨　中国社会科学院文学研究所研究员）

附录一 2015年度文学声音

王蒙：真正的文学拒绝投合

记者：《这边风景》写于四十年前，在四十年后出版并在四十年后获得大奖，您有何感受？

王蒙：好事不会觉得太晚，这是俄罗斯的谚语。更令人欣慰的是新疆，是伊犁，是各族尤其是维吾尔族人民，是他们的生动鲜活，他们的幽默智慧，他们的别有趣味，他们的艰难困苦中的光明快乐，还有他们的与内地城市大异其趣的语言与文化，突破了环境与书写的局限，创造了阅读的清新与感动。我感谢书里书外的天山儿女，感谢在困难的时期得到的那么多友谊、知识和温暖。感谢情歌《黑黑的眼睛》，感谢流淌过巴彦岱的大湟渠——人民渠，感谢房东阿卜都热合满·奴尔大哥与赫里其汗·乌斯曼大姐。

记者：应该说《这边风景》在您创作的作品当中是一部非常特别的作品，您个人是如何看待评价这部作品的创作的？

王蒙：这是一本下了苦功夫的书，使我想起了四十多年前，处于逆境的王蒙，决心按照《讲话》精神，破釜沉舟，置之死地而后生，到边疆去，到农村去，深潜到底，再造一个更辽阔更坚实的写作人；同时仍然热爱、仍然向往、仍然自信，仍然多情多思多梦多词多文。没有许多年的农村生活，没有与各族农民的同吃同住同劳动，没有维吾尔语的熟谙，没有对于生活对于大地、对于边疆对于日子的爱与投入，不可能有这部作品。

记者：本届茅奖参评数为历届之最，是否可以说，文学的生命力和前景依然是让人乐观的？您对当下文学发展有何看法？

王蒙：真正的文学拒绝投合，真正的文学有自己的生命力与免疫力，真正的文学不怕时间的煎熬。不要受各种风向影响，不盯着任何的成功与利好，向着生活，向着灵魂开掘，写你自己的最真最深最好，中国文学应该比现在做到的更好。

（原载 8 月 17 日《文艺报》，记者　刘　颋）

李佩甫：感谢我的平原

这已经是李佩甫写作生涯的第 38 个年头了。38 年来，他创作了六七部中短篇小说集，10 部长篇小说。进入花甲之年完成的《生命册》，是他的"平原三部曲"收尾之作，荣获了第九届茅盾文学奖。

"这部长篇，写作我用了三年，准备时间就更长了。这次能够获奖，对我来说，是一种鼓励和鞭策。"

当记者问及获奖是否也给写作带来"压力"时，李佩甫说，作为一个作家，他的"压力"是一直存在的，与获奖无关，文学本身就是一种探索和思维方式的追求，没有止境。他形象地讲述了一个小故事："常年在平原上行走，每到一地，渐渐养成了阅读县志的习惯。在一本旧县志上，曾读到一则记载，说此地有一景叫'高桥揽月'。去探访，却不曾见。那桥究竟有多高呢？没有人知道。据民间传说，古时，有一孩子，爬到桥洞里掏鸟蛋，一不小心，鸟蛋从桥洞里掉下来，鸟蛋落呀、落呀、落呀……那鸟蛋在下落过程中竟奇迹般地完成了孵化过程。就此，小鸟儿在落地之前脱壳而飞。于是，在梦中，我看见了那'桥'。可以上天揽月的'桥'。我也就成了一个企图爬到桥洞里掏鸟蛋的调皮孩子。所以，直到今天，我仍然在追寻文学的高度。难哪。"

对李佩甫来说,"平原"是生养他的土地,也是他的精神家园,是他的写作领地。在一段时间里,他的写作方向一直着力于"人与土地"的对话,或者说是写"土壤与植物"的关系,关注"平原"的生态。"我是把人当作'植物'来写的。"他把《羊的门》、《城的灯》、《生命册》视为一体,是一个"平原生态小说"系列,或者叫做平原上的"植物说"。

这部作品能够获奖,对李佩甫来说意义特别,这是对他笔下平原大地的感念。所以,他特别说,要"感谢我的平原。感谢平原上的风。感谢平原上的树"。

(原载8月17日《文艺报》,记者 刘秀娟)

苏童:写作是一种自然的挥发

记者:您的中短篇小说在国内享有盛誉,也获得过很多大小奖项。这次您能够以长篇小说《黄雀记》获得茅盾文学奖,这对您来说有什么不一样的感受?

苏童:能够获得茅盾文学奖,我的第一感受肯定是高兴。大家都知道,茅盾文学奖的分量高于很多奖项,对每一个中国作家来说,这个奖项的意义都是非同寻常的。一方面,我自己是很盼望《黄雀记》能够得到茅盾文学奖的,另一方面,在得知这部作品获奖之后,我考虑的更多的是自己今后的路应该怎么走,应该选择怎样的创作方式,实际上这个问题比得奖之后的高兴更重要。高兴只是一两天的事,而未来的路还有很长。

记者:从上世纪末开始,您创作了很多优秀的中短篇小说和长篇小说作品,在所有的这些创作中,《黄雀记》有什么特别的地位和意义?

苏童:就我个人而言,最近几年创作的两部长篇小说《河岸》

和《黄雀记》是我比较喜欢的。《黄雀记》这次获得茅奖让我觉得终于对自己有了个交代，对我而言也是很开心的收获。香椿树街的故事我写了很多年，围绕这个地方我也写过一些不是很成熟的长篇作品，《黄雀记》是香椿树街系列中最成熟、最完整的一部长篇小说，我个人认为，它也是我的香椿树街写作的一个重要标签。

记者： 从开始写作到现在，您曾探索过多种文学形式和类型，比如先锋小说、女性主义小说、寻根文学、历史主义小说，等等。与早期作品相比，近年来，您的作品风格变得越来越沉重，沉重的原因主要是作品中的反思和自省越来越多、越来越深刻，《黄雀记》对于历史和当代现实的反思，可以说很好地体现了您写作风格的转变。为什么会有这样的改变？

苏童： 我觉得这种转变是自然而然的，对于写作者来说，很多时候在创作时自己并没有感受到这种转变，也就是说，我在创作中并不是主观要变得严肃，这样的转变应该说是自己心态变化的一种体现。我认为，写作在某种意义上说是作家自己的呼吸、血液的再现方式，一个人到中年的中国男人，经历了"文革"、改革开放，在个人的呼吸和血液中必然融入了不一样的体会，这种体会通过写作体现出来，可以说，写作是一种自然的挥发。

记者： 您曾经说过，香椿树街的故事要写一辈子。刚才您也提到，得奖之后的路怎么走是更加值得思考的问题。您是否已经开始计划下一步的写作了？

苏童： 的确，我还想要继续写有关香椿树街的故事。最近我也一直在构思和写作新的长篇小说，但我写东西很慢，目前这部作品还在不断地推倒重来，一次次地写了改、改了写，我现在还不太确定这部作品未来会以什么形式出现，目前还在持续的思考过程中。

（原载 8 月 17 日《文艺报》，记者　行　超）

格非：有意义的微小变革也并不容易

记者：从第一部《人面桃花》到最后一部《春尽江南》，《江南三部曲》的创作时间横跨十余年，这其中您的写作心态和方式发生了怎样的变化？

格非：《江南三部曲》源于我多年前的一个构思，当时这个构思是非常宏大的，后来在写作中我越写越没有信心，甚至说过，什么事都会发生，但我绝对不会再写"三部曲"。因为这个写作过程实在太枯燥了，在这些年的写作中我也付出了很多辛劳，最后呈现在大家面前的作品是我经过了思想变化和艺术探索之后的结果，这次能获得茅盾文学奖，说明这部作品得到了大家的肯定，我很高兴。

记者：您是20世纪90年代前后以中短篇的先锋小说蜚声文坛的，整体来看，近几年的作品倾向于对历史、当下和自我的反思，《江南三部曲》可以说是这种思考的集大成表现。这部作品对您的个人创作有什么特殊的意义？

格非：在写作《江南三部曲》之前，我一直觉得自己没有学会把握长篇小说，中短篇小说的写作我经过许多年的努力，自认为已经掌握得差不多了。但是我之前的长篇小说我自己一直不太满意。长篇小说的写法与中短篇小说完全不同，从中短篇小说开始写作的作家在进入长篇小说写作时需要重新学习和训练。《江南三部曲》加起来几十万字，结构宏大，横跨了一百多年的历史，对我来说是很大的挑战。同时，通过《江南三部曲》，我在长篇小说写作方面越来越得心应手，我对于长篇小说写作的信心得到了很大的鼓舞。

记者：《江南三部曲》中的三部作品分别面对的是三个不同的历史背景：国民革命时期、上世纪五六十年代和当下中国，这三个时代之间有什么内在的精神联系？它们对于当下现实有什么启示？

格非：辛亥革命是中国近现代史的重要转折点，也是中国近代的一个缩影，《人面桃花》中，我挑选了一个江南的小村庄来展开故事，追溯到那个特殊的年代，表达我对已经远去的那段历史开端的反思，也是对于中国革命的思考。到了《山河入梦》，在20世纪五六十年代新的历史条件下，中国社会正在经历一种新的革命，说它是社会主义实践也好、乌托邦实践也好，总之是一种新的变革。《春尽江南》面对的是新时代的新历史，人们怀揣着梦想，有很多苦闷，也有很多对现实的感知，因此我们需要重新认识历史。这三个年代是我写作之初就已经构思的，后来也没有什么变化，就这么写下来。

记者：您刚才说到，自己对于长篇小说的写作越来越得心应手，那么下一部作品还会是长篇小说吗？有什么具体的构思？

格非：是的。事实上，下一部长篇小说我已经写好了一半，《收获》不久之后将会发表这一部分。下半部分我现在正在努力写。我希望这部长篇小说与以前的作品之间可以有一些微小的变化。我现在的观点是，文学的变化是微小的，同时也是深刻的。文学发展到今天，其实有意义的微小变革也并不容易。我不希望新的小说与之前的作品之间呈现出大开大合的断裂，也不想做推倒重建的工作。我的新长篇还会是关于中国历史和现实的思考，我希望自己的探索和变革能够体现在新的长篇小说中。

（原载8月17日《文艺报》，记者　行　超）

金宇澄：小说需要有鲜明的文本识别度

"从写完《繁花》开始，我就收获了很多惊喜，有很多年轻人包括非文学读者都很喜欢这部作品，这些消息慢慢传递到我这里，令我很感动。"当得知自己获得了第九届茅盾文学奖后，金宇澄这样对记者谈起《繁花》创作完成后的种种感受。而获得茅盾文学奖更让他感到是对"写作中所付出的努力的承认，也是对《繁花》这部作品中所运用的语言、传统叙事方式和话本元素的肯定。"

《繁花》的语言是经过改良过后的上海话，整部作品呈现出很强的地域性，在小说叙事中也利用了传统叙事方式和元素。对于这种写作方式，金宇澄说自己是有意为之。中国作家接受了几代的西方文学教育，很多人的写作受到翻译文字和内容的影响很深，更年轻的作者很多都懂外语，直接读原作，但金宇澄觉得这可能会影响小说叙事，出现叙事的翻译腔和同质化、缺少个性等问题。"艺术需要个性的，小说需要有鲜明的文本识别度，我希望《繁花》显示一种辨识度和个性，比如通过借鉴传统话本元素等方式。"中国文学学西方已有100多年，但金宇澄仍然认为，传统是我们生活乃至文学最基本的发动机，"西方理论也说，作者感觉无力时，可以从传统中找到力量"。语言方面，金宇澄之所以选择改良的上海话作为叙述语言，是觉得相对于固定的普通话而言，方言更有个性，更活泼，它一直随时代在变化，更生动，也更有生命力。

《繁花》除借鉴传统的写作方式，也传达传统中国文化对于人生的看法。作品题为《繁花》，读来却让人有人事飘零之感。金宇澄曾说，如果自己是在年轻的时候，可能写不出《繁花》这样的作品。而到了六十几岁，就会觉得人的一生真的很短，人生变得简单，似乎用一个公式就可以概括。"当然，我这种想法也与中国传统的文化有关，传统的中国人就是这样想，普通人不是小说，一辈子没什么大风大浪，普通琐碎地就走过来了。这样看人生，有一点悲伤，但这不是负能量，而是提醒我们要更加珍惜美好的时光。"

（原载 8 月 17 日《文艺报》，记者　王　杨）

文学蓝皮书

王树增谈《抗日战争》：一部属于全民族的抗战史

陈曦、刘夏、高博（以下简称"采访者"）： 据我们所知，20世纪90年代中期，您开始了以下两大系列作品的撰写：一是革命战争系列，已经问世的有《朝鲜战争》、《长征》、《解放战争》；二是近现代史系列，已经出版的有《1901》、《1911》。上述作品为您赢得了首届中国人民解放军文艺大奖、首届"政府出版奖"，以及两次"五个一工程"奖和两次鲁迅文学奖，还在图书市场赢得了极其广泛的读者群，作品一版再版。请问《抗日战争》是否是您革命战争系列的最后一部作品？如果是的话，那么，为什么是抗战而不是别的选题成为这个系列的收官之作？

王树增：《抗日战争》确实是我革命战争系列写作的最后一部作品了。从严格意义上来讲，这套丛书实际是中国现当代革命战争系列，一直以我党所进行的革命战争为叙事对象。按照这一定义，从长征开始涉及大的战争的写作基本上已经完成，只剩下《抗日战争》这一部了。我之所以把它放到最后，最主要的原因还是不好写——首要难点就是历史认知。国民党是抗战期间的执政党，不少人受到某种思维定势甚至是历史眼界和政治胸怀的制约，对那段历史或多或少地进行了有选择性的回避，以一种政治目光来审视这场全民族的反侵略战争，这对抗日战争是不公平的，对八年抗战当中伤亡的3500万中国军民更是不公平的。第二个难点来源于我们认知的狭隘性。我为了弥补这种缺憾，广泛涉猎所有能接触到的史料。《抗日战争》的创作前期我去过日本和我们的台湾，就是力图以相对全面、相对真实、相对客观的视野来反映这场战争。最后一个难点，我认为近代以来，抗日战争是在中国这块国土上发生的时间最长、规模最大的战争，它令整个中华民族付出的代价之巨大是其他任何一场战争无法相比的，最终赢得的战争结果也是具有重大历史意义的。从这三个方面讲，抗日战争在我心里是沉甸甸的，我一直认为我除了史料没有准备好之外，笔力也没有准备好，才智也没有准备好，更为重要的是我对自己认知的把握，体现在书写上能否自如掌控，所以我得把它留到最后。

采访者：我们不妨将反映抗日战争的图书，粗略地分为三类：第一类是历史著作，如《中国抗日战争史》等；第二类是文献汇编，如《毛泽东选集》、《中共中央文件选集》（第11~15册）《中华民国重要史料初编——对日抗战时期》等；第三类是纪实类作品，如《彭德怀自述》、《李宗仁回忆录》等。据说每次您去书店，都会坚定这样一个意念："有什么理由在如此浩瀚的书海中再增加一本？没理由就别写。"那么，在抗战书籍已经如此丰富的情况下，您花费数年之功撰写这部《抗日战争》的动力是什么？

王树增：其实很简单，我撰写《抗日战争》最大的动力就是这段历史是值得我们全民族为之骄傲的。我有一个观点，一个民族如果想要屹立于世界民族之林，每名成员都应该对本民族的历史有着渗入骨髓与血液之中的自豪感，这样才能有不断前行的巨大动力。抗日战争，其实是中国近代以来第一次以胜利为最终结局的抗击外来侵略者的战争。我的初衷，是要把民族的这种自豪感和自信心重新确立起来。刚才你们说过关于这类图书的归类问题，实际上我把我写的书定位为非虚构类文学作品。非虚构类文学与虚构类文学的作用不同，但其文学的特性是一样的。你们刚才所说的《中国抗日战争史》，等等，那是史学类的书籍，是共性化的，是不带个性认知的。而我想用一种文学的表述方式，遵循文学基本的审美原则，在非虚构的前提之下来叙述历史。我必须给读者传达独特的、带有个人情感的对历史的认知。读者不是在读史料，他读到最后还是在读我怎么看。我想这是非虚构文学作品很重要的一个原则。

采访者：《史记》最负盛名的篇章如《项羽本纪》、《李将军列

传》等，文章的传主均为战争人物。顾炎武盛赞司马迁是写战争的高手，说："太史公固有一天下大势，非后代书生之所能几也。"而在我们看来，您写《抗日战争》时也"有一天下大势"在胸中。在一次有关《长征》写作的访谈中，您曾说："关于行军和作战，没有方向感，就没法写。你不知道战场上敌我之间的距离、地势，不知道包围圈的范围，不知道突破口在哪个方向，怎么能写好？"《抗日战争》写行军和作战的难度，应该超过了《长征》。您能否谈谈在这方面作了哪些努力？

王树增：抗日战争比长征规模大多了，写作难度可想而知。写作时需要梳理整个作战思路，我必须首先把自己想象成为一个指挥部，一是要完全吃透日军的作战计划，明白每场战役的目的；二是要理解我方战役的目的、计划；然后是交战双方的行动过程，以及过程中所有的突变处、转折点，等等。比较困难的是我没有军用地图，好在我拥有总参测绘局出的全套的详细到村庄地名的全国各省地图，加之军史中留存的每一次大规模作战的态势图。在写作时，必须把细节写得特别细，有时候为了吃透一场战役需要好几天，例如张自忠在枣宜战役中牺牲了，不能简单地说他牺牲了，要搞清楚他是怎么牺牲的，牺牲时的情形是什么样的。张自忠牺牲时身上不仅有枪伤，还有刺刀伤，说明战斗到最后一人的惨烈之状。张自忠留有遗书，他知道自己一过襄河肯定会死。作为作家需要搞清楚当时日军的战场态势和张自忠部及友军的态势是什么样，以及张自忠为什么非要过河。这都是为写作服务的，只要研究透了，就可以叙述得很精彩。我常常引用翻译过来的日本报纸上的消息。日军只要是少佐以上战死的都要登报，日军每个联队都有自己的战史，是日志性的，他们中午吃的是洋芋还是地瓜，记得很清楚。台儿庄战役那一段，我是用一个日本宪兵的日记串联起来的，这个日本宪兵经历了整个台儿庄战役后活了下来。撤出台儿庄那天，他说他突然发现运河岸边桃花盛开，春意盎然。我看到这儿内心被触动了一下——就拿它当这一章的结尾了。作品中的每一章都拥有自己局部的文学结构,是不允许随随便便去写的。当然可能因为我是写小说出身的,我过于重视细节了。

采访者:《抗日战争》每章的开头往往有先声夺人之妙。如第一章的开头说:"中国士兵与日本士兵保持着对视姿势,但彼此都看不清对方的面容,因为下着雨,天空雾气迷蒙。"第五章的开头写道:"第61军军长李服膺被处决的时候,喊出这样一句话:'不讲理的阎锡山万岁!'"您在这方面的创作心得是什么?

王树增:这是一个创作的小技巧。我们常说文学作品开头要陡、要峭,具体实践的方法正如首章开头所写的"中国士兵与日本士兵保持着对视姿势",至于为什么对视,先不说原因,转而说天气,留下悬念慢慢道来。7月的北平暴风雨来临前的那种极其沉闷,说雨不是雨,弥漫在空气里潮湿躁动的状态特别适合当时的对峙情形,一触即发的大战态势被营造起来后,再开始进行倒叙。

"不讲理的阎锡山万岁",这是一句史料记载的原话,是执行枪决的那个人转述的。李服膺把天镇丢了,才导致了忻口战役的爆发,这是全面抗战以来处决的第一位军长。阎锡山枪毙李服膺想的并不全是抗日救国,最主要的是李服膺的失守,导致日本鬼子打到他的地盘上来了。之前蒋介石的中央军没打进来,红军也没打进来,这让阎锡山感受到了地盘难保,李服膺虽是阎锡山的嫡系爱将,也照样被枪毙了。这里顺便说一下,八年抗战当中,被各个战区,包括蒋介石处决的军长、师长,不下十几个、二十几个,几乎每一仗都要枪毙指挥不力者,毫不客气,所以有了台儿庄战役中说的"不死于阵前,即死于国法"。

采访者:在介绍《解放战争》这部书的结构时,您使用了"主梁"一词,并说该书的"主梁"是"在1945~1949年这一重要的历史关头,中国最广大的百姓作出了什么样的选择,以及他们为什么作

文学蓝皮书

出这样的选择"。显然,《抗日战争》一定也存在着"主梁",请问这个"主梁"是什么?

王树增:《抗日战争》这本书的"主梁"很清楚,就是中华民族从近代饱尝屈辱以来,终于坚定地不惜一切地说了"不"字——我不低头、我不妥协、我不屈服!作为那段历史时期的国家首脑,蒋介石没有投降,尽管中国从国力和军力上都不是日本的对手,要知道战争是要打一个国家工业能力的,而那时候的中国连一辆卡车都制造不了,而日本已经拥有好几个航母舰队了;尽管全面战争爆发几个月后,国民政府就失去了首都南京,一次次的几十万军队参加的会战却导致一座座战略要地的失守,更为严重的是连汪精卫都投降了。如果那个时候蒋介石动摇了、妥协了、屈服了,这个民族就亡掉了。蒋介石在这一点上是有历史功绩的。再看残酷的敌后战场,我们的敌后抗日武装在还很弱小的时候就敢无畏无惧地打百团大战。中国人在那个历史时刻终于由一盘散沙聚为一体了,终于团结一致了,终于用自己的坚韧不屈的顽强血战赢得了国家和民族的尊严。

我想如果把这个"主梁"具象化,就是不屈的民族精神,中国人从此膝盖不会再那么软了。我写这场战争从头到尾贯穿的精神就是不屈服、就是骨头要硬。现在,随着我们的国力增强,最重要的就是民心要硬、要坚强。我们国家的公祭日刚刚开始,今年为抗战胜利阅兵是第一次。那么,你们说的"主梁"问题就是这个问题,就是精神补钙问题。因为我们前辈已经创造了历史,抗战实际上就是一段不屈的历史。

采访者: 习近平主席在今年5月访俄期间会见第二次世界大战老兵时,提及中国共产党在抗战中发挥了中流砥柱的作用。您能否结合《抗日战争》的写作,谈谈中国共产党领导下的抗日军民的历史贡献?

王树增: 这是一个很重要的问题。我认为"中流砥柱"这四个字非常贴切,理由有三:

第一，中国共产党人在全面战争爆发之前提出了统一战线的概念。那时的共产党已经付出了血的代价，当时的中央政府是国民政府，共产党人不仅拥护蒋委员长的领导，还不断地激励蒋介石坚持抗战。如果不是胸怀民族大义，不会有如此表现。共产党提出只有全民族抗战才能战胜侵略者，全民族抗战的前提是抛弃一切党派成见和利益得失，这个胸怀国民党没有，只有共产党人才有。共产党带头建立统一战线后，一下子就震动了全国各个阶层，包括资本阶层，包括外国华侨，真正团结一心，他们开始觉得这个民族有希望了。所以，在形成全民抗战的局面上，共产党人是发挥了中流砥柱作用的。

第二，我们应该细读一下毛主席的《论持久战》，至今看来仍是字字珠玑。抗日战争刚开始的时候，他已经非常精准地预测了战争未来的整个过程，充分了解了敌我双方的情况，以及这场战争为什么是持久战、怎么去打持久战。《论持久战》一直摆在蒋介石案头上。可以说它是中国抗日战争赢得最后胜利的关键，因为只有按照这一条路才能取胜，重庆政府就是以这个主轴为原则来进行所有部署的。共产党人的主张是赢得最后战争的主导战略，没这个原则不可能坚持到赢得战争的最后胜利。

第三，没有共产党人敌后战场的作战，也谈不上战争的胜利。战争初期国民政府所有将官都要参加游击战培训班，教员中多数是共产党人。怎样才能把对手拖到战争的泥潭里面，就是发动群众来坚持敌后作战。我们的敌后抗日根据地发展的规模和速度都非常惊人，因为共产党就是能和民众紧密团结在一起。没有敌后战场，正面战场哪能支持得住？华北战场几十万日军被拖着根本走不开。所以说不能低估敌后战场的作用，我觉得在军事上我们也可以说是起到了中流砥柱的作用。从指导思想、战略原则和军事意义上我们都可以称得上是中流砥柱，我是这样认识的。

采访者：据我们了解，您接下来将要投入《1921》的写作。请您谈谈这本书的基本构想。

王树增：写《1921》绝不是仅仅写1921年中国共产党成立。我将延续《1901》和《1911》的大历史观的写作方式，要写的大约是从1916~1926年这10年的跨度间发生的历史事件，这样在时间上就接上《长征》了。

（原载7月22日"中国作家网"）

刘慈欣：《三体》让中国文化在国际获得"存在感"

新华网　北京10月29日新媒体专电　他长居于山西阳泉。曾经，白天他是山西娘子关发电厂的一名工程师，晚上他在科幻世界里徜徉，笔端滑落之处是几亿光年外的日月星辰……

他就是刘慈欣，连续12次获中国科幻文学创作最高奖"银河奖"。他的科幻小说《三体》荣获第73届雨果奖最佳长篇故事奖，成为首位斩获世界科幻文坛最高奖的亚洲人，开启了中国的"科幻元年"。

谈作品：《三体》让中国文化获得"存在感"

"《三体》获得美国科幻文学最高奖，不能仅从作品本身去解读，它背后是中国国家综合国力的体现，让中国文化在国际上有了更多'存在感'。"刘慈欣说，只有国力繁荣、民族复兴的国家，才能为优秀科幻文学培育肥沃的创作土壤。

刘慈欣认为，《三体》获奖后最明显的效应是，中国科幻文学真正走进西方。"以前中国文化走出去，主要靠介绍我国古老历史和田园风光。《三体》首次向西方彰显新一代中国人对未来和宇宙的向往。"

刘慈欣的作品构思宏大，善于将极端的空灵和厚重的现实相结合。英文版《三体》去年在美国出版后，掀起了中国科幻热。难怪《纽约时报》评论认为，《三体》系列可能改变美国科幻小说迷的口味。

谈自己："我会一直写下去"

与大家想象中科幻作家应该居住在大都市、接触最前沿的现代科学技术不同，很多中国有影响力的科幻作家都偏安一隅：刘慈欣，山西娘子关；王晋康，河南南阳；何宏伟，四川自贡……

"科幻作家要保持对科学神秘感的探究和想象力的发挥。"在刘慈欣看来，北、上、广这样的大城市本身就很现代、时尚，生活在这样的环境里，科幻感容易磨灭。"恰恰生活在偏僻环境、又了解现代科学的人，才能对科学充满敏锐的想象思维。"

与《三体》获奖带给国人巨大的震动相比，刘慈欣给人的感觉是低调睿智、谦和朴实。当记者问他获奖后生活有什么变化时，他答道"影响不大，因为我周围的人对'雨果奖'并不太在意。"

对未来的创作计划，刘慈欣透露他的下一部作品会尽量选择和《三体》不一样的故事和题材。"按照经济规律来说，《三体》畅销书至少可以写十部，后面写得多烂都能赚钱。但《三体》已消耗我很多知识积累，精品创作一直是我的创作理念。我会一直写下去。"

谈未来：中国科幻文学路在何方？

《三体》带火了科幻题材，也提振了国人对本土科幻作品的信心。但对于《三体》获奖是否会推动中国科幻文学创作这一问题，刘慈欣持谨慎态度："欣喜之余必须冷静。对国内的科幻文学来说，它的推动效果依然有限，因为国内科幻文学长期以来较为低迷，仅凭某部作品获奖并不足以在短期内改变这种局面。"

刘慈欣无奈地说,如今的中国科幻文学依然处于边缘化的状态,不会因为此次获奖而有根本改变。就在媒体聚焦《三体》获奖、热议中国科幻未来的时候,创刊近20年、中国仅存的两大科幻杂志之一的《新科幻》悄悄倒闭了。

"目前国内科幻作家队伍很不稳定。作者涌现很多、又离开很多。"刘慈欣认为,现在短篇科幻小说只有《科幻世界》一个杂志能够发表,一般稿费千字150元。而长篇科幻小说连能否发表都是难题,即便发表也就卖个几千到一万册,出版社还要扣版税。"靠写科幻小说养家糊口并不现实。为了生存,年轻科幻作者只能从事其他行业。"

"中国科幻文学还属于小众文学,我国缺少高质量的作品和有影响力的作家。"刘慈欣认为,中国科幻文学要想真正繁荣起来,未来还有很长的路要走,现在只是起点。

(原载10月29日"新华网"北京频道,新华社记者 高薇 熊琳 陈熹)

刘庆邦:作家要不断向生活学习

在刘庆邦的写作中,一半是煤矿题材,一半是乡土题材。比如他今年推出的长篇小说《黄泥地》,有评论家称其"是用光秃秃的笔在黄泥地上辛勤雕刻"。虽然时代不断改变,可他对现实主义创作的那份执着却从未更改。

记者: 您多年来坚持现实主义写作。这么多年过去了,您认为自己的作品中有哪些变与不变的东西。

刘庆邦: 可能因为我生性比较固执,做事"一根筋",不够灵活。我认为人只有一生，我这一生在创作上无需更多的主义，能把现实主义的路子走到底就算不错。我对现实主义创作的理解比较宽阔。只要不是写人的前世，也不是写人的来世，只要写了人的今生今世，就是现实主义。前世和来世，都是源于一种想象。不管往前想象，还是往后想象，想象的基础还是今生。我的想象离不开脚下的土地，离不开我的经历。加上我的小说本来就是写实的、及物的，是严格按照日常生活逻辑推动的，怎么能脱离现实生活和自己的人生经验呢！

风在变，云在变，社会千变万化，但总有一些东西是不变的，是人类永恒的审美对象，比如太阳和月亮。阳光给人光明，给人能量。月光给人慰藉，让人遐想。世界就是这样，变中有不变，不变中有变。文学创作主要是表达情感的，情感之美是核心之美。写作手法可以变，表现形式可以变，载体可以变，但情感作为文学作品的根本支撑，这一点不会改变。衡量一篇作品优劣的标准，还是要看作品里所包含的情感是否真诚、饱满、让人感动。

创新当然好，创新的呼声也很高，几乎成了一种强制性的标准。然而情感不分新旧，好作品里动人的情感力量会让我们常读常新。文学从来不是集体的事业，是心灵化的个体劳动。文学不是时代的闪光，是个体心灵的闪光。文学是时代的产物，却不是时尚的产物。对于这一点，我们应当有清醒的认识。

记者：煤矿和乡土几乎构成了您写作的全部内容。您曾说："煤矿的现实就是中国的现实。"对此应如何理解？

刘庆邦：我写农村生活和矿区生活的小说比较多，原因很简单，我熟悉农民生活和矿工生活，或者说我曾经是一个农民，也曾经是一个矿工。1967年初中毕业后，我就回村当农民去了。我不想当农民，也不是一个好农民，但那几年，命运的泥巴吸住了我的腿，我怎么挣扎都无济于事。我在烈日下锄地，割麦，打场。我淋着连绵的春雨，到地里栽红薯。在大雪飘飘的冬季，我拉着架子车往地里运肥。我还

文学蓝皮书

脱过坯,打过墙,挖过河,垛过麦秸垛。庄稼活儿我差不多都干过,说起来都不离谱。煤矿的生活也是一样。1970年,我被招到煤矿当上了一名矿工,前后在矿区生活了9个年头。我在井下掘过巷道,采过煤,还当过运料工,开过刮板运输机。不管是农村生活,还是煤矿生活,对我来说都不是他者的生活,都是我自己亲身经历的生活。这些生活在我记忆的血管里流淌,只要拿起笔来,我脑子里活跃的就是乡村父老和矿工兄弟的形象。

我比较关注社会转型期农民工的生存状态,也写过一些农民在城里的遭遇,比如长篇小说《红煤》、中篇小说《到城里去》等。我还关注农民变成矿工的问题,它集中体现了农民进城打工和城镇人口不断增加的现实。我之所以强调煤矿的现实就是中国深刻的现实,是不想被行业所限,只是把煤矿作为人物活动的背景和舞台,以表现广阔的社会现实。我还愿意把我所写的一系列煤矿题材小说看成是"在深处的小说",不只是在地层深处,更是在人的心灵深处。我用掘进巷道的办法,向人情、人性和人的心灵深处掘进。文学毕竟是从内心世界开始,向外部世界辐射,从认识个人开始,认识整个世界。个人的命运在千百万人中间,千百万人的命运集中体现在个人身上。如果要给自己的写作找一个目标的话,那就是怀抱人道主义理想,投入自己的生命,以真诚的态度写人,写人的丰富情感,直抵复杂的人性深处,建设属于自己的心灵世界。

记者: 您曾有过多年的矿区生活经历,每天都需要深入矿井,之后又从事过煤炭地质系统的宣传报道等工作。这些经历对您的文学创作有怎样的影响?

刘庆邦: 在矿区生活时,我最向往的职业是能当一名记者。调到煤炭部当上记者之后,我热情很高,一有时间就积极到全国各地的煤矿采访。如果说我的矿区生活是一个点,当上记者之后,生活的面积大幅度扩大,由点变成了面。全国各地的煤矿,除了西藏的煤矿,大部分煤矿我都去过。当了20多年记者,对文学创作很有好处。一是打开了眼界,拓宽了胸怀。人的心有多大,世界就有多大。眼界到哪里,境界才能扩展到哪里。二是立足点发生了变化。当记者使我站到了一个比较高的立足点上,不知不觉就要面对全国的读者,和全国的读者对话,甚至和世界的读者对话。三是在采访中得到了不少小说写作的素材。一篇新闻稿子写完了,觉得自己想表达的感情没有很好表达,想写的细节不能充分展开,有一些想法也不便在新闻里说,于是便写成了小说。

当记者期间,我曾多次参与报道矿难,情感和心灵受到了强烈冲击。1996年5月21日平顶山煤业十矿发生了瓦斯爆炸事故,84名矿工在事故中丧生。事故发生的第二天,我就赶到平顶山采访。说是采访,其实我主要是看、是听,是用我的心去体会。那些工亡矿工家属都处在极度的悲痛之中,我不忍心向他们提问什么。那几天,我天天跟那些家属在一起,我的心始终处在震荡之中。我咬着牙,一再对自己说不要哭,可眼泪还是一次又一次涌流出来。我无力为他们做什么,只能用纪实文学的形式,较为具体、详尽地把事故给他们造成的痛苦记下来。我要让全社会的人都知道,一个矿工的死亡所造成的精神痛苦是广泛的,而不是孤立的;是深刻的,而不是肤浅的;是久远的,而不是短暂的。这篇作品在全国煤矿系统引起持续性的反响,至今不少煤矿还把它作为对矿工进行安全教育的教材。

记者:有人认为,"作家不用深入生活也能写出好作品","作家平日就一直处于生活之中,无须再刻意深入"。您对此怎么看?

刘庆邦:我不认同这样的观点。要取暖,就得挖煤;要酿酒,就得种粮食;要持续写作,就必须不断向生活学习。这是最基本的常识。就好比梦是对生命的虚构,没有生命就没有梦;树影是对树的虚构,没有树,虚构就无从谈起。人的想象不可能凭空,都离不开生活这个根本的基础。的确,什么样的生活都可以成为我们的创作素材,

但是,我们每个人的生命和经历有限,你写少量的东西还可以,短时间写作还可以,要做到持续写作,不断拿出新作品,仅靠自己的生活,写作资源就会枯竭,甚至会出现纸上谈兵、闭门造车的情况。还有一个审美对象的问题。作家可以自怜、自恋,可以把自己和自己周边的人作为审美对象,但久而久之,那样的东西是不是有些单调呢?胸襟是不是有些狭窄呢?作品的格局会不会有些小呢?分量会不会有些轻呢?文学还有一个重要功能,是关注和表现民众的疾苦。如果把自己封闭在小圈子里,不关注、不了解普通民众的疾苦,谈何表现呢?

深入生活对我来说是一件自然的事,也是一种纪律。不是别人要我深入生活,而是我自己要深入生活,到农村去,到煤矿去。农村的点比较固定,那就是我的老家。我到煤矿深入生活的点则多一些。这些深入生活的实践都给了我丰厚的回报。

(原载 11 月 30 日《文艺报》,记者　王　觅)

路遥的作品仍具有强大的生命力
——访《路遥传》作者厚夫

今年初,关于路遥的传记作品《路遥传》在人民文学出版社出版,受到社会各界热捧。加之《平凡的世界》电视剧在各大卫视播出,引发了民间的又一轮"路遥热"。《路遥传》作者、延安大学文学院院长厚夫日前做客市民文化大讲堂,为市民解析路遥的经历及作品。昨日,他接受了本报记者的专访,讲述了他对路遥作品价值的认识。

"我是路遥的追随者"

"路遥是我的文学前辈,我是路遥的追随者。"厚夫如此定义他与路遥之间的关系。他是路遥生前的忘年交、如今的路遥文学馆馆长以及路遥研究界的权威人士。他用了十年时间，查阅了大量资料，探访了数十位相关人士，写成《路遥传》并于今年出版，忠实再现了路遥的一生。

《路遥传》的副标题是"重新开启平凡的世界"。厚夫表示，他希望以此重新解读路遥作品中的时代内涵。"路遥至今火过三次，第一次是1982年写出《人生》，第二次是1988年的《平凡的世界》，第三次就是新世纪以来。路遥从来没有离去，《人生》与《平凡的世界》依然在影响着一代又一代的中国人。"

为什么《平凡的世界》能够长盛不衰，多年来在中国读者中持续产生影响力？厚夫认为，这是历史的必然。"就像路遥自己所说，他是一个历史的书记官，他忠实地记录下了改革开放以后时代社会的变迁，表达普通人的生活，正是这种扎根现实、反映大众的作品，能够引起大多数人的共鸣，具有强大的生命力。"他认为，路遥的作品表现出的一种"向上向善的正能量"。

厚夫还表示，深圳是一座移民城市，来自全国各地的人在这里为了理想而奋斗，《平凡的世界》在深圳也特别受欢迎。"奋斗是永恒的主题。每个奋斗的人都需要《平凡的世界》这样能够带来温暖的作品。"

他一直坚守现实主义写作

在与路遥生前的交往中，厚夫对他的印象是一个纯粹的理想主义者，虽然生活清贫，但内心高傲，对自己的写作充满自信。在20世纪80年代，现代主义、魔幻现实主义大行其道的中国文坛，路遥仍坚守着在许多人看来显得落伍的现实主义写作。在给友人的通信中，路遥写道："当别人用西式餐具吃中国这盘菜的时候，我并不为自己仍然拿筷子吃饭而害臊。"

文学蓝皮书

"他了解这个民族的欣赏习惯,对自己现实主义写作的价值有清晰的认识。"厚夫告诉记者,路遥并不是不知道当时流行的西方小说流派,他对西方作品非常熟悉,还解析过马尔克斯的《百年孤独》。但他依然选择了最平实的表达方式。"路遥有几篇作品,比如《我与五叔的六次相遇》《你怎么也想不到》,在写法上其实都是借鉴了现代主义的技法,非常'洋气'的。他并不是不会这样写作。"厚夫告诉记者。

路遥已经离去23年,厚夫认为,当今文坛仍然需要路遥这样的作家。"在当今的大转型时代,我们尤为需要路遥这样的现实主义写作者来还原这个社会,忠实记录下时代的脉搏。这也正是《平凡的世界》能够为这么多代读者所喜爱的原因。"

(原载6月16日《深圳特区报》,记者 韩文嘉)

颜歌:写"平乐镇"是种心理治疗

《平乐镇伤心故事集》出版后,颜歌从北京到成都、重庆、武汉,和不同地方不同时代的作家对谈,见到很多对她的写作感兴趣的读者,这个过程又疲惫又兴奋。因为生了一场病,她现在乡下休养,读书,写写短文章。之后,就该动笔写作新长篇了。

读书报:最初你是在《五月女王》中写到平乐镇的吧,那时想过要写一系列以平乐镇为背景的作品吗?关于平乐镇,你现在的写作计划是怎样的?

颜歌:最开始写到"平乐镇"应该是在2004~2005年写的《良辰》这个故事集里面,这个故事集里有一些故事写到了城乡结合部,但是没有一个具体的名字,有的叫做"常乐镇",有的叫做"平乐镇",等等。但应该是在那个时候就决定要写一系列的以城乡结合部小镇为背景的小说，《五月女王》是第一部，也是在《五月女王》里（很随便地）把小镇的名字定为了"平乐镇"。目前是计划再写一个关于平乐镇东街的长篇，另外，在零散地给《南方周末》写一个叫做"乡镇事"的专栏，也是写的小镇的一些事。

读书报： 在《平乐镇伤心故事集》的五篇小说里，《白马》、《照妖镜》和《奥数班1995》或许源自你的成长经历或内心反映，《三一茶会》显得非常特别，怎么会想到写这样一群老人的情感和生活？

颜歌： 我奶奶和她的朋友们的确是有这样一个茶聚，在每个月的一号、十一号、二十一号，这个茶聚就叫做"三一茶会"；另外她也写诗，有时候我回去看她，她就会拿她的诗出来读给我听。一直以来，我都觉得我的奶奶爷爷那一代人的文学观和我这一代特别不一样，他们有一些我不能理解的甚至可以说是过时的东西，也有一些我们已经失去的纯美的东西。起了很久的意，想要写一个关于他们的故事，但始终没有下笔。因为写老人的故事我没有经验，也很难想象，觉得怎么写都不像。后来终于写了，然后很忐忑，不敢给我奶奶看。这个故事最初发在《收获》，发表以后她自然看到了，后来有一次我回去，她跟我说她还挺喜欢这个故事，她的茶友们也很喜欢，我就很开心，并且总算松了一口气。

读书报： 有评论认为你在写作平乐镇系列作品的过程中是在建立属于你自己的美学世界，能说说你对这样评论的理解吗？

颜歌： 写故事是为了传达我对这个世界的理解和观察，表达我的意思。我想任何作家都是这样吧。与此同时，我选择写故事来表达的方式正是为了避免把意思直接说出来，别人来说挺有意思，我自己说就太没意思了。

读书报： 从马尔克斯到莫言，从马孔多到高密，很多大作家都有属于他们的文学原乡。或者说，关于平乐镇的写作是一种文学原乡的建立？

颜歌： 在二十多岁的时候一直写平乐镇，我想是因为自己总是非常地怀念过去，怀念我和父母一起生活的世界。因此，不管我人在哪里，我总是写过去的小镇，现在想起来是一种心理治疗。归根结底，我只能从自己的趣味和经验出发来写作。写平乐镇是我的一个心结，纠纠缠缠写了快十年。以后会不会一直这么写，我想大概不会。这件事情在这个阶段自己已经做得差不多了，然后应该去做点别的事吧。

读书报： 你的家庭环境很有文化氛围，说你出自书香门第也不为过，但你在《平乐镇伤心故事集》代序中，说到写作《我们家》要回答两个问题，"第一是如何完成真正意义上的虚构；第二是如何更贴身地来处理日常的粗鲁"，这第二个问题为什么成其为问题？《我们家》的写作问答了这两个问题吗？

颜歌： 因为我从小受到的文学熏陶主要还是诗情画意的，一切都要是美的和雅的。但是，到了某个时候，你发现自己无法去写有人放了一个屁这件事，因为它不美也不雅。但放屁是现实生活的一部分，不会写放屁对写小说的人真是个硬伤。因此，怎么去处理不美不雅的生活，对我是一个难题。于是，在写《我们家》一开始，我就决定要去写一个没有受过什么教育的豆瓣厂老板。怎么去写他是对我的挑战，也的确让我费了很多脑筋。写完《我们家》，这两个问题的处理上我都学到了很多东西，不能说是解决了，但是肯定进步了。

读书报：《平乐镇伤心故事集》中《江西巷里的唐宝珍》写得真好，无论从虚构意义上还是处理日常的粗鲁意义上，情节的虚构之外，你怎么做到对其中人物内心的细腻变化刻画得那么到位？

颜歌： 这个问题挺有意思。我的本意是把《江西巷里的唐宝珍》这个故事写成一台剪影戏，像个乡村戏台的样子。从语言上，节奏上，我都试图做这种模仿。而人物刻画上我自认为就有很多简单刻板的东西，把很多的人物做成一个个剪影的"形象"，这是我在《唐宝珍》里面做的一个事情。很多心理描写和人物刻画都是舞台感的。

读书报：你早期的作品还是带有很多青春文学的特质的，忧伤、凄美还带点奇幻，从《良辰》开始，再到《我们家》，你的写作越来越"接地气"，更多关注并讲述普通人的市井生活，为什么会有这样写作题材和文字风格上的转变？这会是你一直进行下去的写作路向吗？

颜歌：首先，我早期的作品更多是习作性质的，得以发表纯粹是当时的大时代背景使然，很多是达不到发表标准的；再次，一个人十五岁写的东西和二十五岁写的东西肯定是有区别的，往后来说，三十五岁写的东西也应该不一样才对。

读书报：用方言写作算是进入所写地域环境的某种捷径，读者读着也会有代入感。但运用方言的分寸并不好拿捏，是用纯粹的方言还是被稀释后的方言，之前上海作家金宇澄在《繁花》中的上海话以及贾平凹很多作品中的陕西话都是这方面做的比较好的，你怎么看待方言写作？

颜歌：使用更接近真实的语言来描述某个特定的时代和背景，这是写作的基本方法。至于怎么拿捏就是作家个人的体会了。我也在慢慢的琢磨和学习。总体来说，方言写作被一再强调在我看来是一件挺尴尬的事，这说明大多数人还是喜欢看噱头和看热闹。

读书报：你曾在北京的活动上说起对少年成名的困惑，你现在的写作也和少年时有很大不同，可是张爱玲说，"出名要趁早啊"，少年成名给你的写作带来了什么？

颜歌：这几年，我在国外时间变多了，用中文和读中文的时间也变少了。老实说我是有点焦虑的，至于到底会给我的写作造成什么影响，现在还不知道。唯一可以确定的是我现在对中文的考虑比以前更多，想得更多的是这种语言本身的特点和质感。至于少年成名，我是很喜欢写小说的人，"成名"不"成名"应该都会继续写作吧，以前和现在都一样。

读书报：看到你在微博上说自己是"迷宫爱好者",你喜欢陈雪的文字吗?刚好我此前采访了陈雪,感觉上她的文字侧重点不在故事,而更关心自己的内心和情感,这和你现在观察世界、芸芸众生、有着流畅好读情节推进的写作差别很大?

颜歌：你看,我一直都认为自己是作品不好读的作家,现在忽然变好读了,有点无法适应。作为读者,我觉得陈雪的书挺好读,文字本身就很精彩。

读书报：关于平乐镇的写作,从《五月女王》到《我们家》再到《平乐镇伤心故事集》,如你自己所言,越写越短,越写越微观和具体。那么假以时日,你会写一部像你父亲期望的那样"史诗性的郫县豆瓣传奇"吗?

颜歌：我无法做很久远的计划,也不知道自己会最终成为怎么样的作家。要是现在就知道了,那还不如赶紧当厨子去。

(选自 9 月 30 日《中华读书报》,记者　丁　杨)

张怡微:"我们经历了巨大变迁"

2015 年《收获》长篇专号春夏卷,收录了赵丽宏的《渔童》、何顿的《黄埔四期》以及张怡微的《细民盛宴》。其中,张怡微是最年轻的。出生于 20 世纪 80 年代末,也曾顶着 80 后、"新概念"的标签,而今却从浮泛的青春故事,转向世情与人心的刻画。

《细民盛宴》初稿完成于 2013 年 12 月,后经两次改写,于今年 2 月完稿。在张怡微看来,有一个说法她是认同的：《细民盛宴》既是"家族试验"写作计划中的一环,亦是以前很多小说的"总纲"。此间寄寓了创作意图、人生态度,也关乎亲眼所见的经验材料和小说缔造的心灵世界。

骆以军以《细民盛宴》比附张爱玲的《小团圆》,"这样一组组人,这样展开的时间括弧,像剪纸窗花、影影绰绰、疏眉淡影。"通过"家族试验",聚焦上海这座城市,以及家庭、家庭内部人与人的关系,也成为张怡微独特文体背后一贯的问题意识。

与张怡微从《细民盛宴》聊起,探讨小说创作的经验与想法,呈现对城市与生活的体悟,某种程度上说,却能管窥年轻作者在纯文学道路上的嬗变轨迹。这一切,仅与个人相关,却也是曾经的 80 后作家的明确路径之一。

从景到人:由地理向伦理

记者:在《细民盛宴》(以下简称"细民")之前,你写过另一个长篇《你所不知道的夜晚》(以下简称"夜晚")。我对"夜晚"开头写田林、写小闸镇的那种笔法印象很深。到了"细民"这里,开篇场景是爷爷行将去世,把家族里的次要人物拢聚在一个空间里,一个个讲述,也很抓人。从地理到家族、到人与人的关系,这种变化是怎么考虑的?

张怡微:因为也隔了很久,我其实不大会写长篇,这两个篇幅都不是特别长,大概在 8 万字左右,只能算是小中篇。写的题材也都是上海。最大的变化,可能"夜晚"比较专注于这家人的来历、前世,写得比较老实。到了"细民",我大致知道我要做什么。譬如说我想把这样一群次要人物团在一起,需要一个大场景,所以开篇就是一个还没有发生的葬礼。

相比之下,"夜晚"的写法就是写了很多景。当时我有一个非常大的困扰,就是关于写景和人物的命运有什么关系?我觉得我写的景是景,人是人。那时候我还在讲座上问过迟子建,说怎样写景?迟子建还问我,是不是不热爱生活。王安忆说"她热爱的",但上海的小孩很可怜,他们只看得到人,一望无际的人。所以当时我只做了一些

简朴的素描。

"细民"主要就是写人,写细民,写他们在一起吃饭,写这些原本不算是一家人甚至很可能通过婚姻关系的解除,也就不算一家人的人物之间的关系。

经验与虚构:生活是有苦衷的平淡

记者:"细民"里有个设计过的一个小细节,最后袁佳乔躺在病床上,继父向她转达继母对她的评价。这一点是蛮有意思的,其实继父和继母在日常生活中是不需要见面的。这些不需要见面的伦理关系,在小说里可以见面,可以通过一道翻译,通过这样一个特殊的人,来传递我对自己过往一切的总结。这一段蛮感动的。

张怡微:单亲家庭的子女,其实是契约之下的附属物。这创设了非常多的伦理空间。之前我看亨利·詹姆斯的小说《梅茜的世界》,就是写了新型的、多元的家庭伦理关系。我对这个是很有兴趣的。

记者:提到新型的、多元的家庭,不知道你有没有看过美剧《摩登家庭》。当然那是一种刻意轻松化、喜剧化的表述,淡化了很多现实问题,用诙谐的方式来说。但看"细民",其实还是有点沉重的。我读完之后,既不是难过,也不是不难过,而是有点惘然。

张怡微:我觉得生活就是这样的。我看是枝裕和的电影,看威廉·特雷弗的小说,这一部分日常的无奈我是非常喜欢的。生活本身可能不是开心,也不是不开心,是一种非常有苦衷的平淡。尤其是我现在渐渐长大了,活到了父母没办法处理自己感情和婚姻问题的年纪,我才知道这件事情不是想当然,觉得一切都可以克服的。

我有了越来越多自己没法承担的责任,有我很想逃避的东西,有我自己的脾气和偏见的时候,我再回过头去看我和父母密集相处的十年。因为他们分开的时间已经比在一起的时间长得多,慢慢去想的时候会觉得,人生就是互相陪伴走一段。我写过一个曾经让我很辛酸的场景，就是我们三个人会在三个不同的墓碑上。但那又怎样呢？在世的时候好好相处比较重要吧。该淡化的东西淡化，不只是一种能力的展现，其实是一种抉择。

记者： 是的。所以和这种对人生的看法相关，在你的小说里，人物也是现实、悭吝乃至冷漠的，但又不是坏，有时候还能看出，他们在用自己的方式表达爱。虽然用应然的标准来看，是很有限的爱。

张怡微： 其实我们算是运用语言比较成熟的人。大多数细民家庭，或者说普通人家，无论父母还是子女，不大用语言表达感情的，他们不是职业的表达者。但他们也要相处，也很容易互相误解。他们也用爱在平衡误解，用时间在弥合很多伤害。有时候这种东西超越语言，比善于表达的人更容易理解生活创痛的一面。我很喜欢观察这种方面，它恰恰比语言更加动人。

像"细民"这个小说里，所传递的，其实也是一种非常激烈的感情。这种感情被一些伦理关系和一些生活现状给压抑住了。你能说它是有限的爱吗？恰恰它是非常大的、非常沉重的爱，也涉及到一些金钱和房子等细小的矛盾，但这种矛盾不至于让很多东西倒塌。

80后与文学：从来没有想过要代表任何人

记者： 这个我非常同意。说回上海，关于文学史意义的上海，其实有很多标签。但对年轻一代的写作者，可能早几年的意见比较趋同，觉得比较自我，更多地写自己的经验世界，比如咖啡馆和校园。但你从很早开始就着手写世情里的处境和命运。大的背景，又是现在年轻人不太熟悉的上海，比如工人新村。为什么会做这样的选择？

张怡微： 因为工人新村我最熟悉。其实我后来有慢慢想要淡化工人新村这个概念，我觉得把握不了，尤其是工人这个阶级的许多东西。工人新村是当时非常先锋的工人身份的衍生物。其实我从小到大，我所理解的上海都是工人新村，我从来没有住过里弄、洋房或者

公寓。我对工人新村的邻里关系和家庭环境比较熟悉。

至于上海的标签化，其实上海对我来讲也是有距离感的。我到市中心也会不知道往哪里走。尤其很多百货公司的设计，会让人觉得非常迷惘。这样一个高度商业化、高度摩登的上海，此时此刻我也不熟悉，更不要说被艺术化之后的形象。

写作还是从自己最熟悉的东西写起，会比较有把握。我很少在咖啡馆写作，校园的话，虽然我一直在校园里，但我也毕竟快到而立之年了，也面对很多超越学生的很多人生问题，只能说我可能比较喜欢写一些消耗人情世故的东西。但我的阅历是要落后于这些体验的，只能慢慢再多理解吧。

记者：虽然80后、"新概念"是一个非常笼统的群体化的标签，根本无法描述其中的每一个人，但现在持这杆标尺的人还是有。我关心的问题是，从你个人的角度，从80后和"新概念"，到如今有比较独特的问题和明确的写作对象、题材，你怎么认识这种转变？

张怡微：80后也不小啦，也人到中年了。我大概算80后里偏后的年龄层，但想象一下就能体会到，曾经定义的叛逆、个性或者不靠谱，都已经被很多东西替代了。当80后开始为人父母，开始承担很多时代的重量的时候，80后就只是一个年龄的划分，不代表什么，没有办法左右每个人的命运。尤其是80后到底是文学化的标签，还是所有人的指代，这很难讲。写作上，我觉得基本上靠天赋，和年龄也没有关系。有天赋不管是几零后，都能写出来。没有天赋，再年轻也没有用。

从我自己来讲，我们还是经历了时代巨大的变迁，都市更新，包括我们所体会到的一切，房价、工资、社会阶层的流变，非常严酷，并不是长辈们告诉我们的，我们有多么温适，多么无忧无虑。

在这巨大变动的20年里，我们的长辈们是和我们一起成长。从我们当时还是少年，到现在变成资深的成年人。我们的父辈在渐渐老去，他们也有很多接受不了的东西，所以才有那么多情绪需要发泄，需要股票这样的寄托。其实大家是一起成长的，并不是割裂的，你们归你们，我们归我们。

我只能就我个人的观察和体验，来展现我所看到的这个城市的细部、这个城市的人的关系的细部。它可能是有代表性的，可能也没有。它可能只对我个人有意义，对很少一部分人有意义。可能我也从来没有想过我要去代表任何人，去代表不属于我这个生活状态和生活环境的人，我也没有能力去做这样的事情。

(原载7月7日《文汇报》，记者　傅盛裕)

B.12
附录二　2015年文坛大事记

1月

《21世纪中国文学大系（2001～2010）》在京首发　1月6日，南京师范大学出版社在北京举行《21世纪中国文学大系（2001～2010）》首发式暨出版座谈会，中国作协书记处书记阎晶明出席座谈会并讲话。李春林、施战军、胡平、孟繁华、白烨、王玮、陈晓明、张清华、王家新、何言宏、刘琼等评论家围绕文学大系的编纂传统及其在新世纪面临的挑战展开研讨。

南京师范大学出版社推出《21世纪中国文学大系（2001～2010）》，力图全面、系统地呈现新世纪第一个十年的文学景观，为学术研究和文学阅读提供有价值的文献资料。该大系共分13种文体，计18册，分别为文学理论卷、文学批评卷、长篇小说卷、中篇小说卷、短篇小说卷、诗歌卷、散文卷、随笔卷、杂文卷、翻译卷、史料卷、报告文学卷、戏剧卷。大系由何言宏任总主编，王尧、陈晓明、张清华、张新颖、施战军等任分卷主编。

"70后"以下青年创作现状观察研讨会举行　1月10日，"私人经验·历史记忆与公共空间——'70后'以下青年创作现状观察"研讨会在京举行。中国作协副主席李敬泽出席会议，陆建德、孟繁华、杨庆祥、丛治辰等近30位专家学者与会。与会者围绕"70后"、"80后"的代际命名展开讨论。李敬泽特别谈到，近年来青年作家创作出越来越多必须认真对待和研究的作品。我们应该思考，沿用传统的批评话语和研究框架来解读和阐释他们的创作，是否依旧有效。他期待年轻一代的批评家能立足于青年作家们丰富的生活经验和创作经验，从特定的概念、角度去阐释这代人的写作

中国小说学会2014年度中国小说排行榜揭晓 1月11日，由中国小说学会主办，中共江苏省兴化市委宣传部承办的2014年度中国小说排行榜在江苏兴化揭晓。25部上榜作品综合体现了本年度中国小说创作的精神风貌和艺术水准。来自全国各地的二十五位评委，在公平、公正、准确的原则指导下，经过严肃认真、细致深入的遴选和讨论，遵循严格的投票程序，最终评出25部上榜作品。计有5部长篇小说：《蟠虺》（刘醒龙）、《日头》（关仁山）、《耶路撒冷》（徐则臣）、《老生》（贾平凹）、《我的名字叫王村》（范小青），10篇中篇小说：《所有路的尽头》（弋舟）、《良霞》（李凤群）、《世间已无陈金芳》（石一枫）等十篇，短篇小说《虚拟》（毕飞宇）、《一段被虚构掩盖的家史》（薛忆沩）、《小尾巴》（曹文轩）。

中国影视文学版权拍卖大会举行 1月16日，由作家出版社与北京东方雍和国际版权交易中心联合主办的2014"首届中国影视文学版权拍卖大会"在京举行，"中国影视文学版权交易平台"同时启动。中国作协副主席廖奔出席活动并致辞。国家新闻出版广电总局版权管理司司长于慈珂、北京电视艺术家协会主席孙向东、作家出版社社长葛笑政等参加活动。

本届拍卖大会累计从各种渠道征得文学作品、剧本和影视合作项目等共961部作品，作品题材风格类型多样。会上从中精选了前期路演推介过程中市场反响强烈的12件优秀作品上拍。经统计，本届拍卖大会累计成交金额达18241万元，其中前期交易撮合成交4681万元，现场签约5200万元，现场拍卖成交8360万元。

中华辞赋高端论坛在京举行 1月17日，由《中华辞赋》杂志社、中国作家出版集团主办，中华诗词学会、中国新闻文化促进会

协办的"《中华辞赋》高端论坛"在北京中国现代文学馆举行。中国作协副主席、《中华辞赋》杂志社社长何建明和李东东、闵凡路等诗人、作家、评论家50余人参加此次研讨。会议主题是诗赋文学如何在新时期为时代服务、为人民创作,大家围绕辞赋等传统文体在新的历史时期如何传承、创新,更好地表达人民心声,更紧密地联系时代与社会等问题进行讨论。论坛结束后,举办了首届中华诗赋吟诵会。

雷加百年诞辰纪念座谈会在京举行　1月28日,雷加百年诞辰纪念座谈会在中国现代文学馆举行。中国作协主席铁凝出席座谈会并讲话。中国作协党组书记钱小芊主持座谈会。中国作协副主席陈建功、李敬泽及各界专家学者、雷加亲朋故友80余人与会。与会者追忆了与雷加交往的点点滴滴,对其的人品和文品给予高度评价。雷加之女刘甘栗在座谈会上向中国作家协会和各位与会者表示衷心的谢意。纪念座谈会后,雷加亲属还向中国现代文学馆捐赠了雷加部分手稿。

2月

北京作协小作家分会召开首次会员代表大会　2月4日,北京作协小作家分会第一次会员代表大会暨第三期"文学托举梦想"培训营在北京怀柔开营。北京市文联党组书记陈启刚,北京市文联党组副书记、北京作协分党组书记程惠民出席活动。小作协秘书长周敏作工作报告,大会通过了小作协2014年的工作总结和2015年的工作计划。会议审议通过了北京作协小作家分会章程,选举产生了第一届理事会、主席、副主席和秘书长。张之路被选为主席。此次培训历时三天,首都100多位热爱文学的孩子与著名儿童文学作家面对面交流,接受现场授课和专业辅导。张之路、马光复、张国龙、葛竞和星河五位作家分别作《科学是美丽的》、《微小却很精彩》、《如何写作文》、《故事是如何"变"出来的》《星光在这里交汇——文学、科学与艺术》等专题讲座。

文学界纪念杨宪益百年诞辰 2月9日，杨宪益百年诞辰纪念座谈会在中国现代文学馆举行。中国作协主席铁凝出席会议并致辞。中国作协副主席李敬泽主持纪念座谈会。来自各地的近百位专家学者及杨宪益亲属与会。座谈会上，屠岸、叶廷芳、文洁若、谢飞、黄乔生、范玮丽等人先后发言，他们回顾了与杨宪益交往的旧事琐忆，尤其提出他的自由之精神、独立之思想堪为一代知识分子的典范。杨宪益以一颗赤子之心面对祖国和人民，葆有不灭的信念和理想，被称为"翻译了整个中国的人"，为中西方文化交流作出卓越贡献。

"草根诗人"现象与诗歌新生态研讨会在京举行 2月9日，由中国作协创作研究部、诗刊社、文艺报社联合主办的"草根诗人"现象与诗歌新生态研讨会在京举行。中国作协副主席李敬泽，《文艺报》总编辑梁鸿鹰，《诗刊》常务副主编商震、副主编李少君，中国作协创研部副主任彭学明、何向阳，以及十多位诗人和批评家与会。研讨会以余秀华、郭金牛、陈亮、曹利华、笨水、老井、玉珍、许立志等15位诗人为研讨对象，由点及面地讨论"草根诗歌"现象，并就"草根诗歌"的特征、诗歌与现实的关系、诗歌批评的标准、新媒体对诗歌生态的影响等问题展开研讨。

中国作协举行2015年迎春茶话会 2月10日，中国作家协会在首都大酒店举行老作家老同志迎春茶话会。中国作协主席铁凝，中国作协党组书记、副主席钱小芊，中国作协副主席何建明、陈崎嵘、李敬泽，中国作协书记处书记白庚胜、阎晶明，同在京的400多位老作家老同志欢聚一堂，共迎新春。迎春茶话会由钱小芊主持，他一一介绍了出席迎春茶话会的中国作协党组书记处各位同志，向老作家老同志们致以新春的祝福和问候，感谢大家对中国作协工作和我国文学事业繁荣发展的关心和支持。铁凝在迎春茶话会上致辞。中国作协党组书记处同志与前来参加迎春茶话会的作家朋友逐一握手,互致问候,送上对羊年新春的真挚祝福。

《民族文学》广西中青年作家专号研讨会在京召开　2月10日,《民族文学》广西中青年作家专号研讨会在中国现代文学馆召开。中国作协党组成员、书记处书记白庚胜,中国韬奋基金会理事长聂震宁,《民族文学》主编石一宁,广西文联党组成员、副主席石才夫,《民族文学》副主编赵晏彪,以及梁鸿鹰、何向阳、雷达、范咏戈、白烨、贺绍俊、王必胜、黄宾堂、王彬、王久辛等评论家出席了研讨会。严风华、凡一平、张柱林、林虹等广西作家亦赴京参会。《民族文学》主编石一宁向与会作家、评论家介绍了《民族文学》1期广西中青年作家专号从筹备到出刊的总体情况。大家认为,广西有深厚的文学传统,20世纪90年代以来,崛起为中国文坛的一方重镇,而少数民族作家是广西文坛的主力军,体现出了雄厚的实力与潜力,尤其是一批中青年作家的创作各有千秋,引人关注。

3月

第四届唐弢青年文学研究奖评出并颁奖　3月2日,第四届唐弢青年文学研究奖于2014年7月启动,经过20位推荐评委的推荐,共有68篇论文进入初评,20篇论文进入终评。后经全体终评评委多轮投票,最终5篇作品获奖,分别是:贺桂梅的《1940~1960年代革命通俗小说的叙事分析》、黄平的《革命时期的虚无:王小波论》、岳雯的《抒情话语与八十年代小说家的命运》、刘大先的《从时间拯救历史——文学记忆的多样性与道德超越》、李永东的《上海模式的中国乌托邦叙事》。评委们一致认为,获奖论文是反映本年度中国现当代文学研究最新水平的力作,体现了青年学者透辟的思辨力和敏锐的创新精神。

茅盾文学奖评奖办公室发出征集第九届茅盾文学奖参评作品的公告 3月15日,茅盾文学奖评奖办公室发出关于征集第九届茅盾文学奖参评作品的公告,公告就征集办法、作品参评条件、征集程序与时间等,作了具体说明,并附发了茅盾文学奖评奖条例、《第九届茅盾文学奖参评作品推荐目录》、《第九届茅盾文学奖参评作品推荐表》。

首届微小说高峰论坛在北京召开 3月15日,由《小说选刊》杂志社主办,以"微型小说(小小说)发展展望:创造力、优化、普及与提高"为主题的"首届全国微型小说(小小说)高峰论坛"在北京举行。中国作协党组成员、书记处书记阎晶明,评论家雷达、白烨、何向阳、贺绍俊、赵晏彪、徐可、杨晓敏和来自全国各地的微小说理论研究机构代表、作家、期刊编辑代表等参加了会议。论坛着眼于微型小说(小小说)发展现状,围绕微小说的现状和趋势,重点探讨微小说如何实现"大众化"和"精品化"同步发展;如何有效运用移动互联网推动微小说写作和阅读热情;如何建设微小说理论评论体系,将微小说纳入中国文学传统等根本性课题,进行了深入研讨交流。

第六届"茅台杯"《小说选刊》奖在京颁奖 3月15日,由《小说选刊》杂志社和中国贵州茅台酒厂(集团)有限责任公司共同主办的第六届"茅台杯"《小说选刊》奖颁奖典礼在京举行。中国作协副主席张健、陈建功、何建明,中国作协书记处书记阎晶明、中国贵州茅台酒厂(集团)有限责任公司董事长袁仁国,及百余位作家、评论家、编辑家出席颁奖典礼并为获奖作家颁奖。经过评委会严肃、认真的评审,叶广芩的《太阳宫》、红柯的《故乡》、王十月的《人罪》获中篇小说奖,邓一光的《我们叫作家乡的地方》、王方晨的《大马士革剃刀》、蔡骏的《北京一夜》获短篇小说奖,周李立的《八道门》获得新人奖。本届"茅台杯"《小说选刊》奖增设微小说奖,游睿的《父亲的证明》获奖,李伶伶的《数学家的爱情》、赵明宇的《饿刑》等获提名奖。

鲁迅文学院第二十六届中青年作家高级研讨班举行开学典礼 3月17日，鲁迅文学院第二十六届中青年作家高级研讨班（文学评论班）开学典礼在京举行。中国作协主席铁凝，中国作协党组书记、鲁迅文学院院长钱小芊，中国作协副主席何建明、陈崎嵘、李敬泽，中国作协书记处书记白庚胜、阎晶明出席开学典礼，并与学员们合影留念。本届高研班学员的一个突出特点是学历水平高、学术背景强，50名学员中有博士研究生22名、硕士研究生13名，有25名学员供职于高校和研究机构，很多学员在自己的研究领域、工作岗位上已取得了出色的成绩。

中国作家协会第八届主席团第七次会议在京举行 3月25日，中国作家协会第八届主席团第七次会议在北京召开。中国作家协会主席铁凝主持会议。会议深入学习贯彻习近平总书记在文艺工作座谈会上的重要讲话精神和全国宣传部长会议精神。会议审议了《中国作家协会2014年工作总结（审议稿）》和《中国作家协会2015年工作要点（审议稿）》，同意提交中国作家协会第八届全国委员会第五次全体会议审议。会议提名吉狄马加同志为中国作家协会第八届全国委员会副主席候选人，提交中国作家协会第八届全国委员会第五次全体会议选举。推举吉狄马加同志为中国作家协会第八届书记处书记。李冰同志由于已超过任职年龄，不再担任书记处书记职务。会议高度评价李冰同志为我国文学事业和作协工作做出的贡献，并对李冰同志表示衷心感谢。会议根据《中国作家协会章程》第26条规定，审议通过了部分团体委员变更事项。

4月

中国作协五十六个民族作家红色赣州行在京启动 4月7日，中国作协在京举行56个民族作家红色赣州行活动启动仪式。中国作协副主席何建明、书记处书记白庚胜出席启动仪式并讲话。中国作协创作联络部主任彭学明主持启动仪式。《民族文学》主编石一宁、河北省作协主席关仁山作为采风团代表接受授旗。朝鲜族诗人南永前代表作家发言。本次采风活动由中国作家出版集团、中国作协创作联络部、中共赣州市委宣传部共同组织。自4月7日至13日，何建明、白庚胜作为采风团团长将带领56个民族作家，赴江西赣州，走进红色革命根据地瑞金、宁都、兴国、赣县、会昌、寻乌、龙南等地，接受革命传统的教育和洗礼，在生活中挖掘文学创作素材，努力创作出优秀作品。

2015文学深军新势力——深圳青年作家研讨会在京举行 4月9日，由中国作协创研部与广东省作协、深圳市文联共同主办的"2015文学深军新势力"——深圳青年作家研讨会，在中国现代文学馆举行。中国作协副主席李敬泽，广东省作协党组副书记孙丽生，深圳市文联主席罗烈杰、专职副主席顾焕金及20余位专家学者与会研讨。研讨会由深圳市作协主席李兰妮主持。研讨会就萧相风、钟二毛、弋铧、徐东、阿翔、刘静好、老家阁楼、郭海鸿、吕布布9位青年作家的创作进行了研讨。与会者认为，这些作家的作品写出了各自体验到的深圳人的生存面貌，在艺术形式上各具特色，其丰富性和多样性在国内其他城市的文学版图上都是少见的。

专家为陕西新世纪长篇小说把脉 4月10日，由陕西省作家协会和文艺报社共同主办的"陕西新世纪长篇小说研讨会"在西安召开。中国作协书记处书记阎晶明，陕西省委常委、省委宣传部部长景俊海，陕西省委宣传部副部长陈彦，陕西省作协主席贾平凹，陕西省作协党组书记蒋惠莉，以及来自全国各地和陕西的40余位批评家，共同就陕西新世纪长篇小说的发展情况、特点和未来前景等展开了讨论。会议由李国平主持。畅广元、雷达、白烨、贺绍俊、张陵、孟繁

华、陈福民、吴秉杰、李星、王鸿生、王山,等等专家,结合路遥、陈忠实、贾平凹等人的具体作品,就陕西的长篇小说创作所体现的乡土文学传统、现实主义精神等进行了深入探讨,并就陕西文学所存在的不足提出了中肯的意见和有益的建议。

中国现代文学馆第三批客座研究员离馆暨第四批客座研究员聘任仪式在京举行 4月15日,中国现代文学馆第三批客座研究员离馆暨第四批客座研究员聘任仪式在中国现代文学馆举行。中国作协主席铁凝,中国作协党组书记钱小芊,中国作协副主席李敬泽出席聘任仪式。聘任仪式由中国现代文学馆馆长助理李洱主持。经过各省作协推荐和中国现代文学馆学术委员会的严格评审,项静、黄德海、杨晓帆、马兵、季亚娅、艾翔、周明全、方岩、王鹏程、王迅等10位优秀青年评论家入选。铁凝和钱小芊为客座研究员颁发聘书。第三批客座研究员代表丛治辰和第四批客座研究员代表项静分别发言,感谢中国现代文学馆对现当代文学批评事业的关心,并决心以此为契机不断提高自己,为当代文学评论事业尽力尽责。

江苏省作协第八次代表大会举行 4月23日至24日,江苏省文学艺术界联合会第九次代表大会、江苏省作家协会第八次代表大会在南京举行。中国文联党组书记、副主席赵实,中国作协党组书记、副主席钱小芊出席会议开幕式并致辞。中共江苏省委书记、省人大常委会主任罗志军在开幕式上讲话。赵实代表中国文联向大会的召开表示祝贺。钱小芊代表中国作协向大会的召开表示祝贺。会议审议通过了范小青受江苏省作协第七届理事会委托向大会所作的工作报告,审议通过了经过修改的《江苏省作家协会章程》,选举产生了江苏省作协第八届理事会。在江苏省作协第八届理事会第一次会议上,范小青当选为江苏省作协主席,朱苏进、苏童、叶兆言、周梅森、储福金、毕飞宇、丁帆、许钧、张文宝、鲁敏、汪政、王尧、祁智、叶弥当选为江苏省作协副主席。

第三届全国青年作家批评家主题峰会在绍兴举行 4月24日，第三届全国青年作家批评家主题峰会在浙江省绍兴市召开。《人民文学》主编施战军、副主编邱华栋、徐坤，《南方文坛》主编张燕玲、《中国作家》主编王山、《花城》名誉社长田瑛、《十月》主编陈东捷、《钟山》贾梦玮、《青年文学》主编张菁，滕肖澜、钟求是、付秀莹、吴玄、马小淘、刘玉栋等青年作家，黄平、夏烈、金赫楠、丛治辰、黄德海、杨晓帆等青年批评家与会。会上，名刊主编、青年作家、批评家就本次峰会主题"多媒体融合与青年写作"互动对话，对多媒体给写作带来的挑战与机遇展开热烈讨论。作为峰会重要议程之一，峰会现场推选出2014年度青年作家和批评家。滕肖澜当选"年度青年作家"，夏烈当选"年度青年批评家"，李宏伟、武强华获"年度青年作家表现奖"，徐刚获"年度青年批评家表现奖"。

2014年度《诗刊》"诗人奖"颁奖 4月25日，《诗刊》2014年度"诗人奖"颁奖典礼暨"诗意增城"音乐诗歌晚会在广东增城举办。中国作协副主席吉狄马加、中国作协原党组副书记王巨才、中国文联书记处书记郭运德、《诗刊》常务副主编商震、广东省作协主席蒋述卓、《诗刊》副主编李少君以及数十位来自全国各地的诗人、评论家参加了此次颁奖活动。胡弦获得2014《诗刊》年度诗人奖，余秀华、王单单获得2014《诗刊》年度青年诗人奖。

第三届人民文学新人奖在甬颁发 4月27日，由人民文学杂志社、中共浙江省宁波市鄞州区委、鄞州区人民政府共同主办的第三届人民文学新人奖颁奖活动在宁波市鄞州区举行。施战军、宁小龄、邱华栋、徐坤等参加了此次活动。本届人民文学新人奖共有6人获奖，笛安、颜歌、王凯、王选、陈蔚文、高鹏程分别获得长篇小说、中篇小说、短篇小说、非虚构、散文、诗歌新人奖。设立于2013年的人民文学新人奖每年评选一次，希望通过表彰和奖掖在《人民文学》

上发表作品的40岁以下新人,引导更多的文学青年投身文学创作,推动文学事业的发展。

5月

第九届茅盾文学奖参评作品目录发布 5月15日,茅盾文学奖评奖办公室发表第一号公告,称:第九届茅盾文学奖参评作品征集工作于2015年3月15日启动,2015年4月30日结束。经审核,初步认定共有252部作品符合《茅盾文学奖评奖条例》所规定的参评条件。现将参评作品目录在《文艺报》和中国作家网(http://www.chinawriter.com.cn/)公示。若发现其中有不符合参评条件的作品,请向评奖办公室反映。

铁凝获法国文学艺术骑士勋章 5月16日,中国作家协会主席铁凝在北京获颁法国文学艺术骑士勋章。法国外长洛朗·法比尤斯代表法兰西共和国授予铁凝勋章并致辞,他肯定了铁凝在文学艺术创作领域取得的卓越成就,及其为中法文化交流做出的重要贡献。他称赞,铁凝的作品中涌动着"一种既抒情又浪漫的声音,致力于描述普通百姓的内心世界,尤其是女性的内心世界"。铁凝致答谢辞,随后,铁凝与洛朗·法比尤斯就中法两国文学文化交流展开对话。

"21世纪文学之星丛书"2015年卷入选作品审定 5月19日,经过两天的审读、讨论,全体编委以无记名投票方式选定"21世纪文学之星丛书"2015年卷的入选作品,入选的10部作品是:陈宏伟的小说集《如影随形》、包倬的小说集《风吹白云飘》、张遂涛的小说集《陌生人来到马巷》、李晃的小说集《朝南朝北》、小昌的小说集《小河夭夭》、谭广超的诗集《圈地运动》、杨犁民的散文集《露水硕大》、赵兴红的评论集《小说戏剧性》、王颖的评论集《谜面与迹底》、季亚娅的评论集《文学的行间距》。

"深入生活、扎根人民"弘扬柳青精神研讨会在京召开 5月20日,中国作家协会、中共陕西省委宣传部、光明日报社在京联合召开"深入生活、扎根人民"弘扬柳青精神研讨会。中国作协党组书记、副主席钱小芊,中共陕西省委常委、宣传部部长景俊海,《光明日报》总编辑何东平,中宣部文艺局局长汤恒出席研讨会并讲话。来自全国多地的10余位作家、评论家、学者在会上发言,对如何更好地弘扬柳青精神进行了深入研讨。研讨会由中国作协副主席李敬泽主持。贾平凹、阎纲、畅广元、雷达、刘醒龙、胡平、李星、白烨、梁鸿鹰、关仁山、张志忠、段建军、王春林、冯秋子等作家评论家,以及陕西省柳青文学研究会副会长董颖夫先后发言,分别从多个维度对柳青的创作道路和文学精神进行了探讨,对柳青的为人为文给予高度评价。

第三届两岸青年文学会议在京举行 5月28日,由中国作协港澳台办公室主办,台湾文学馆合办,台湾《文讯》杂志社和中国现代文学馆协办的"第三届两岸青年文学会议"在京拉开帷幕。来自海峡两岸四地的60余位青年作家、文化学者共聚一堂,在为期4天的交流中,聚焦新世纪以来两岸长篇小说最新创作动态和学术研究成果,围绕"文体与叙事""小说与传媒""小说与城市""小说与历史"等议题,展开了深度对话。

6月

儿童文学"系列化"现象及问题研讨会在北京召开 6月10日,中国作协创作研究部、中国作协儿童文学委员会在京召开"儿童文学'系列化'现象及问题研讨会"。中国作协副主席李敬泽、高洪波和来自全国各地的近20位儿童文学作家、评论家和编辑与会。会议由中国作协创作研究部主任何向阳主持。与会者认为作家品牌化、作

品系列化这些现象本身体现了儿童文学的繁荣，一定程度上也符合儿童文学创作规律和市场规律，但是也存在着"走偏走样"的现象，一些作家面对市场压力，难免浮躁，不能保持一以贯之的艺术水准，作品质量良莠不齐。面对"系列化"我们应该认真总结其中的艺术规律、成功经验和值得吸取的教训，以使儿童文学能够更加健康地发展。

第三届中韩日东亚文学论坛在京举行 6月13日，由中国作家协会主办的第三届中韩日东亚文学论坛在北京开幕，"三国文学时间"正式开启。论坛开幕式上，中国作协主席铁凝、韩国作家崔元植、日本作家岛田雅彦作主旨发言。中国作协副主席李敬泽主持开幕式。中国作协副主席莫言、书记处书记阎晶明，以及韩日驻华使馆文化公使出席开幕式。其间，33位作家围绕"现实生活与创作灵感"进行主旨演讲与对话交流，在北京与青岛之间寻找文学的灵感，聚焦文学与社会之关系。作家们从文学出发，勾连起社会、历史、政治、经济、文化的方方面面，思考文学该与时代、社会、人性保持怎样的联系，作家又应如何从生活中发现灵感，发现自己，发现他人。

雷达散文集《皋兰夜语》研讨会在兰州举行 6月18日，由中国小说学会、西北师大、甘肃当代文学研究会主办的国内著名评论家、中国小说学会会长雷达对话陇上学者、作家暨散文集《皋兰夜语》研讨会在西北师大举行，来自甘肃省的评论家、作家及兰州大学、兰州交通大学、西北师范大学、天水师范学院、郑州师范学院的学者和研究生代表等参加了研讨会。与会者认为，雷达先生是我国第四代文学评论家群中评论生命力最持久、影响力最大的一员宿将。他的所有文章，都隐含着对深深陷入现代物欲中的中国人，包括他自己，如何自警、自省、自律，保持人的原始天性的思绪。西部浑厚的大地，恰恰给他一种母乳般的精神滋养，在文字的气质上，他也在追寻一种来自西部未被雕饰的村野风格，有一种率真之气，人文之魂。

莫言在哥伦比亚发表演讲　5月22日，在哥伦比亚波哥大参加中拉人文交流研讨会的中国作家莫言发表演讲。莫言在演讲中说道，拉美文学对于20世纪八十年代开始写作的中国作家来说，是非常辉煌、非常亲切的文学现实。当时大量的拉美文学被翻译到中国，包括自己在内的很多中国作家从中大受启发。莫言在演讲中还讲述了三十多年来幻想与现实在中国的转变，"最近三十多年以来，中国社会发生了翻天覆地的、令全世界瞩目的巨大的变化和进步，我们当年很多幻想的事情现在都变成了现实，当年我们很多做梦都没有想到的事情今天都变成了现实或者正在变成现实"。他认为，中国社会面临的进步，是中国作家们面临的新的现实，也是文学创作、艺术创造最宝贵的资源。

中国作协组织网络作家"走进抗战历史"　6月23日，在雄壮的国歌声中，中国网络作家"走进抗战历史"活动在北京卢沟桥启动。由此出发，在接下来的十天时间里，网络作家将走访有代表性的抗战遗址、纪念场馆和抗战幸存者，通过实地考察、采访采风、座谈讨论等形式，走进抗战历史。中国作协副主席陈崎嵘、办公厅主任胡殷红，以及30多位网络作家、网络文学编辑参加了启动仪式。

专家向"小兵张嘎之父"致敬　6月24日，中国作家协会、河北省委宣传部和河北省作家协会在石家庄为以撰写抗战小说著称的作家徐光耀举办了文学创作研讨会。众多作家、评论家汇聚一堂，共同探讨徐光耀文学作品的经典魅力，向这位已90岁高龄的"小兵张嘎之父"致敬。徐光耀本人也亲临会场。中国作协党组成员、书记处书记阎晶明在会上宣读了中国作协主席铁凝的书面讲话。铁凝在讲话中说，徐光耀的文学之根始终扎在生活的厚土中，因有深厚生活的丰富滋养，有取之不尽用之不竭的写作源泉，使得他的作品读来特别有滋有味。

7月

《丁玲传》出版座谈会在京召开 7月4日,丁玲与二十世纪中国革命——《丁玲传》出版座谈会在清华大学召开。本次座谈会由中国大百科全书出版社与中国丁玲研究会、清华大学中文系联合主办。本书的作者是丁玲的最后一任秘书王增如与其丈夫李向东。夫妇二人多年致力于丁玲研究,参与采集、整理了许多丁玲的第一手史料,包括对丁玲的录音采访,丁玲的书信、日记与文件,以及以前未曾披露或未受到关注的创作手稿。作者反复阅读这些一手资料与丁玲的全部作品,由文及人,深入贴近丁玲复杂丰富的内心世界。与会专家认为,与其他版本的丁玲传记相比,王增如、李向东的《丁玲传》在史料的翔实完备性和事实的准确可靠性上,大大超越了既往已有之作,具有很高的史料价值,代表了当前国内丁玲研究的最新成果。

"血肉筑起的长城——抗战中的文学"展览在京举行 7月8日,由中国作家协会主办、中国现代文学馆承办的"血肉筑起的长城——抗战中的文学"展览在北京举行。中国作协主席铁凝,中国作协党组书记钱小芊,副主席吉狄马加、陈崎嵘、李敬泽,书记处书记阎晶明出席开幕式。铁凝代表中国作协向在抗战中与人民战斗在一起的作家们表示最深切的怀念,向参加过抗战的文学界老战士、老作家致以崇高的敬意和诚挚的祝福。老作家玛拉沁夫代表老作家、老战士讲话。

全国儿童文学创作出版座谈会在京举行 7月9日,中央宣传部、中国作协在京召开全国儿童文学创作出版座谈会,学习贯彻习近平总书记系列重要讲话精神,着眼满足少年儿童阅读需要,繁荣儿童文学创作,研究如何更好地推动多出精品、多出人才,为少年儿童提供最好的精神食粮。会议强调，繁荣发展儿童文学事业，要深入学习贯彻党的十八大和十八届三中、四中全会精神，学习贯彻习近平总书记系列重要讲话精神，始终坚持"二为"方向和"双百"方针，坚持先进文化的前进方向，推出更多思想精深、艺术精湛、制作精良的优秀作品，为实现"两个一百年"奋斗目标、实现中华民族伟大复兴的中国梦做出新的更大贡献。共青团中央、教育部、国家新闻出版广电总局等有关部门负责同志，29家专业少儿出版单位主要负责人和百余位儿童文学作家、评论家参加会议。会议为期2天，于10日结束。

第十届"海峡诗会"在福建建宁举行 7月15日至17日，第十届"海峡诗会"在福建建宁举行。福建省委常委、宣传部长李书磊，中国作家协会党组成员、书记处书记阎晶明在开幕式上做了贴近诗歌现实的致辞，与会诗人深受感染。来自两岸四地的诗人40余人莅会。台湾诗人郑愁予、简政珍、陈义芝、萧萧、向阳、陈育虹、辛牧、方群、龚华、陈谦，香港诗人秀实、郑单衣、巴桐，澳门诗人姚风，大陆诗人舒婷、叶延滨，诗评家谢冕、孙绍振等，都在会议上发言。他们以"美丽乡村觅诗行"为主题，围绕"现代诗：个人经验与乡土资源"的诗学议题展开交流，对华文现代诗的创作、发展，对当下诗歌创作问题提出了很好的意见。

2015年第一、二季度中国网络小说排行榜揭晓 7月31日，由全国网络文学重点园地工作联席会议主办、中国作家网承办的2015年第一、二季度中国网络小说排行榜揭晓。中国网络小说排行榜每年推出四次季度榜和一次年度榜，每次榜单分为新书榜（10部）、精品阅读榜（10部）。每次评选分为作品征集、网上投票、初审、专家终审、公布榜单五个环节。2015年第一季度、第二季度榜单合为一次评选，评选工作于6月13日启动，共征集来自全国22家文学网站推荐的187部作品。

8月

第九届茅盾文学奖揭晓 8月16日,第九届茅盾文学奖在北京揭晓,格非《江南三部曲》、王蒙《这边风景》、李佩甫《生命册》、金宇澄《繁花》、苏童《黄雀记》5部长篇小说获得该项殊荣。茅盾文学奖由中国作家协会主办,每四年评选一次。第九届茅盾文学奖的评奖范围为2011~2014年间出版的长篇小说,共有252部作品参评,比上届增加74部。中国作家协会书记处聘请了来自全国各地的62位作家、评论家和文学组织工作者组成评奖委员会。评委对作品进行了认真阅读、深入讨论,经过5轮投票,于8月12日产生了10部提名作品并进行三天公示。8月16日,经第6轮投票,产生了5部获奖作品并向社会公布了实名投票情况。

2015·中国少数民族当代文学论坛在甘肃召开 8月20日,由中国作家协会和中共甘肃省委宣传部主办的第三届中国少数民族当代文学论坛——"丝路文学语境下的多民族文学审美——2015·中国少数民族当代文学论坛",在千古丝路的重要驿站甘肃兰州举行。中国文联副主席、中国作协少数民族委员主任丹增,中国作协党组成员、书记处书记白庚胜,甘肃省委常委、省委宣传部部长连辑,甘肃省委宣传部副部长、省文联主席邵明等出席会议。连辑、白庚胜、丹增分别致辞。本届论坛旨在加强少数民族文学理论批评建设,发现和挖掘少数民族在古丝绸之路上的文学实践和成就,探讨和拓展少数民族文学对新时期"一带一路"建设的现实作用和历史担当,深化少数民族文学对丝路文学书写的参与,加强少数民族文学对中华民族文化复兴及人类进步事业的贡献。

中华诗词学会第四次全国会员代表大会在京举行 8月20日,中华诗词学会第四次全国会员代表大会在京举行。中宣部副部长王世明，中国作协党组书记、副主席钱小芊，全国人大华侨委员会副主任委员令狐安等出席大会开幕式。钱小芊宣读了刘云山、刘奇葆同志对大会的批示，并代表中国作协讲话。郑欣淼主持大会开幕式并致开幕词。李文朝代表中华诗词学会第三届理事会作了题为《为实现中华民族伟大复兴的中国梦，勇于弘扬诗词文化的历史担当》的工作报告。当天，大会选举产生了由213人组成的新一届理事会、71人组成的常务理事会和学会领导班子。郑欣淼连任中华诗词学会会长，李文朝连任中华诗词学会常务副会长，代雨东、李树喜、张克复、陈文玲、范诗银、林峰（北京）、罗辉、周啸天、赵永生、胡迎建、贾学义、钱志熙、高昌、彭崇谷当选为副会长，林峰兼任秘书长。

中国女性文学第十二届国际学术研讨会在呼市召开 18日至20日，纪念中国当代文学研究会女性文学委员会成立20周年暨中国女性文学第12届国际学术研讨会在呼和浩特召开。来自国内外高校、研究机构的140余名学者，以大会发言和小组讨论相结合的方式，从女性文学研究反思与学科建设、跨文化视域中的女性文学研究、现当代女性文学文化现象、21世纪以来的女性文学创作、性别视角下的文学创作与媒介传播等多个角度，就当下的女性文学创作现象与研究热点进行了解读和对话，取得了丰硕的成果。研讨会期间举行了女性文学委员会理事会扩大会，选举产生了新一届中国当代文学研究会女性文学专业委员会的组织机构。乔以钢任女性文学委员会主任，林丹娅、林树明、董丽敏、李玲、王侃任副主任，董丽敏兼任秘书长；谭湘为名誉主任，金燕玉、刘思谦为顾问。会上还颁发了由女性文学委员会主办、冰心文学馆协办的第四届女性文学研究成果表彰奖。

张志民诗歌研讨会召开 8月21日，在抗日战争胜利70周年到来之际，在当年的平西抗日根据地斋堂镇，中共北京市门头沟区委宣传部、北京市作协、首都师范大学中国诗歌研究中心联合主办了"张志民诗歌创作研讨会"。高洪波、刘恒、王升山、吴思敬、杨匡汉、骆英、沈奇、马淑琴等诗人、学者与会。与会者谈到，张志民在抗日战争的烽火中投身革命，在时代的风云变幻中矢志为民，以时代的亲历者和受害者身份写下一系列具有民族和时代特色的诗作，显示了诗人与时代同在、与人民同歌哭的精神质地。这对当前诗歌创作具有方向性的启示意义。与会者还就张志民诗歌创作的历史分期、写作资源、美学风格及其所开创的诗歌道路等问题展开了交流。

第二十二届北京国际图书博览会"中国作家馆"在京开幕 8月26日，由中国作家协会主办，中国作家出版集团承办的第二十二届北京国际图书博览会"中国作家馆"在北京中国国际展览中心举行。中国作协党组书记钱小芊、中国作协副主席何建明出席并为"中国作家馆"揭幕。随后，中国作家馆举行了程雪莉抗战题材新书《寻找平山团》首发式。《寻找平山团》真实地描述了在民族危亡时刻，平山儿女前赴后继、转战南北，为全国解放和民族独立而英勇献身的感人故事，塑造了太行子弟兵"忠勇稳定、悲歌慷慨"的英雄形象，凸显了中国共产党在领导全国各族人民实现民族独立和人民解放中的巨大贡献。该书由作家出版社和花山文艺出版社联合出版。

抗战题材文学创作研讨会在北京举行 8月27日，由中国作家出版集团主办、《长篇小说选刊》杂志社承办的抗战题材文学创作研讨会在北京举行。中国作协副主席何建明出席会议并发言。雷达、范咏戈、梁鸿鹰、施战军、张陵、高叶梅、胡殷红、何向阳、彭学明、邱华栋、李朝全、汪守德、李舫、黄国荣、丁晓平等20余位作家、评论家与会研讨。研讨会由中国作家出版集团管委会副主任徐忠志主持。与会专家学者重点围绕《南京大屠杀》、《寻找平山团》、《抗日战争》、《极地天使》、《三尺布》、《吾血吾土》、《来生再见》、《大国博弈·1945》、《磷火》、《抗战救护队》等作品展开讨论。他们谈到，抗战题材文学创作是中华民族新的精神和文化长城上的堡垒，抗日战争的伟大胜利凝聚着全民族的牺牲和奋斗，也包含中国作家们的激情和奉献。战争留下的记忆是复杂的，文学赋予其更加丰富的内涵和深远的意义。

9月

《三体》与中国科幻原创力研讨会在京举行 9月1日，由中国作协创研部、《光明日报》文艺部共同主办的"《三体》与中国科幻原创力研讨会"在京举行。中国作家协会副主席、党组成员、书记处书记李敬泽，中宣部文艺局理论文学处处长彭云，《光明日报》文艺部主任彭程出席研讨会。会上，国内众多科幻文学研究专家围绕中国科幻文学的现状及未来发展展开了热烈讨论。研讨会由中国作协创研部主任何向阳主持。研讨会上，各位专家学者从多个角度评说了刘慈欣的《三体》及其获奖的意义，为中国科幻文学事业的未来发展提供了诸多建设性意见。

首都文学界"纪念中国人民抗日战争暨世界反法西斯战争胜利70周年"座谈会举行 9月6日，中国作家协会隆重召开首都文学界"纪念中国人民抗日战争暨世界反法西斯战争胜利70周年"座谈会。中国作协主席铁凝出席座谈会并讲话。中国作协党组书记、副主席钱小芊主持座谈会。中国作协副主席吉狄马加、陈崎嵘、李敬泽、高洪波，书记处书记白庚胜、阎晶明，主席团委员王巨才、张胜友等出席。钱小芊作主持讲话，作家、评论家代表邓友梅、柳建伟、孟繁华、大解、程雪莉、李云雷、张者、成善一等先后发言。徐非光即席演唱了《抗日儿童团歌》《孩子剧团团歌》。大家从不同角度回顾抗战历史，表达对革命先烈、文学前辈和死难者的怀念，肯定文学的社会价值和精神力量，表示要弘扬抗战精神，推动抗战文学创作。

冯牧先生藏书手稿暨铜像入藏中国现代文学馆 9月12日，冯牧先生的女儿女婿程小玲、任肖兵夫妇将冯牧先生的珍贵手稿《战地手记》等以及生前收藏的作家著作签名本一千多册、名家书法作品等捐赠给文学馆,同时著名雕刻家宋小鸿先生也将他创作的《冯牧》铜像原创青铜定稿捐赠给文学馆收藏。即日,中国现代文学馆举行了隆重的捐赠仪式。捐赠仪式由中国现代文学馆馆长吴义勤主持。中国作协党组成员、书记处书记、副主席李敬泽到会讲话。中国作协副主席陈建功、高洪波,以及徐怀中、贺捷生等在京的冯牧先生亲属、朋友、文学界知名人士近50人出席仪式,并纷纷发言,深情怀念这位文学前辈。

中国作协作家维权工作经验交流会在京举行 9月16日至17日,中国作协作家维权工作经验交流会在京召开。16日上午,中国作协书记处书记白庚胜,中国作协副主席张抗抗,中国作协创作联络部主任彭学明,国家版权局版权管理司副司长段玉萍等出席了会议开幕式,开幕式由中国作协创作联络部副主任邢春主持。国家版权局版权管理司副司长段玉萍系统介绍了我国的版权保护现状和有关作家维权的政策法规。荣获"第四届世界知识产权保护组织版权金奖"的张抗抗现身说法,向与会者介绍了自己的作家维权经验和体会。来自全国各省级地方作协和产业(行业)作协分管维权工作的同志及中国作协作家权益保障办公室等40余人参加了会议。

冯至先生诞辰110周年纪念座谈暨学术研讨会在京召开 9月19日上午,冯至先生纪念座谈会在京举行。中国作协副主席、鲁迅文学院院长吉狄马加到会讲话,中国社会科学院原副院长汝信、中国社会科学院外国文学研究所所长陈众议、中国社会科学院文学研究所所长陆建德,以及屠岸、范大灿、童道明、黄燎宇等知名作家、翻译家、学者和亲友近百人出席,缅怀冯至先生为人为文的品德及其卓著贡献。会上,冯至先生的女儿冯姚平女士代表亲属将冯至先生的手稿、信札、藏书等珍贵资料捐赠给中国现代文学馆。在下午举行的学术研讨会上,曾镇南的《以一生尽其天职的诗人》、叶隽的《冯至与中国德文学科的开辟》、张辉的《冯至先生的多重精神探索给我们的启示》，以及张宽、佐藤普美子等国内外学者均高度评介了冯至先生的文学成就和对现今文坛的启示意义。

《新时期中国少数民族文学作品选集》成果发布会在京召开 9月19日，由中国作家协会主办，中国作家协会创作联络部与中国作家协会少数民族文学委员会承办的"《新时期中国少数民族文学作品选集》成果发布会"在中国现代文学馆举行。中国作协党组成员、副主席、书记处书记吉狄马加，中国作协少数民族文学委员会主任丹增发表讲话。中国作协创联部副主任冯秋子受中国作协党组成员、书记处书记白庚胜委托，作有关工作通报。国家民委、社科院、作家出版社等相关单位的代表出席会议并发言。在京各民族卷主编、编委，鲁迅文学院少数民族文学创作培训班的学员等百余人参加发布会。

《新时期中国少数民族文学作品选》总计55卷60册。丛书共收录2218位作者的4279篇作品，其中小说792篇，散文1413篇，诗歌2010首，报告文学63篇，影视剧本1篇，长篇作品仅列目录。

中国作协举办全国省级作协负责人学习研修班 9月21日至9月24日，中国作协在北京举办全国省级作协负责人学习研修班。学习研修班主题是：深入学习贯彻习近平总书记在文艺工作座谈会和中央党的群团工作会议上的重要讲话精神，研究做好新形势下作协工作的改革创新问题。中宣部副部长景俊海，中国作协党组书记、副主席钱小芊在研修班讲话。中国作协主席铁凝，中国作协党组书记处吉狄马加、何建明、李敬泽、白庚胜、阎晶明出席了研修班活动。各省、自治区、直辖市作协，新疆建设兵团作协、延边作协等中国作协团体会员主要负责人参加了学习研修班。学习研修班上，吉狄马加、何建明、李敬泽、马建堂、钱文荣、雷达等同志分别就文学问题、经济形势和国际关系等作了报告与讲座。

诗刊社举办第三十一届青春诗会 9月14日至18日，第31届青春诗会在福建省龙岩市永定区举行。中国作协副主席吉狄马加，福建省委常委、宣传部部长李书磊，中国作协主席团委员张胜友，《诗刊》常务副主编商震、副主编李少君，福建省文联副主席陈毅达等出席开幕式。杨庆祥、袁绍珊、宋尚纬、白月、江汀、李其文、天岚、张二棍、武强华、秋水、林宗龙、赵亚东、茱萸、钱利娜、黎启天等15位青年诗人参加此次诗会。诗刊社邀请刘立云、娜夜、潘虹莉和霍俊明担任本届诗会的辅导老师。参会诗人分为4组，每组由一位辅导老师和一位诗刊编辑带队，对提交的诗歌稿件进行详细讨论。

第九届茅盾文学奖颁奖典礼在京举行 9月29日晚，第九届茅盾文学奖颁奖典礼在北京中国现代文学馆举行。中国作协主席、第九届茅盾文学奖评奖委员会主任铁凝，中国作协党组书记、副主席钱小芊出席颁奖典礼并分别致辞。中宣部副部长景俊海出席颁奖典礼。茅盾文学奖由中国作家协会主办，根据茅盾先生遗愿于1981年设立，旨在褒奖优秀长篇小说创作，是我国目前具有最高荣誉的文学奖项之一。本届评选范围是2011～2014年出版的长篇小说。格非的《江南三部曲》、王蒙的《这边风景》、李佩甫的《生命册》、金宇澄的《繁花》、苏童的《黄雀记》5部佳作最终胜出。在欢快的乐曲声中，获奖作家上台领奖。格非、王蒙、李佩甫、金宇澄、苏童5位获奖作家分别发表了获奖感言。作家们或平实朴素，或热情风趣，讲述了创作背后鲜为人知的点点滴滴，分享了他们对社会人生及文学的感悟。

10月

陈涌同志逝世 10月4日，中国作家协会会员，中国作家协会名誉委员，中共中央政策研究室顾问陈涌同志，因病医治无效，于在北京逝世，享年96岁。

陈涌，原名杨熹中，又名杨思仲。1938年开始发表作品。20世纪50年代加入中国作协。曾任《文艺报》主编，中国社会主义文艺学会会长，《文艺理论与批评》主编。长期从事鲁迅专题研究和文艺理论研究，曾参加《鲁迅全集》新版本的注释工作。著有《文学评论集》、《文学评论二集》、《鲁迅论》、《陈涌文学论集》、《在新时期面前》等。《"五四"文化革命的再评价》一文获第二届鲁迅文学奖理论评论奖。

闽派文艺理论家批评家高峰论坛暨"闽派诗歌"研讨会在京举行 10月9日，2015闽派文艺理论家批评家高峰论坛暨"闽派诗歌"研讨会在北京中国现代文学馆举行，来自北京、福建等全国多地的近百位专家学者齐聚一堂，对"全媒体时代的文艺与批评"进行深入研讨，并就"闽籍学者文丛"和"闽派诗歌"展开讨论。中国作协副主席李敬泽、福建省文联主席张帆、中国文联书记处书记郭运德、北京大学中国诗歌研究院院长谢冕等出席论坛并致辞。中国文艺评论家协会主席仲呈祥、中国作协书记处书记阎晶明、中国文联书记处书记陈建文、福建省文联党组书记张作兴等有关方面领导，中国文联理论研究室主任庞井君、《文艺报》总编辑梁鸿鹰，张炯、张胜友等闽籍和在闽工作的文艺理论家、批评家、诗人，部分在京专家学者等与会研讨。

除主题论坛外，今年的论坛还特别设置了两个专题研讨环节，使其内容更加丰富。2014年，闽派文艺理论家批评家高峰论坛在福州举行，实现了"闽派批评"近30年来的首次大团聚。今年高峰论坛移师京城，并邀请了超过半数的非闽籍学者、作家和诗人参与，体现了论坛的开放性姿态。

严文井百年诞辰纪念座谈会在京举行 10月19日，中国作协在中国现代文学馆举行严文井百年诞辰纪念座谈会。中国作协主席铁凝出席座谈会并致辞。中国作协党组书记、副主席钱小芊主持座谈会。

中国作协副主席陈建功、高洪波、李敬泽、张抗抗等出席座谈会。屠岸、金波、阎纲、杨匡满、聂震宁、王涛、周明、覃琨、管士光等满含深情地讲述了与先生交往共事的点滴往事。他们谈到，严文井的为人为文都值得称道，他的童话永远都没讲完。他的儿童文学创作执著于表现人性，既是诗意的又是哲理性的，对陶冶孩子的情操、启迪智慧和心灵产生了重要影响。王蒙、谢永旺、文洁若、吴泰昌、邵燕祥、徐城北、樊发稼、崔道怡、叶稚珊、李辉、陈国华、谷斯涌、何志云、陈虹等参加纪念座谈会。

2015年全国报告文学创作会在山东济南举行　10月20日至22日，2015年全国报告文学创作会在济南举行。中国作协副主席、中国报告文学学会会长何建明出席会议并讲话。来自全国各地的200余位报告文学作家和作者参加了此次会议。今年全国报告文学创作会的主题是：以深入理解文艺和人民的密切关系，坚持社会主义文艺的方向，提高使命意识，端正文艺作风，更好把握报告文学的特性，如何积极切近现实社会生活，真实正确地接受传递社会信息，面对各种社会矛盾，积极传递正能量，发出准确文学声音为中心内容展开对话交流。与往年一样，今年的创作会仍然设置了多场报告文学论坛和自由论坛，邀请近20位知名报告文学作家、评论家、学者向来自全国各地的作家进行授课，分享交流各自的创作研究心得体会，并对业余作者的创作提出意见和建议。精彩的讲述、到位的点评，令广大作者受益匪浅。

中国作协八届八次主席团扩大会议在京召开　10月23日，中国作家协会第八届主席团第八次扩大会议在北京召开。中国作协主席铁凝主持会议。中国作协党组书记、副主席钱小芊代表书记处作工作报告。中宣部副部长景俊海出席会议并讲话。会议深入学习贯彻习近平总书记在文艺工作座谈会上的重要讲话精神，认真学习中共中央《关于繁荣发展社会主义文艺的意见》，对中国作协今年以来的工作进行了总结,对深入学习贯彻习近平总书记在文艺工作座谈会上的重要讲话精神、学习贯彻《关于繁荣发展社会主义文艺的意见》作出部署。会议审议通过八届八次主席团扩大会议决议。陈崎嵘同志由于已超过任职年龄,不再担任书记处书记职务。会议对陈崎嵘同志为我国文学事业和作协工作所作出的贡献,给予高度评价并表示衷心感谢。会议同意成立中国作协网络文学委员会。中国作协主席团成员出席会议。中国作协各单位、各部门负责人列席会议。

全国网络文学重点园地工作联席会召开 10月22日,第六十九次全国网络文学重点园地工作联席会议在京举行。中国作协副主席李敬泽出席会议并讲话。中国作协办公厅主任胡殷红、创作研究部主任何向阳出席会议。中国作家网、阅文集团、中文在线、作家在线、大佳网、铁血网、汉王书城、晋江文学城、纵横中文网、旗峰天下、塔读文学、网易云阅读、凤凰网、百度多酷、看书网、半壁江中文网、掌阅文学、爱读文学、创别书城、天涯读书、蔷薇书院、晨星盛世网、飞库网、中国诗歌网、云阅文学网等20余家网站相关负责人参加会议。会上,来自铁血网、晋江文学城、掌阅文学、半壁江中文网等网站代表,分别介绍了各自网站的学习情况并畅谈了学习体会,肖惊鸿、马季、刘晓闻对"2015年优秀网络原创作品推介活动"、"首届中国网络文学论坛"以及"中国网络文学排行榜"第二期工作做了介绍和总结。

翻译家草婴同志逝世 10月24日,中国作家协会会员,上海市作协原副主席,著名翻译家草婴同志,因病医治无效,在上海逝世,享年93岁。

草婴,原名盛峻峰。浙江镇海人。中共党员。1942年开始发表作品。1949年加入中国作家协会。译著《战争与和平》、《安娜·卡列尼娜》、《复活》、《一个地主的早晨》、《哥萨克》、《克鲁采奏鸣曲》、《哈吉·穆拉特》、《童年·少年·青年》等12部,及《当代英

雄》、《新垦地》、《一个人的遭遇》、《顿河故事》、《拖拉机站站长和总农艺师》等，2003年出版《我与俄罗斯文学》。1987年获莫斯科国际翻译苏联最高文学奖高尔基文学奖。

第三届"紫金·人民文学之星"颁奖 11月1日，由人民文学杂志社和江苏省作协共同主办的第三届"紫金·人民文学之星"颁奖仪式在苏州大学举行。李敬泽、王燕文、施战军、李朝润、范小青、韩松林、朱秀林等出席颁奖仪式并为获奖者颁奖。徐艺嘉、于一爽、祁媛、胡竹峰、梁书正、杨晓帆分获长篇小说奖、中篇小说奖、短篇小说奖、散文奖、诗歌奖、文学评论奖，非虚构奖空缺；彭扬、孙一圣和常小琥、王苏辛和国生、羌人六、周渝和王大骐、黄相宜分别获得长篇小说、中篇小说、短篇小说、散文、非虚构、文学评论佳作奖，诗歌佳作奖空缺。

第十四届全国文学院院长联席会议召开

10月28日，第十四届全国文学院院长联席会议在贵阳举行，来自22个省区市的26个文学院的代表参加了会议。中国作协副主席、鲁迅文学院院长吉狄马加，贵州省人大常委会党组副书记、副主任张群山，中共贵州省委宣传部副部长谢念出席会议并讲话。与会代表结合各地文学院工作实际，着重就如何鼓励、支持和帮助作家通过多种形式深入生活，扎根人民，为人民创作；如何采取措施加大青年作家的培训力度、拓展培训模式；如何创新和完善合同制作家和签约制作家的管理体制机制；如何发掘文学人才资源并团结不同类型作家、壮大作家队伍、实现文学人才可持续发展；各文学院如何跨地区合作、整合资源、优势互补、发挥协同效应、繁荣文学发展等方面问题展开深入交流和探讨，提出了许多务实而富有建设性的建议和意见。

陈涌先生追思会在京举行 10月21日，陈涌先生追思会在北京召开。40余位专家学者及陈涌先生家人出席，深切缅怀陈涌先生，共同探讨马克思主义文艺理论与批评的历史与未来。丁振海、吴元迈、徐可、涂武生、曾镇南、白烨、董学文、陈漱渝、解志熙、李平安、刘润为、熊元义等先后发言，陈涌先生的女儿杨小菲在会上也谈到她眼中的父亲，她表示：陈涌最大的遗憾，是那么多手稿完成不了，他带着他永远不能释怀的遗憾走了。

11月

毛泽东诗词研究会第十五届年会在京召开　11月2日，由中国毛泽东诗词研究会主办的"毛泽东诗词与中华民族伟大复兴的中国梦"学术研讨会暨中国毛泽东诗词研究会第十五届年会在京召开。冷溶、贺敬之、逄先知、滕文生、陈昊苏、杨胜群、陈晋等出席。研讨会后，举行了第五届会员代表大会暨第五届一次理事扩大会议，选举了研究会新一届领导机构。陈晋当选为中国毛泽东诗词研究会会长，董学文等15人当选为副会长。

中国文学博鳌论坛在海南开幕　11月10日，由中国作家协会主办的中国文学博鳌论坛在海南省博鳌镇开幕。本次论坛的主题是"世界视野中的中国文学与中国精神"，60余位作家和评论家围绕4个议题交流研讨，分别是：在新的历史条件下，中国文学如何立足本土，认识中国和表达中国；在全球化背景下，在世界文学格局中，中国文学如何保持自己的主体性，增强文化自觉与文化自信；文学创作如何弘扬中华美学精神，如何回应和激活传统资源；文学在民族精神和文化认同的建设中有何作用，中国文学如何在实现中华民族伟大复兴中国梦的进程中发挥精神引领和精神支撑作用。

甘肃省作家协会第六次会员代表大会在兰州召开　11月15日，甘肃省第六次会员代表大会在兰州召开，甘肃省委常委、宣传部部长连辑出席开幕式并讲话，省文联主席邵明主持会议，省文联党组书记、副主席周丽宁、省文联党组成员、副主席翟万益、苏孝林、王登渤、省文联副巡视员李积麒，省作协主席邵振国，省作协常务副主席魏珂以及来自全省各地和行业的近百名作家代表参加会议。与会代表回顾总结五年来甘肃文学的成就和经验，分析形势，研究问题，共商进一步搞好作协和甘肃文学工作的大计，选举产生了新一届主席团成员。马步升当选为新一届甘肃省作家协会主席，魏珂、罗玉琴、叶舟、娜夜、陈玉福、高凯、牛庆国、马青山、任真、雪漠、铁穆尔、赵淑敏当选为副主席。

陈忠实文学创作研讨会在西安召开 11月22日，由西安工业大学与省作协联合举办的陈忠实当代文学研究中心成立十周年庆典暨陈忠实文学创作研讨会在西安工业大学图书馆隆重召开。中国作家协会副主席、省作协名誉主席陈忠实，省作协党组书记、常务副主席黄道峻，西安工业大学党委书记赛云秀、校长苗润才出席开幕仪式并讲话。研讨会上，中国现代文学馆馆长、西安市副市长吴义勤，新华社陕西分社党组书记、社长李勇，中国当代文学研究会会长白烨，省作协副主席、陈忠实研究会中心副主任李国平，著名文学评论家朱小如、肖云儒、畅广元、李星、李震等专家学者就陈忠实文学创作50年来的创作道路、现实意义，陈忠实当代文学研究会成立10年来所取得的成果及陈忠实文学研究的发展方向进行了总结和讨论。

关于增补中国作家协会诗歌委员会组成人员的公告 11月23日，中国作家协会书记处研究决定，增补中国作家协会诗歌委员会组成人员，增补名单为：主任：叶延滨；委员：李琦、荣荣、耿占春、高兴。

河南省作家协会第六次代表大会在郑州举行 11月27日，河南省作家协会第六次代表大会在郑州举行，中国作协副主席、书记处书记吉狄马加，河南省委常委、宣传部长赵素萍等出席大会。在会议的开幕式上，省委、省政府对作家李佩甫进行特别表彰。授予李佩甫"河南省文学创作杰出贡献奖"，奖金50万元。

同日，省作协第六次代表大会审议通过了上一届省作协工作报告，修改通过了省作协新的章程，选举产生了省作协新一届领导机构。邵丽当选省作协主席，乔叶、马素芳（鱼禾）、冯杰、刘先琴、孙郁（墨白）、何弘、张鲜明、韩达、南飞雁等12人当选为副主席。乔叶兼任秘书长。

纪念先锋文学30年国际学术论坛在京举行 11月27日，"通向世界性与现代性之路"——纪念先锋文学30年国际学术论坛在北京师范大学京师学堂举行。开幕式由北京师范大学文学院副院长、国际写作中心执行主任张清华教授主持。中国作协副主席、书记处书记李敬泽先生在致辞中回顾了先锋文学三十年的历程，指出先锋文学的重要主题是时间和历史。此次会议分为批评家发言专场、青年学者发言专场和著名作家发言专场，多位国内外知名批评家和学者对先锋文学的精神、意义及转型等问题进行了深入的发言与对话，而曾经躬行于先锋文学创作的余华、苏童、格非等作家，通过讲故事的方式回忆当时的创作与自身的思考，更使先锋文学以真实可感的姿态，唤醒一代读者的鲜活记忆。

学习习近平总书记文艺工作座谈会重要讲话学术研讨会在京召开 11月28日，由中央党校文史部、中国社会科学院文学所联合主办的"追寻当代中国文艺道路——学习习近平总书记文艺工作座谈会重要讲话"学术研讨会在京召开。中央党校文史部主任冯鹏志、副主任李文堂，中国社会科学院文学所所长陆建德、外文所所长陈众议，《文艺报》总编辑梁鸿鹰，《文学评论》副主编高建平等专家学者，以及中央党校研究生和文化学师资班的学员100多人与会。在整整一天时间中，与会专家围绕深入学习习近平总书记在文艺工作座谈会上的重要讲话进行发言、讨论和对话，各抒己见，气氛热烈。

河北举办"从孙犁到铁凝"学术研讨会 11月28日，由河北师范大学文学院、衡水市委宣传部主办，安平县委宣传部协办的"从

孙犁到铁凝——现当代文学与现代中国的历史变迁"学术研讨会在石家庄举办，来自全国各地高校和科研院所的80余位专家学者汇聚一堂，围绕"荷花淀派"与孙犁的文学遗产、铁凝与新时期文学中的社会转型书写、河北地域文学中的乡土中国变迁等议题展开了交流研讨。研讨会上，河北师范大学铁凝暨河北作家研究中心揭牌成立。11月29日，与会专家学者赴孙犁故里安平县，参观了孙犁故居、孙犁图书馆、孙犁广场等。

贾平凹研究中心在其母校西北大学揭牌 11月29日上午，贾平凹研究中心在他的母校西北大学揭牌。西北大学校长郭立宏与中国作协党组成员、书记处书记李敬泽共同为贾平凹研究中心揭牌。陕西省委宣传部副部长陈彦、中国当代文学学会会长白烨、中国现代文学研究会会长丁帆、中国现代文学馆馆长吴义勤，以及李星、畅广元、李国平、杨乐生、段建军、李继凯、刘炜评、周燕芬、穆涛等多位作家、评论家参加了揭牌仪式暨"贾平凹与中国当代文学研讨会"。西北大学文学院院长段建军说到，在贾平凹的母校西北大学成立贾平凹研究中心，有着特别的意义。贾平凹研究中心成立后，将以西北大学文学院为主体，汇聚整合陕西高校及科研院所的文学批评资源，集中精力对贾平凹的散文、小说、书法、绘画等多方面艺术成就进行全面研究，就贾平凹作品的人文精神和文化内涵、贾平凹与陕西文化、贾平凹与中国现当代文学、贾平凹与当代世界文学的关系等重要课题展开深入研究。

12月

全国文学报刊工作会议在京举行 12月1日，由中国作家协会主办、中国作家出版集团承办的全国文学报刊工作会议在北京开幕。中国作协党组书记、副主席钱小芊出席会议并讲话。中宣部出版局巡视员刘建生、国家新闻出版广电总局新闻报刊司司长李军出席并致辞。来自全国近百家文学报纸、期刊的负责同志参加会议。《人民文学》主编施战军、《当代》社长孔令燕、《文艺报》总编辑梁鸿鹰、《花城》主编朱燕玲、《文学自由谈》副主编董兆林代表与会文学报刊在开幕式上先后发言，分享交流了各自的办报办刊经验。会议期间，全国文学报刊联盟正式宣告成立，并依据联盟章程产生了首届联盟组织机构。共有56家文学报刊成为联盟理事单位，104家文学报刊成为联盟会员单位。《人民文学》为联盟理事长单位，《人民文学》、《十月》、《当代》、《收获》、《花城》、《诗刊》、《民族文学》、《文学评论》、《小说月报》、《文艺报》、《文学报》等11家文学报刊（排序不分先后）为联盟常务理事单位，徐忠志为联盟秘书长。

中国作协作家法律服务团在京成立　12月3日，中国作协作家法律服务团成立仪式在北京中国现代文学馆举行。中国作协党组书记、副主席钱小芊，国家新闻出版广电总局副局长、国家版权局副局长阎晓宏，中国法学会副会长张文显，中国作协副主席张健、陈建功、张抗抗等出席成立仪式。中国作协书记处书记白庚胜主持仪式并宣读了作家法律服务团成员名单。钱小芊、张健为中国作协作家法律服务团成立揭牌。钱小芊、张健、陈建功、张抗抗、张胜友分别向到会的作家法律服务团特约专家、特约律师及特约律师事务所代表颁发聘书。

"2015·北京文艺论坛"在京举办　12月1日至2日，由北京市文联主办，北京市文联研究部、北京文艺评论家协会承办的"全媒体时代的文艺价值重构：2015·北京文艺论坛"在京召开。北京市文联党组副书记刚杰，北京文艺评论家协会主席、北京大学中文系教授谢冕分别致辞。论坛上，各艺术门类的专家围绕全媒体背景下文艺价值的重构，结合当前多个艺术领域文艺发展现状，深入探讨了文艺价值重构的艺术尺度、全媒体时代的写作与批评、多媒体对当代戏剧

的渗入与改变、全媒体时代舞蹈价值的坚守与重塑、全媒体时代的音乐生态建设等理论话题。

2015年度茅台杯人民文学奖揭晓 12月11日下午，2015年度茅台杯人民文学奖在北京颁奖，中国作协副主席何建明，茅台集团副总经理杜光义，周大新、孙慧芬、白描等获奖作家以及鲁迅文学院第28届高研班的学员出席了颁奖典礼。获得优秀长篇小说奖的是周大新的《曲终人在》和孙慧芬的《后上塘书》；获得优秀中篇小说奖的是荆永鸣的《较量》和刘建东的《阅读与欣赏》；获得短篇小说奖的是金仁顺的《金枝》和叶广芩的《鬼子坟》；优秀散文奖颁给了何士光的《日子是一种了却》；获得优秀非虚构奖的是白描的《翡翠纪》；获得优秀诗歌奖的是两位女诗人，李琦和颜梅玖。今年是中国人民抗日战争暨世界反法西斯战争胜利70周年，涌现出一批优秀的抗战作品。今年的特别奖颁给了何建明长篇报告文学《南京大屠杀》和黄国荣长篇小说《极地天使》。

张贤亮纪念馆开馆仪式在银川举行 12月8日是作家张贤亮的诞辰日。当天，张贤亮纪念馆开馆仪式暨张贤亮文学成就研讨会在宁夏银川市镇北堡西部影城举行。中国作协副主席陈崎嵘，宁夏回族自治区党委常委、宣传部长蔡国英为张贤亮纪念馆揭牌。陈崎嵘为张贤亮纪念馆开馆赋诗一首。张贤亮纪念馆分为六大主题展室，按照时间顺序分布于四合院的各个房间。在同时举行的张贤亮文学成就研讨会上，宁夏师范学院副院长郎伟作了"张贤亮：文学与西部大地"的主题发言，贺绍俊、马知遥、高耀山、石舒清、顾建平、高小立、白草、牛学智等作家、评论家从不同角度对张贤亮在文学上取得的成就进行评价。

中国作协影视文学委员会2015年年会在京召开 12月15日，由中国作协创研部主办的中国作协影视文学委员会2015年年会暨影视文学现状及趋势研讨会在京举行。中国作协副主席李敬泽出席会议并讲话,中国作协副主席、中国作协影视文学委员会主任陈建功主持会议。与会委员回顾了2015年委员会工作,并对委员会2016年工作要点进行了深入探讨。与此同时,各位委员及特约专家学者还对2015年影视剧创作现状进行了系统的梳理与盘点,并据此预测了2016年影视文学的发展趋势,对未来影视剧创作提出了建设性意见。

第二届全国高校文学社团高峰会举行 12月12日,由全国大学生文学社团联盟主办的第二届全国高校文学社团高峰会在江苏徐州江苏师范大学举行。中国作协副主席何建明,共青团中央学校部副部长、全国学联副秘书长石新明,江苏师范大学党委书记徐放鸣出席会议并讲话。来自全国各地30多所高校的文学社团负责人、江苏师范大学学生代表等参加此次活动。此次活动特别邀请了部分作家、评论家和文学报刊社负责人参与。范小青、刘醒龙、欧阳江河分别围绕"丝绸之乡的中国故事""小说、人生与国家""诗歌、人生与一带一路"等作了主题报告。欧阳江河、李少君、顾建平就诗歌创作和赏析的有关话题展开对谈,并同与会社团代表互动交流。

广州纪念萧殷诞辰100周年 12月8日,广东省文联、作协,羊城晚报社,广东省评协联合举办的萧殷诞辰100周年纪念研讨会在广州举行。广东省文联专职副主席李劲堃、省作协专职副主席杨克分别致辞。崔艾真代表文艺报社向《文艺报》创办人之一、前辈萧殷先生致以真挚的敬意。广东省作协主席、暨南大学党委书记蒋述卓主持研讨会。来自全国各地的100余位专家学者汇聚一堂,共同探讨了萧殷的文学成就及其对当前文艺评论和创作的价值和意义。会上还播放了《高山景行风范长存》纪念萧殷诞辰100周年专题片。

中国作协成立网络文学委员会 12月17日,中国作协网络文学委员会第一次全体会议在京召开。中国作协党组成员、副主席李敬泽出席会议并讲话,中国作协副主席、中国作协网络文学委员会主任陈崎嵘主持会议。与会委员围绕网络文学委员会的职能和2016年工作要点展开了认真讨论，赞同《工作要点》提出的主要工作任务：筹建一至两个网络文学理论研究基地，主办两至三次网络文学作品或文学现象研讨会，编辑出版两至三部网络文学理论专著，发布中国网络文学年度发展白皮书；积极参与第二届中国网络文学论坛的组织工作；通过创建中国网络作家创作基地、研究基地、活动基地，开展网络作家网上教学培训，组织网络文学作品研讨等方式团结广大网络作家，推动网络文学创作的发展；继续做好中国网络文学排行榜的评选工作，对上榜的作品要进行认真审读、推介，进一步增强优秀网络文学作品的影响力。

中国作协儿委会2015年年会在京举行 12月21日，中国作协儿委会举行2015年年会，会议以"立足本土原创，放飞中国梦想——学习十八届五中全会精神，把握和迎接儿童文学发展新常态"为主题，总结分析了2015年儿童文学创作状况和问题，并就引导儿童阅读、促进原创作品的推广等问题展开了讨论。中国作协副主席、党组成员、书记处书记李敬泽，中国作协副主席、中国作协儿委会主任高洪波，中国作协儿委会副主任王泉根、张之路、曹文轩，以及儿童文学作家、批评家王宜振、朱自强、刘海栖、汤锐、汤素兰、李国伟、张晓楠、徐德霞、黄蓓佳、梅子涵、董宏猷、韩进、薛涛、薛卫民、刘颋等参加了会议。汤素兰、董宏猷、刘海栖、韩进、王宜振、黄蓓佳分别代表湖南、湖北、山东、安徽、陕西、江苏等省份，总结了他们在2015年的儿童文学活动以及这一年儿童文学所发生的新变化、新状态。

内蒙古文联第八次代表大会召开 12月28日至29日，内蒙古自治区文学艺术界联合会第八次代表大会在呼和浩特召开。内蒙古自治区党委书记王君，内蒙古自治区主席巴特尔，中国文联副主席、书记处书记左中一，内蒙古自治区党委、政府有关部门、宣传文化单位、人民团体负责人和老艺术家代表出席大会开幕式。内蒙古文联第七届主席团主席巴特尔作工作报告，回顾了 2010 年以来内蒙古文学艺术界联合会第七次代表大会在加强队伍建设、培养优秀文艺人才、扶持推出草原文艺精品等方面的成就。大会选举官布扎布为内蒙古文联第八届主席团主席。

B.13
附录三 2015年度文学图书排行

一 "开卷"文学类图书销售排行

A 实体书店文学畅销书排行

1. 追风筝的人（美）卡勒德·胡赛尼　　　　李继宏译
2. 平凡的世界（共三部）　　　　　　　　　路　遥
3. 狼图腾（修订版）　　　　　　　　　　　姜　戎
4. 从你的全世界路过：让所有人心动的故事　张嘉佳
5. 目送（插图新版）　　　　　　　　　　　龙应台
6. 东野圭吾作品.解忧杂货店　　　　　　　（日）东野圭吾
7. 百年孤独　　　　　　　　　　　　　　　（哥）加西亚·马尔克斯　范晔译
8. 乖，摸摸头　　　　　　　　　　　　　　大　冰
9. 平凡的世界（普及本）　　　　　　　　　路　遥
10. 偷影子的人　　　　　　　　　　　　　（法）马克·李维　段韵灵译
11. 中国科幻基石丛书.三体　　　　　　　　刘慈欣
12. 红岩　　　　　　　　　　　　　　　　罗广斌　杨益言
13. 谁的青春不迷茫
　　（2）你的孤独，虽败犹荣　　　　　　刘　同
14. 骆驼祥子　　　　　　　　　　　　　　老　舍

15. 白夜行　　　　　　　　　　　　　（日）东野圭吾
16. 何以笙箫默（精装珍藏版）　　　　顾　漫
17. 阿弥陀佛么么哒　　　　　　　　　大　冰
18. 活着　　　　　　　　　　　　　　余　华
19. 白说　　　　　　　　　　　　　　白岩松
20. 我与世界只差一个你　　　　　　　张皓宸

B. 网上书店文学畅销书排行

1. 追风筝的人　　　　　　　　　　　（美）卡勒德·胡赛尼　李继宏译
2. 从你的全世界路过：让所有人心动的故事　　张嘉佳
3. 平凡的世界（共三部）　　　　　　路遥
4. 活着　　　　　　　　　　　　　　余华
5. 东野圭吾作品．解忧杂货店　　　　（日）东野圭吾
6. 摆渡人　　　　　　　　　　　　　（英）克莱儿·麦克福尔　付强译
7. 中国科幻基石丛书．三体　　　　　刘慈欣
8. 中国科幻基石丛书．三体Ⅲ－死神永生　　刘慈欣
9. 中国科幻基石丛书．三体Ⅱ－黑暗森林　　刘慈欣
10. 乖，摸摸头　　　　　　　　　　 大　冰
11. 我不喜欢这世界，我只喜欢你　　　乔　一
12. 谁的青春不迷茫
    （2）你的孤独，虽败犹荣　　　　 刘　同
13. 百年孤独　　　　　　　　　　　　（哥）加西亚·马尔克斯　范晔译
14. 偷影子的人　　　　　　　　　　　（法）马克·李维　段韵灵译

15. 何以笙箫默（精装珍藏版）	顾 漫
16. 岛上书店	（美）加布瑞埃拉·泽文 孙仲旭译
17. 皮囊	蔡崇达
18. 阿弥陀佛么么哒	大 冰
19. 目送（插图新版）	龙应台
20. 我与世界只差一个你	张皓宸

二 "腾讯·文学"2015年小说类图书点击排行

1. 花千骨	Fresh 果果
2. 相爱恨晚	夜 蔓
3. 何以笙萧默	顾 漫
4. 云中歌	桐 华
5. 锦绣未央	紫梦珍惜
6. 华胥引	唐七公子
7. 白发皇妃	莫言殇
8. 有种后宫叫德妃	阿 琐
9. 不遇倾城不遇你	圣 妖
10. 岁月是朵两生花	唐七公子
11. 微微一笑很倾城	顾 漫
12. 旋风少女	明晓溪
13. 匆匆那年	九夜茴
14. 三生三世十里桃花	唐七公子
15. 簪中录	侧侧轻寒
16. 小王子	（法）安托万·德·圣·埃克苏佩里

17. 后宫如懿传　　　　　　　　　流潋紫
18. 何所冬暖，何所夏凉　　　　　顾西爵
19. 第三种爱情　　　　　　　　　自由行走
20. 天堂太远，人间太乱　　　　　怜心依然

　　（以上资讯分别由"北京开卷图书市场研究所"、"腾讯文化频道"提供）

社会科学文献出版社　　皮书系列

❖ 皮书起源 ❖

"皮书"起源于十七、十八世纪的英国,主要指官方或社会组织正式发表的重要文件或报告,多以"白皮书"命名。在中国,"皮书"这一概念被社会广泛接受,并被成功运作、发展成为一种全新的出版形态,则源于中国社会科学院社会科学文献出版社。

❖ 皮书定义 ❖

皮书是对中国与世界发展状况和热点问题进行年度监测,以专业的角度、专家的视野和实证研究方法,针对某一领域或区域现状与发展态势展开分析和预测,具备原创性、实证性、专业性、连续性、前沿性、时效性等特点的公开出版物,由一系列权威研究报告组成。

❖ 皮书作者 ❖

皮书系列的作者以中国社会科学院、著名高校、地方社会科学院的研究人员为主,多为国内一流研究机构的权威专家学者,他们的看法和观点代表了学界对中国与世界的现实和未来最高水平的解读与分析。

❖ 皮书荣誉 ❖

皮书系列已成为社会科学文献出版社的著名图书品牌和中国社会科学院的知名学术品牌。2011年,皮书系列正式列入"十二五"国家重点出版规划项目;2012~2015年,重点皮书列入中国社会科学院承担的国家哲学社会科学创新工程项目;2016年,46种院外皮书使用"中国社会科学院创新工程学术出版项目"标识。

中国皮书网

www.pishu.cn

发布皮书研创资讯,传播皮书精彩内容
引领皮书出版潮流,打造皮书服务平台

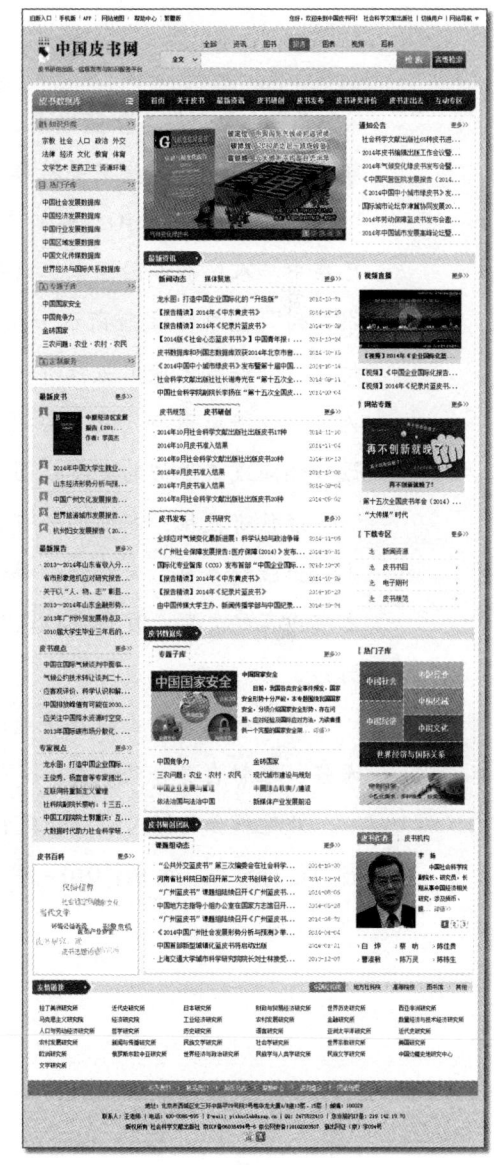

栏目设置:

- □ 资讯:皮书动态、皮书观点、皮书数据、皮书报道、皮书发布、电子期刊
- □ 标准:皮书评价、皮书研究、皮书规范
- □ 服务:最新皮书、皮书书目、重点推荐、在线购书
- □ 链接:皮书数据库、皮书博客、皮书微博、在线书城
- □ 搜索:资讯、图书、研究动态、皮书专家、研创团队

中国皮书网依托皮书系列"权威、前沿、原创"的优质内容资源,通过文字、图片、音频、视频等多种元素,在皮书研创者、使用者之间搭建了一个成果展示、资源共享的互动平台。

自2005年12月正式上线以来,中国皮书网的IP访问量、PV浏览量与日俱增,受到海内外研究者、公务人员、商务人士以及专业读者的广泛关注。

2008年、2011年中国皮书网均在全国新闻出版业网站荣誉评选中获得"最具商业价值网站"称号;2012年,获得"出版业网站百强"称号。

2014年,中国皮书网与皮书数据库实现资源共享,端口合一,将提供更丰富的内容,更全面的服务。

法 律 声 明

"皮书系列"（含蓝皮书、绿皮书、黄皮书）之品牌由社会科学文献出版社最早使用并持续至今，现已被中国图书市场所熟知。"皮书系列"的 LOGO（ ）与"经济蓝皮书""社会蓝皮书"均已在中华人民共和国国家工商行政管理总局商标局登记注册。"皮书系列"图书的注册商标专用权及封面设计、版式设计的著作权均为社会科学文献出版社所有。未经社会科学文献出版社书面授权许可，任何使用与"皮书系列"图书注册商标、封面设计、版式设计相同或者近似的文字、图形或其组合的行为均系侵权行为。

经作者授权，本书的专有出版权及信息网络传播权为社会科学文献出版社享有。未经社会科学文献出版社书面授权许可，任何就本书内容的复制、发行或以数字形式进行网络传播的行为均系侵权行为。

社会科学文献出版社将通过法律途径追究上述侵权行为的法律责任，维护自身合法权益。

欢迎社会各界人士对侵犯社会科学文献出版社上述权利的侵权行为进行举报。电话：010-59367121，电子邮箱：fawubu@ssap.cn。

社会科学文献出版社

权威·前沿·原创

社会科学文献出版社

皮书系列

2016年

盘点年度资讯　预测时代前程

社会科学文献出版社 学术传播中心 编制

社长致辞

我们是图书出版者,更是人文社会科学内容资源供应商;

我们背靠中国社会科学院,面向中国与世界人文社会科学界,坚持为人文社会科学的繁荣与发展服务;

我们精心打造权威信息资源整合平台,坚持为中国经济与社会的繁荣与发展提供决策咨询服务;

我们以读者定位自身,立志让爱书人读到好书,让求知者获得知识;

我们精心编辑、设计每一本好书以形成品牌张力,以优秀的品牌形象服务读者,开拓市场;

我们始终坚持"创社科经典,出传世文献"的经营理念,坚持"权威、前沿、原创"的产品特色;

我们"以人为本",提倡阳光下创业,员工与企业共享发展之成果;

我们立足于现实,认真对待我们的优势、劣势,我们更着眼于未来,以不断的学习与创新适应不断变化的世界,以不断的努力提升自己的实力;

我们愿与社会各界友好合作,共享人文社会科学发展之成果,共同推动中国学术出版乃至内容产业的繁荣与发展。

社会科学文献出版社社长
中国社会学会秘书长

2016年1月

社会科学文献出版社
SOCIAL SCIENCES ACADEMIC PRESS (CHINA)

社会科学文献出版社成立于1985年，是直属于中国社会科学院的人文社会科学专业学术出版机构。

成立以来，特别是1998年实施第二次创业以来，依托于中国社会科学院丰厚的学术出版和专家学者两大资源，坚持"创社科经典，出传世文献"的出版理念和"权威、前沿、原创"的产品定位，社科文献立足内涵式发展道路，从战略层面推动学术出版五大能力建设，逐步走上了智库产品与专业学术成果系列化、规模化、数字化、国际化、市场化发展的经营道路。

先后策划出版了著名的图书品牌和学术品牌"皮书"系列、"列国志"、"社科文献精品译库"、"全球化译丛"、"全面深化改革研究书系"、"近世中国"、"甲骨文"、"中国史话"等一大批既有学术影响又有市场价值的系列图书，形成了较强的学术出版能力和资源整合能力。2015年社科文献出版社发稿5.5亿字，出版图书约2000种，承印发行中国社科院院属期刊74种，在多项指标上都实现了较大幅度的增长。

凭借着雄厚的出版资源整合能力，社科文献出版社长期以来一直致力于从内容资源和数字平台两个方面实现传统出版的再造，并先后推出了皮书数据库、列国志数据库、"一带一路"数据库、中国田野调查数据库、台湾大陆同乡会数据库等一系列数字产品。数字出版已经初步形成了产品设计、内容开发、编辑标引、产品运营、技术支持、营销推广等全流程体系。

在国内原创著作、国外名家经典著作大量出版，数字出版突飞猛进的同时，社科文献出版社从构建国际话语体系的角度推动学术出版国际化。先后与斯普林格、博睿、牛津、剑桥等十余家国际出版机构合作面向海外推出了"皮书系列""改革开放30年研究书系""中国梦与中国发展道路研究丛书""全面深化改革研究书系"等一系列在世界范围内引起强烈反响的作品；并持续致力于中国学术出版走出去，组织学者和编辑参加国际书展，筹办国际性学术研讨会，向世界展示中国学者的学术水平和研究成果。

此外，社科文献出版社充分利用网络媒体平台，积极与中央和地方各类媒体合作，并联合大型书店、学术书店、机场书店、网络书店、图书馆，逐步构建起了强大的学术图书内容传播平台。学术图书的媒体曝光率居全国之首，图书馆藏率居于全国出版机构前十位。

上述诸多成绩的取得，有赖于一支以年轻的博士、硕士为主体，一批从中国社科院刚退出科研一线的各学科专家为支撑的300多位高素质的编辑、出版和营销队伍，为我们实现学术立社，以学术品位、学术价值来实现经济效益和社会效益这样一个目标的共同努力。

作为已经开启第三次创业梦想的人文社会科学学术出版机构，我们将以改革发展为动力，以学术资源建设为中心，以构建智慧型出版社为主线，以"整合、专业、分类、协同、持续"为各项工作指导原则，全力推进出版社数字化转型，坚定不移地走专业化、数字化、国际化发展道路，全面提升出版社核心竞争力，为实现"社科文献梦"奠定坚实基础。

经济类

经　济　类

经济类皮书涵盖宏观经济、城市经济、大区域经济，提供权威、前沿的分析与预测

经济蓝皮书
2016年中国经济形势分析与预测
李　扬 / 主编　　2015年12月出版　　定价：79.00元

◆ 本书为总理基金项目，由著名经济学家李扬领衔，联合中国社会科学院等数十家科研机构、国家部委和高等院校的专家共同撰写，系统分析了2015年的中国经济形势并预测2016年我国经济运行情况。

世界经济黄皮书
2016年世界经济形势分析与预测
王洛林　张宇燕 / 主编　　2015年12月出版　　定价：79.00元

◆ 本书由中国社会科学院世界经济与政治研究所的研究团队撰写，2015年世界经济增长继续放缓，增长格局也继续分化，发达经济体与新兴经济体之间的增长差距进一步收窄。2016年世界经济增长形势不容乐观。

产业蓝皮书
中国产业竞争力报告（2016）NO.6
张其仔 / 主编　　2016年12月出版　　定价：98.00元

◆ 本书由中国社会科学院工业经济研究所研究团队在深入实际、调查研究的基础上完成。通过运用丰富的数据资料和最新的测评指标，从学术性、系统性、预测性上分析了2015年中国产业竞争力，并对未来发展趋势进行了预测。

皮书系列 重点推荐

经济类

G20国家创新竞争力黄皮书
二十国集团（G20）国家创新竞争力发展报告（2016）

李建平　李闽榕　赵新力/主编　　2016年11月出版　　估价:138.00元

◆ 本报告在充分借鉴国内外研究者的相关研究成果的基础上，紧密跟踪技术经济学、竞争力经济学、计量经济学等学科的最新研究动态，深入分析G20国家创新竞争力的发展水平、变化特征、内在动因及未来趋势，同时构建了G20国家创新竞争力指标体系及数学模型。

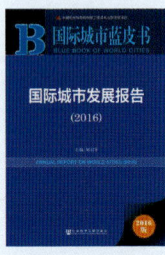

国际城市蓝皮书
国际城市发展报告（2016）

屠启宇/主编　　2016年2月出版　　定价:79.00元

◆ 本书作者以上海社会科学院从事国际城市研究的学者团队为核心，汇集同济大学、华东师范大学、复旦大学、上海交通大学、南京大学、浙江大学相关城市研究专业学者。立足动态跟踪介绍国际城市发展实践中，最新出现的重大战略、重大理念、重大项目、重大报告和最佳案例。

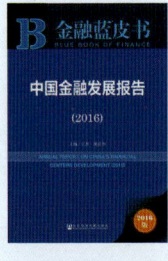

金融蓝皮书
中国金融发展报告（2016）

李　扬　王国刚/主编　　2015年12月出版　　定价:79.00元

◆ 本书由中国社会科学院金融研究所组织编写，概括和分析了2015年中国金融发展和运行中的各方面情况，研讨和评论了2015年发生的主要金融事件。本书由业内专家和青年精英联合编著，有利于读者了解掌握2015年中国的金融状况，把握2016年中国金融的走势。

农村绿皮书
中国农村经济形势分析与预测（2015～2016）

中国社会科学院农村发展研究所　国家统计局农村社会经济调查司/著
2016年4月出版　　估价:69.00元

◆ 本书描述了2015年中国农业农村经济发展的一些主要指标和变化，以及对2016年中国农业农村经济形势的一些展望和预测。

经济类 | 皮书系列 重点推荐

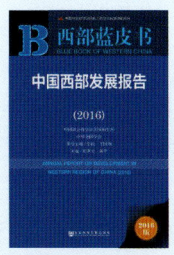

西部蓝皮书
中国西部发展报告（2016）
姚慧琴 徐璋勇 / 主编　　2016年7月出版　　估价：89.00元

◆ 本书由西北大学中国西部经济发展研究中心主编，汇集了源自西部本土以及国内研究西部问题的权威专家的第一手资料，对国家实施西部大开发战略进行年度动态跟踪，并对2016年西部经济、社会发展态势进行预测和展望。

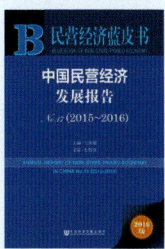

民营经济蓝皮书
中国民营经济发展报告NO.12（2015~2016）
王钦敏 / 主编　　2016年4月出版　　估价：75.00元

◆ 改革开放以来，民营经济从无到有、从小到大，是最具活力的增长极。本书是中国工商联课题组的研究成果，对2015年度中国民营经济的发展现状、趋势进行了详细的论述，并提出了合理的建议。是广大民营企业进行政策咨询、科学决策和理论创新的重要参考资料，也是理论工作者进行理论研究的重要参考资料。

经济蓝皮书夏季号
中国经济增长报告（2015~2016）
李扬 / 主编　　2016年8月出版　　估价：69.00元

◆ 中国经济增长报告主要探讨2015~2016年中国经济增长问题，以专业视角解读中国经济增长，力求将其打造成一个研究中国经济增长、服务宏微观各级决策的周期性、权威性读物。

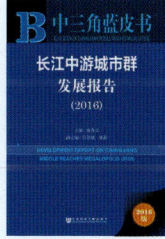

中三角蓝皮书
长江中游城市群发展报告（2016）
秦尊文 / 主编　　2016年10月出版　　估价：69.00元

◆ 本书是湘鄂赣皖四省专家学者共同研究的成果，从不同角度、不同方位记录和研究长江中游城市群一体化，提出对策措施，以期为将"中三角"打造成继珠三角、长三角、京津冀之后中国经济增长第四极奉献学术界的聪明才智。

皮书系列 重点推荐　社会政法类

社会政法类

社会政法类皮书聚焦社会发展领域的热点、难点问题，提供权威、原创的资讯与视点

社会蓝皮书
2016年中国社会形势分析与预测
李培林　陈光金　张　翼/主编　2015年12月出版　定价:79.00元

◆ 本书由中国社会科学院社会学研究所组织研究机构专家、高校学者和政府研究人员撰写，聚焦当下社会热点，对2015年中国社会发展的各个方面内容进行了权威解读，同时对2016年社会形势发展趋势进行了预测。

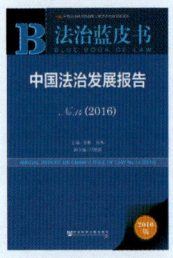

法治蓝皮书
中国法治发展报告 NO.14（2016）
李　林　田　禾/主编　2016年3月出版　定价:118.00元

◆ 本年度法治蓝皮书回顾总结了2015年度中国法治发展取得的成就和存在的不足，并对2016年中国法治发展形势进行了预测和展望。

反腐倡廉蓝皮书
中国反腐倡廉建设报告 NO.6
李秋芳　张英伟/主编　2017年1月出版　估价:79.00元

◆ 本书抓住了若干社会热点和焦点问题，全面反映了新时期新阶段中国反腐倡廉面对的严峻局面，以及中国共产党反腐倡廉建设的新实践新成果。根据实地调研、问卷调查和舆情分析，梳理了当下社会普遍关注的与反腐败密切相关的热点问题。

社会政法类　　皮书系列 重点推荐

生态城市绿皮书
中国生态城市建设发展报告（2016）

刘举科　孙伟平　胡文臻 / 主编　2016 年 6 月出版　估价 :98.00 元

◆ 报告以绿色发展、循环经济、低碳生活、民生宜居为理念，以更新民众观念、提供决策咨询、指导工程实践、引领绿色发展为宗旨，试图探索一条具有中国特色的城市生态文明建设新路。

公共服务蓝皮书
中国城市基本公共服务力评价（2016）

钟　君　吴正杲 / 主编　2016 年 12 月出版　估价 :79.00 元

◆ 中国社会科学院经济与社会建设研究室与华图政信调查组成联合课题组，从 2010 年开始对基本公共服务力进行研究，研创了基本公共服务力评价指标体系，为政府考核公共服务与社会管理工作提供了理论工具。

教育蓝皮书
中国教育发展报告（2016）

杨东平 / 主编　2016 年 4 月出版　定价 :79.00 元

◆ 本书由国内的中青年教育专家合作研究撰写。深度剖析 2015 年中国教育的热点话题，并对当下中国教育中出现的问题提出对策建议。

生态文明绿皮书
中国省域生态文明建设评价报告（ECI 2016）

严耕 / 主编　2016 年 12 月出版　估价 :85.00 元

◆ 本书基于国家最新发布的权威数据，对我国的生态文明建设状况进行科学评价，并开展相应的深度分析，结合中央的政策方针和各省的具体情况，为生态文明建设推进，提出针对性的政策建议。

行业报告类

行业报告类皮书立足重点行业、新兴行业领域，提供及时、前瞻的数据与信息

房地产蓝皮书

中国房地产发展报告 NO.13（2016）

魏后凯　李景国/主编　　2016年5月出版　　估价：79.00元

◆ 蓝皮书秉承客观公正、科学中立的宗旨和原则，追踪2015年我国房地产市场最新资讯，深度分析，剖析因果，谋划对策，并对2016年房地产发展趋势进行了展望。

旅游绿皮书

2015～2016年中国旅游发展分析与预测

宋　瑞/主编　　2016年4出版　　　定价：89.00元

◆ 本书中国社会科学院旅游研究中心组织相关专家编写的年度研究报告，对2015年旅游行业的热点问题进行了全面的综述并提出专业性建议，并对2016年中国旅游的发展趋势进行展望。

互联网金融蓝皮书

中国互联网金融发展报告（2016）

李东荣/主编　　2016年8月出版　　估价：79.00元

◆ 近年来，许多基于互联网的金融服务模式应运而生并对传统金融业产生了深刻的影响和巨大的冲击，"互联网金融"成为社会各界关注的焦点。本书探析了2015年互联网金融的特点和2016年互联网金融的发展方向和亮点。

行业报告类　　皮书系列 重点推荐

资产管理蓝皮书
中国资产管理行业发展报告（2016）

智信资产管理研究院 / 编著　　2016 年 6 月出版　　估价：89.00 元

◆ 中国资产管理行业刚刚兴起，未来将中国金融市场最有看点的行业，也会成为快速发展壮大的行业。本书主要分析了 2015 年度资产管理行业的发展情况，同时对资产管理行业的未来发展做出科学的预测。

老龄蓝皮书
中国老龄产业发展报告（2016）

吴玉韶　党俊武 / 编著
2016 年 9 月出版　　估价：79.00 元

◆ 本书着眼于对中国老龄产业的发展给予系统介绍，深入解析，并对未来发展趋势进行预测和展望，力求从不同视角、不同层面全面剖析中国老龄产业发展的现状、取得的成绩、存在的问题以及重点、难点等。

金融蓝皮书
中国金融中心发展报告（2016）

王　力　黄育华 / 编著　　2017 年 11 月出版　　估价：75.00 元

◆ 本报告将提升中国金融中心城市的金融竞争力作为研究主线，全面、系统、连续地反映和研究中国金融中心城市发展和改革的最新进展，展示金融中心理论研究的最新成果。

流通蓝皮书
中国商业发展报告（2016）

荆林波 / 编著　　2016 年 5 月出版　　估价：89.00 元

◆ 本书是中国社会科学院财经院与利丰研究中心合作的成果，从关注中国宏观经济出发，突出了中国流通业的宏观背景，详细分析了批发业、零售业、物流业、餐饮产业与电子商务等产业发展状况。

国别与地区类

国别与地区类

国别与地区类皮书关注全球重点国家与地区，提供全面、独特的解读与研究

美国蓝皮书
美国研究报告（2016）
黄平 郑秉文/主编　2016年7月出版　估价：89.00元

◆ 本书是由中国社会科学院美国所主持完成的研究成果，它回顾了美国2015年的经济、政治形势与外交战略，对2016年以来美国内政外交发生的重大事件以及重要政策进行了较为全面的回顾和梳理。

拉美黄皮书
拉丁美洲和加勒比发展报告（2015~2016）
吴白乙/主编　2016年5月出版　估价：89.00元

◆ 本书对2015年拉丁美洲和加勒比地区诸国的政治、经济、社会、外交等方面的发展情况做了系统介绍，对该地区相关国家的热点及焦点问题进行了总结和分析，并在此基础上对该地区各国2016年的发展前景做出预测。

日本经济蓝皮书
日本经济与中日经贸关系研究报告（2016）
王洛林 张季风/编著　2016年5月出版　估价：79.00元

◆ 本书系统、详细地介绍了2015年日本经济以及中日经贸关系发展情况，在进行了大量数据分析的基础上，对2016年日本经济以及中日经贸关系的大致发展趋势进行了分析与预测。

国别与地区类　皮书系列 重点推荐

俄罗斯黄皮书
俄罗斯发展报告（2016）
李永全 / 编著　2016年7月出版　估价：79.00元

◆ 本书系统介绍了2015年俄罗斯经济政治情况，并对2015年该地区发生的焦点、热点问题进行了分析与回顾；在此基础上，对该地区2016年的发展前景进行了预测。

国际形势黄皮书
全球政治与安全报告（2016）
李慎明　张宇燕 / 主编　2015年12月出版　定价：69.00元

◆ 本书旨在对本年度全球政治及安全形势的总体情况、热点问题及变化趋势进行回顾与分析，并提出一定的预测及对策建议。作者通过事实梳理、数据分析、政策分析等途径，阐释了本年度国际关系及全球安全形势的基本特点，并在此基础上提出了具有启示意义的前瞻性结论。

德国蓝皮书
德国发展报告（2016）
郑春荣　伍慧萍 / 主编　2016年6月出版　估价：69.00元

◆ 本报告由同济大学德国研究所组织编撰，由该领域的专家学者对德国的政治、经济、社会文化、外交等方面的形势发展情况，进行全面的阐述与分析。

中东黄皮书
中东发展报告 NO.18（2015～2016）
杨光 / 主编　2016年10月出版　估价：89.00元

◆ 报告回顾和分析了一年来多以来中东地区政治经济局势的新发展，为跟踪中东地区的市场变化和中东研究学科的研究前沿，提供了全面扎实的信息。

地方发展类

地方发展类

地方发展类皮书关注中国各省份、经济区域，提供科学、多元的预判与资政信息

北京蓝皮书
北京公共服务发展报告（2015~2016）
施昌奎 / 主编　2016 年 2 月出版　定价 :79.00 元

◆ 本书是由北京市政府职能部门的领导、首都著名高校的教授、知名研究机构的专家共同完成的关于北京市公共服务发展与创新的研究成果。

河南蓝皮书
河南经济发展报告（2016）
河南省社会科学院 / 编著　2016 年 3 月出版　定价 :79.00 元

◆ 本书以国内外经济发展环境和走向为背景，主要分析当前河南经济形势，预测未来发展趋势，全面反映河南经济发展的最新动态、热点和问题，为地方经济发展和领导决策提供参考。

京津冀蓝皮书
京津冀发展报告（2016）
文　魁　祝尔娟 / 编著　2016 年 4 月出版　估价 :89.00 元

◆ 京津冀协同发展作为重大的国家战略，已进入顶层设计、制度创新和全面推进的新阶段。本书以问题为导向，围绕京津冀发展中的重要领域和重大问题，研究如何推进京津冀协同发展。

 文化传媒类　皮书系列重点推荐

文化传媒类

文化传媒类皮书透视文化领域、文化产业，探索文化大繁荣、大发展的路径

新媒体蓝皮书
中国新媒体发展报告 NO.7（2016）

唐绪军 / 主编　　2016年6月出版　　估价:79.00元

◆ 本书是由中国社会科学院新闻与传播研究所组织编写的关于新媒体发展的最新年度报告，旨在全面分析中国新媒体的发展现状，解读新媒体的发展趋势，探析新媒体的深刻影响。

移动互联网蓝皮书
中国移动互联网发展报告（2016）

官建文 / 编著　　2016年6月出版　　估价:79.00元

◆ 本书着眼于对中国移动互联网2015年度的发展情况做深入解析，对未来发展趋势进行预测，力求从不同视角、不同层面全面剖析中国移动互联网发展的现状、年度突破以及热点趋势等。

文化蓝皮书
中国文化产业发展报告（2015~2016）

张晓明　王家新　章建刚 / 主编　　2016年2月出版　　定价:79.00元

◆ 本书由中国社会科学院文化研究中心编写。从2012年开始，中国社会科学院文化研究中心设立了国内首个文化产业的研究类专项资金——"文化产业重大课题研究计划"，开始在全国范围内组织多学科专家学者对我国文化产业发展重大战略问题进行联合攻关研究。本书集中反映了该计划的研究成果。

皮书系列 2016全品种　经济类

经济类

G20国家创新竞争力黄皮书
二十国集团（G20）国家创新竞争力发展报告（2016）
著（编）者：李建平 李闽榕 赵新力
2016年11月出版 / 估价：138.00元

产业蓝皮书
中国产业竞争力报告（2016）NO.6
著（编）者：张其仔　2016年12月出版 / 估价：98.00元

城市创新蓝皮书
中国城市创新报告（2016）
著（编）者：周天勇 旷建伟　2016年8月出版 / 估价：69.00元

城市竞争力蓝皮书
中国城市竞争力报告（1973~2015）
著（编）者：李小林　2016年1月出版 / 定价：128.00元

城市蓝皮书
中国城市发展报告NO.9
著（编）者：潘家华 魏后凯　2016年9月出版 / 估价：69.00元

城市群蓝皮书
中国城市群发展指数报告（2016）
著（编）者：刘士林 刘新静　2016年10月出版 / 估价：69.00元

城乡一体化蓝皮书
中国城乡一体化发展报告（2015～2016）
著（编）者：汝信 付崇兰　2016年7月出版 / 估价：85.00元

城镇化蓝皮书
中国新型城镇化健康发展报告（2016）
著（编）者：张占斌　2016年5月出版 / 估价：79.00元

创新蓝皮书
创新型国家建设报告（2015～2016）
著（编）者：詹正茂　2016年11月出版 / 估价：69.00元

低碳发展蓝皮书
中国低碳发展报告（2015~2016）
著（编）者：齐晔　2016年3月出版 / 定价：98.00元

低碳经济蓝皮书
中国低碳经济发展报告（2016）
著（编）者：薛进军 赵忠秀　2016年6月出版 / 估价：85.00元

东北蓝皮书
中国东北地区发展报告（2016）
著（编）者：马克 黄文艺　2016年8月出版 / 估价：79.00元

发展与改革蓝皮书
中国经济发展和体制改革报告NO.7
著（编）者：邹东涛 王再文
2016年1月出版 / 估价：98.00元

工业化蓝皮书
中国工业化进程报告（2016）
著（编）者：黄群慧 吕铁 李晓华 等
2016年11月出版 / 估价：89.00元

管理蓝皮书
中国管理发展报告（2016）
著（编）者：张晓东　2016年9月出版 / 估价：98.00元

国际城市蓝皮书
国际城市发展报告（2016）
著（编）者：屠启宇　2016年2月出版 / 定价：79.00元

国家创新蓝皮书
中国创新发展报告（2016）
著（编）者：陈劲　2016年9月出版 / 估价：69.00元

金融蓝皮书
中国金融发展报告（2016）
著（编）者：李扬 王国刚　2015年12月出版 / 定价：79.00元

京津冀产业蓝皮书
京津冀产业协同发展报告（2016）
著（编）者：中智科博（北京）产业经济发展研究院
2016年6月出版 / 估价：69.00元

京津冀蓝皮书
京津冀发展报告（2016）
著（编）者：文魁 祝尔娟　2016年4月出版 / 估价：89.00元

经济蓝皮书
2016年中国经济形势分析与预测
著（编）者：李扬　2015年12月出版 / 定价：79.00元

经济蓝皮书·春季号
2016年中国经济前景分析
著（编）者：李扬　2016年5月出版 / 估价：79.00元

经济蓝皮书·夏季号
中国经济增长报告（2015～2016）
著（编）者：李扬　2016年8月出版 / 估价：99.00元

经济信息绿皮书
中国与世界经济发展报告（2016）
著（编）者：杜平　2015年12月出版 / 定价：89.00元

就业蓝皮书
2016年中国本科生就业报告
著（编）者：麦可思研究院　2016年6月出版 / 估价：98.00元

就业蓝皮书
2016年中国高职高专生就业报告
著（编）者：麦可思研究院　2016年6月出版 / 估价：98.00元

临空经济蓝皮书
中国临空经济发展报告（2016）
著（编）者：连玉明　2016年11月出版 / 估价：79.00元

民营经济蓝皮书
中国民营经济发展报告NO.12（2015～2016）
著（编）者：王钦敏　2016年5月出版 / 估价：75.00元

农村绿皮书
中国农村经济形势分析与预测（2015～2016）
著（编）者：中国社会科学院农村发展研究所
国家统计局农村社会经济调查司
2016年4月出版 / 估价：69.00元

农业应对气候变化蓝皮书
气候变化对中国农业影响评估报告NO.2
著（编）者：矫梅燕　2016年8月出版 / 估价：98.00元

经济类 · 社会政法类

皮书系列 2016全品种

企业公民蓝皮书
中国企业公民报告 NO.4
著(编)者：邹东涛　2016年5月出版 / 估价：79.00元

气候变化绿皮书
应对气候变化报告（2016）
著(编)者：王伟光 郑国光　2016年11月出版 / 估价：98.00元

区域蓝皮书
中国区域经济发展报告（2015~2016）
著(编)者：梁昊光　2016年5月出版 / 估价：79.00元

全球环境竞争力绿皮书
全球环境竞争力报告（2016）
著(编)者：李建平 李闽榕 王金南
2016年12月出版 / 估价：198.00元

人口与劳动绿皮书
中国人口与劳动问题报告 NO.17
著(编)者：蔡昉 张车伟　2016年11月出版 / 估价：69.00元

商务中心区蓝皮书
中国商务中心区发展报告 NO.2（2015）
著(编)者：魏后凯 单菁菁　2016年1月出版 / 定价：79.00元

世界经济黄皮书
2016年世界经济形势分析与预测
著(编)者：王洛林 张宇燕　2015年12月出版 / 定价：79.00元

世界旅游城市绿皮书
世界旅游城市发展报告（2015）
著(编)者：宋宇　2016年1月出版 / 定价：128.00元

西北蓝皮书
中国西北发展报告（2016）
著(编)者：孙发平 苏海红 鲁顺元
2016年3月出版 / 定价：79.00元

西部蓝皮书
中国西部发展报告（2016）
著(编)者：姚慧琴 徐璋勇　2016年7月出版 / 估价：89.00元

县域发展蓝皮书
中国县域经济增长能力评估报告（2016）
著(编)者：王力　2016年10月出版 / 估价：69.00元

新型城镇化蓝皮书
新型城镇化发展报告（2016）
著(编)者：李伟 宋敏 沈体雁　2016年11月出版 / 估价：98.00元

新兴经济体蓝皮书
金砖国家发展报告（2016）
著(编)者：林跃勤 周文　2016年7月出版 / 估价：79.00元

长三角蓝皮书
2016年全面深化改革中的长三角
著(编)者：张伟斌　2016年10月出版 / 估价：69.00元

中部竞争力蓝皮书
中国中部经济社会竞争力报告（2016）
著(编)者：教育部人文社会科学重点研究基地
　　　　　南昌大学中国中部经济社会发展研究中心
2016年10月出版 / 估价：79.00元

中部蓝皮书
中国中部地区发展报告（2016）
著(编)者：宋亚平　2016年12月出版 / 估价：78.00元

中国省域竞争力蓝皮书
中国省域经济综合竞争力发展报告（2014~2015）
著(编)者：李建平 李闽榕 高燕京
2016年2月出版 / 定价：198.00元

中三角蓝皮书
长江中游城市群发展报告（2016）
著(编)者：秦尊文　2016年10月出版 / 估价：69.00元

中小城市绿皮书
中国中小城市发展报告（2016）
著(编)者：中国城市经济学会中小城市经济发展委员会
　　　　　中国城镇化促进会中小城市发展委员会
　　　　　《中国中小城市发展报告》编纂委员会
　　　　　中小城市发展战略研究院
2016年10月出版 / 估价：98.00元

中原蓝皮书
中原经济区发展报告（2016）
著(编)者：李英杰　2016年6月出版 / 估价：88.00元

自贸区蓝皮书
中国自贸区发展报告（2016）
著(编)者：王力 王吉培　2016年10月出版 / 估价：69.00元

社会政法类

北京蓝皮书
中国社区发展报告（2016）
著(编)者：于燕燕　2017年2月出版 / 估价：79.00元

殡葬绿皮书
中国殡葬事业发展报告（2016）
著(编)者：李伯森　2016年5月出版 / 估价：158.00元

城市管理蓝皮书
中国城市管理报告（2016）
著(编)者：谭维克 刘林　2017年2月出版 / 估价：118.00元

城市生活质量蓝皮书
中国城市生活质量报告（2016）
著(编)者：张连城 张平 杨春学 郎丽华
2016年7月出版 / 估价：89.00元

城市政府能力蓝皮书
中国城市政府公共服务能力评估报告（2016）
著(编)者：何艳玲　2016年7月出版 / 估价：69.00元

创新蓝皮书
中国创业环境发展报告（2016）
著(编)者：姚凯 曹祎遐　2016年5月出版 / 估价：69.00元

社会政法类

慈善蓝皮书
中国慈善发展报告（2016）
著(编)者：杨团　2016年6月出版 / 估价：79.00元

地方法治蓝皮书
中国地方法治发展报告 NO.2（2016）
著(编)者：李林　田禾　2016年3出版 / 定价：108.00元

党建蓝皮书
党的建设研究报告 NO.1（2016）
著(编)者：崔建民　陈东平　2016年1月出版 / 定价：89.00元

法治蓝皮书
中国法治发展报告 NO.14（2016）
著(编)者：李林　田禾　2016年3月出版 / 定价：118.00元

反腐倡廉蓝皮书
中国反腐倡廉建设报告 NO.6
著(编)者：李秋芳　张英伟　2017年1月出版 / 估价：79.00元

非传统安全蓝皮书
中国非传统安全研究报告（2015~2016）
著(编)者：余潇枫　魏志江　2016年5月出版 / 估价：79.00元

妇女发展蓝皮书
中国妇女发展报告 NO.6
著(编)者：王金玲　2016年9月出版 / 估价：148.00元

妇女教育蓝皮书
中国妇女教育发展报告 NO.3
著(编)者：张李玺　2016年10月出版 / 估价：78.00元

妇女绿皮书
中国性别平等与妇女发展报告（2016）
著(编)者：谭琳　2016年12月出版 / 估价：99.00元

公共服务蓝皮书
中国城市基本公共服务力评价（2016）
著(编)者：钟君　吴正杲　2016年12月出版 / 估价：79.00元

公共管理蓝皮书
中国公共管理发展报告（2016）
著(编)者：贡森　李国强　杨维富　2016年4月出版 / 估价：69.00元

公共外交蓝皮书
中国公共外交发展报告（2016）
著(编)者：赵启正　雷蔚真　2016年5月出版 / 估价：89.00元

公民科学素质蓝皮书
中国公民科学素质报告（2015~2016）
著(编)者：李群　陈雄　马宗文　2016年1月出版 / 定价：89.00元

公益蓝皮书
中国公益发展报告（2016）
著(编)者：朱健刚　2016年5月出版 / 估价：78.00元

国际人才蓝皮书
海外华侨华人专业人士报告（2016）
著(编)者：王辉耀　苗绿　2016年8月出版 / 估价：69.00元

国际人才蓝皮书
中国国际移民报告（2016）
著(编)者：王辉耀　2016年5月出版 / 估价：79.00元

国际人才蓝皮书
中国海归发展报告（2016）NO.3
著(编)者：王辉耀　苗绿　2016年10月出版 / 估价：69.00元

国际人才蓝皮书
中国留学发展报告（2016）NO.5
著(编)者：王辉耀　苗绿　2016年10月出版 / 估价：79.00元

国家公园蓝皮书
中国国家公园体制建设报告（2016）
著(编)者：苏杨　张玉钧　石金莲　刘锋　等
2016年10月出版 / 估价：69.00元

海洋社会蓝皮书
中国海洋社会发展报告（2016）
著(编)者：崔凤　宋宁而　2016年7月出版 / 估价：89.00元

行政改革蓝皮书
中国行政体制改革报告（2016）NO.5
著(编)者：魏礼群　2016年4月出版 / 估价：98.00元

华侨华人蓝皮书
华侨华人研究报告（2016）
著(编)者：贾益民　2016年12月出版 / 估价：98.00元

环境竞争力绿皮书
中国省域环境竞争力发展报告（2016）
著(编)者：李建平　李闽榕　王金南
2016年11月出版 / 估价：198.00元

环境绿皮书
中国环境发展报告（2016）
著(编)者：刘鉴强　2016年5月出版 / 估价：79.00元

基金会蓝皮书
中国基金会发展报告（2015~2016）
著(编)者：中国基金会发展报告课题组　2016年4月出版 / 定价：75.00

基金会绿皮书
中国基金会发展独立研究报告（2016）
著(编)者：基金会中心网　中央民族大学基金会研究中心
2016年6月出版 / 估价：88.00元

基金会透明度蓝皮书
中国基金会透明度发展研究报告（2016）
著(编)者：基金会中心网　清华大学廉政与治理研究中心
2016年9月出版 / 估价：85.00元

教师蓝皮书
中国中小学教师发展报告（2016）
著(编)者：曾晓东　鱼霞　2016年6月出版 / 估价：69.00元

教育蓝皮书
中国教育发展报告（2016）
著(编)者：杨东平　2016年4月出版 / 定价：79.00元

科普蓝皮书
中国科普基础设施发展报告（2015）
著(编)者：郑念　任嵘嵘　2016年4月出版 / 定价：98.00元

社会政法类 | 皮书系列 2016全品种

科学教育蓝皮书
中国科学教育发展报告（2016）
著(编)者：罗晖 王康友　2016年10月出版 / 估价：79.00元

劳动保障蓝皮书
中国劳动保障发展报告（2016）
著(编)者：刘燕斌　2016年8月出版 / 估价：158.00元

老龄蓝皮书
中国老年宜居环境发展报告（2015）
著(编)者：党俊武 周燕珉　2016年1月出版 / 定价：79.00元

连片特困区蓝皮书
中国连片特困区发展报告（2016）
著(编)者：游俊 冷志明 丁建军
2016年5月出版 / 估价：98.00元

民间组织蓝皮书
中国民间组织报告（2016）
著(编)者：黄晓勇　2016年12月出版 / 估价：79.00元

民调蓝皮书
中国民生调查报告（2016）
著(编)者：谢耘耕　2016年5月出版 / 估价：128.00元

民族发展蓝皮书
中国民族发展报告（2016）
著(编)者：郝时远 王延中 王希恩
2016年4月出版 / 估价：98.00元

女性生活蓝皮书
中国女性生活状况报告 NO.10（2016）
著(编)者：韩湘景　2016年4月出版 / 估价：79.00元

汽车社会蓝皮书
中国汽车社会发展报告（2016）
著(编)者：王俊秀　2016年5月出版 / 估价：69.00元

青年蓝皮书
中国青年发展报告（2016）NO.4
著(编)者：廉思 等　2016年4月出版 / 估价：69.00元

青少年蓝皮书
中国未成年人互联网运用报告（2016）
著(编)者：李文革 沈杰 季为民
2016年11月出版 / 估价：89.00元

青少年体育蓝皮书
中国青少年体育发展报告（2016）
著(编)者：郭建军 杨桦　2016年9月出版 / 估价：69.00元

区域人才蓝皮书
中国区域人才竞争力报告 NO.2
著(编)者：桂昭明 王辉耀
2016年6月出版 / 估价：69.00元

群众体育蓝皮书
中国群众体育发展报告（2016）
著(编)者：刘国永 杨桦　2016年10月出版 / 估价：69.00元

群众体育蓝皮书
中国社会体育指导员发展报告（1994~2014）
著(编)者：刘国永 王欢　2016年4月出版 / 定价：78.00元

人才蓝皮书
中国人才发展报告（2016）
著(编)者：潘晨光　2016年9月出版 / 估价：85.00元

人权蓝皮书
中国人权事业发展报告 NO.6（2016）
著(编)者：李君如　2016年9月出版 / 估价：128.00元

社会保障绿皮书
中国社会保障发展报告（2016）NO.8
著(编)者：王延中　2016年4月出版 / 估价：99.00元

社会工作蓝皮书
中国社会工作发展报告（2016）
著(编)者：民政部社会工作研究中心
2016年8月出版 / 估价：79.00元

社会管理蓝皮书
中国社会管理创新报告 NO.4
著(编)者：连玉明　2016年11月出版 / 估价：89.00元

社会蓝皮书
2016年中国社会形势分析与预测
著(编)者：李培林 陈光金 张翼
2015年12月出版 / 定价：79.00元

社会体制蓝皮书
中国社会体制改革报告（2016）NO.4
著(编)者：龚维斌　2016年4月出版 / 估价：79.00元

社会心态蓝皮书
中国社会心态研究报告（2016）
著(编)者：王俊秀 杨宜音　2016年10月出版 / 估价：69.00元

社会责任管理蓝皮书
中国企业公众透明度报告（2015~2016）NO.2
著(编)者：黄速建 熊梦 肖红军　2016年1月出版 / 定价：98.00元

社会组织蓝皮书
中国社会组织评估发展报告（2016）
著(编)者：徐家良 廖鸿　2016年12月出版 / 估价：69.00元

生态城市绿皮书
中国生态城市建设发展报告（2016）
著(编)者：刘举科 孙伟平 胡文臻
2016年9月出版 / 估价：148.00元

生态文明绿皮书
中国省域生态文明建设评价报告（ECI 2016）
著(编)者：严耕　2016年12月出版 / 估价：85.00元

世界社会主义黄皮书
世界社会主义跟踪研究报告（2015～2016）
著(编)者：李慎明　2016年3月出版 / 定价：248.00元

水与发展蓝皮书
中国水风险评估报告（2016）
著(编)者：王浩　2016年9月出版 / 估价：69.00元

体育蓝皮书
长三角地区体育产业发展报告（2016）
著(编)者：张林　2016年4月出版 / 估价：79.00元

17

皮书系列 2016全品种 — 社会政法类·行业报告类

体育蓝皮书
中国公共体育服务发展报告（2016）
著(编)者：戴健　2016年12月出版　估价：79.00元

土地整治蓝皮书
中国土地整治发展研究报告 NO.3
著(编)者：国土资源部土地整治中心
2016年5月出版 / 估价：89.00元

土地政策蓝皮书
中国土地政策发展报告（2016）
著(编)者：高延利 李宪文　2015年12月出版 / 定价：89.00元

危机管理蓝皮书
中国危机管理报告（2016）
著(编)者：文学国 范正青　2016年8月出版 / 估价：89.00元

形象危机应对蓝皮书
形象危机应对研究报告（2016）
著(编)者：唐钧　2016年6月出版 / 估价：149.00元

医改蓝皮书
中国医药卫生体制改革报告（2016）
著(编)者：文学国 房志武　2016年11月出版 / 估价：98.00元

医疗卫生绿皮书
中国医疗卫生发展报告 NO.7（2016）
著(编)者：申宝忠 韩玉珍　2016年4月出版 / 估价：75.00元

政治参与蓝皮书
中国政治参与报告（2016）
著(编)者：房宁　2016年7月出版 / 估价：108.00元

政治发展蓝皮书
中国政治发展报告（2016）
著(编)者：房宁 杨海蛟　2016年5月出版 / 估价：88.00元

智慧社区蓝皮书
中国智慧社区发展报告（2016）
著(编)者：罗昌智 张辉德　2016年7月出版 / 估价：69.00元

中国农村妇女发展蓝皮书
农村流动女性城市生活发展报告（2016）
著(编)者：谢丽华　2016年12月出版 / 估价：79.00元

宗教蓝皮书
中国宗教报告（2016）
著(编)者：邱永辉　2016年5月出版 / 估价：79.00元

行业报告类

保健蓝皮书
中国保健服务产业发展报告 NO.2
著(编)者：中国保健协会 中共中央党校
2016年7月出版 / 估价：198.00元

保健蓝皮书
中国保健食品产业发展报告 NO.2
著(编)者：中国保健协会
　　　　中国社会科学院食品药品产业发展与监管研究中心
2016年7月出版 / 估价：198.00元

保健蓝皮书
中国保健用品产业发展报告 NO.2
著(编)者：中国保健协会
　　　　国务院国有资产监督管理委员会研究中心
2016年5月出版 / 估价：198.00元

保险蓝皮书
中国保险业创新发展报告（2016）
著(编)者：项俊波　2016年12月出版 / 估价：69.00元

保险蓝皮书
中国保险业竞争力报告（2016）
著(编)者：项俊波　2016年12月出版 / 估价：99.00元

采供血蓝皮书
中国采供血管理报告（2016）
著(编)者：朱永明 耿鸿武　2016年8月出版 / 估价：69.00元

彩票蓝皮书
中国彩票发展报告（2016）
著(编)者：益彩基金　2016年4月出版 / 估价：98.00元

餐饮产业蓝皮书
中国餐饮产业发展报告（2016）
著(编)者：邢颖　2016年4月出版 / 估价：69.00元

测绘地理信息蓝皮书
测绘地理信息转型升级研究报告（2016）
著(编)者：库热西 买合苏提　2016年12月出版 / 估价：98.00元

茶业蓝皮书
中国茶产业发展报告（2016）
著(编)者：杨江帆 李闽榕　2016年10月出版 / 估价：78.00元

产权市场蓝皮书
中国产权市场发展报告（2015~2016）
著(编)者：曹和平　2016年5月出版 / 估价：89.00元

产业安全蓝皮书
中国出版传媒产业安全报告（2015~2016）
著(编)者：北京印刷学院文化产业安全研究院
2016年3月出版 / 定价：79.00元

产业安全蓝皮书
中国文化产业安全报告（2016）
著(编)者：北京印刷学院文化产业安全研究院
2016年4月出版 / 估价：89.00元

行业报告类 — 皮书系列 2016全品种

产业安全蓝皮书
中国新媒体产业安全报告（2016）
著(编)者：北京印刷学院文化产业安全研究院
2016年5月出版 / 估价：69.00元

大数据蓝皮书
网络空间和大数据发展报告（2016）
著(编)者：杜平　2016年5月出版 / 估价：69.00元

电子商务蓝皮书
中国电子商务服务业发展报告 NO.3
著(编)者：荆林波　梁春晓　2016年5月出版 / 估价：69.00元

电子政务蓝皮书
中国电子政务发展报告（2016）
著(编)者：洪毅　杜平　2016年11月出版 / 估价：79.00元

杜仲产业绿皮书
中国杜仲橡胶资源与产业发展报告（2016）
著(编)者：杜红岩　胡文臻　俞锐
2016年5月出版 / 估价：85.00元

房地产蓝皮书
中国房地产发展报告 NO.13（2016）
著(编)者：魏后凯　李景国　2016年5月出版 / 估价：79.00元

服务外包蓝皮书
中国服务外包产业发展报告（2016）
著(编)者：王晓红　刘德军
2016年6月出版 / 估价：89.00元

服务外包蓝皮书
中国服务外包竞争力报告（2016）
著(编)者：王力　刘春生　黄育华
2016年11月出版 / 估价：85.00元

工业和信息化蓝皮书
世界网络安全发展报告（2016）
著(编)者：洪京一　2016年4月出版 / 估价：69.00元

工业和信息化蓝皮书
世界信息化发展报告（2016）
著(编)者：洪京一　2016年4月出版 / 估价：69.00元

工业和信息化蓝皮书
世界信息技术产业发展报告（2016）
著(编)者：洪京一　2016年4月出版 / 估价：79.00元

工业和信息化蓝皮书
世界制造业发展报告（2016）
著(编)者：洪京一　2016年4月出版 / 估价：69.00元

工业和信息化蓝皮书
移动互联网产业发展报告（2016）
著(编)者：洪京一　2016年4月出版 / 估价：79.00元

工业设计蓝皮书
中国工业设计发展报告（2016）
著(编)者：王晓红　于炜　张立群
2016年9月出版 / 估价：138.00元

黄金市场蓝皮书
中国商业银行黄金业务发展报告（2015~2016）
著(编)者：平安银行　2016年3月出版 / 定价：98.00元

互联网金融蓝皮书
中国互联网金融发展报告（2016）
著(编)者：李东荣　2016年8月出版 / 估价：79.00元

会展蓝皮书
中外会展业动态评估年度报告（2016）
著(编)者：张敏　2016年5月出版 / 估价：78.00元

节能汽车蓝皮书
中国节能汽车产业发展报告（2016）
著(编)者：中国汽车工程研究院股份有限公司
2016年12月出版 / 估价：69.00元

金融监管蓝皮书
中国金融监管报告（2016）
著(编)者：胡滨　2016年4月出版 / 估价：89.00元

金融蓝皮书
中国金融中心发展报告（2016）
著(编)者：王力　黄育华　2017年11月出版 / 估价：75.00元

金融蓝皮书
中国商业银行竞争力报告（2016）
著(编)者：王松奇　2016年5月出版 / 估价：69.00元

经济林产业绿皮书
中国经济林产业发展报告（2016）
著(编)者：李芳东　胡文臻　乌云塔娜　杜红岩
2016年12月出版 / 估价：69.00元

客车蓝皮书
中国客车产业发展报告（2016）
著(编)者：姚蔚　2016年5月出版 / 估价：85.00元

老龄蓝皮书
中国老龄产业发展报告（2016）
著(编)者：吴玉韶　党俊武　2016年9月出版 / 估价：79.00元

流通蓝皮书
中国商业发展报告（2016）
著(编)者：荆林波　2016年5月出版 / 估价：89.00元

旅游安全蓝皮书
中国旅游安全报告（2016）
著(编)者：郑向敏　谢朝武　2016年5月出版 / 估价：128.00元

旅游绿皮书
2015~2016年中国旅游发展分析与预测
著(编)者：宋瑞　2016年4月出版 / 定价：89.00元

煤炭蓝皮书
中国煤炭工业发展报告（2016）
著(编)者：岳福斌　2016年12月出版 / 估价：79.00元

皮书系列 2016全品种

行业报告类

民营企业社会责任蓝皮书
中国民营企业社会责任年度报告（2016）
著（编）者：中华全国工商业联合会
2016年7月出版 / 估价：69.00元

民营医院蓝皮书
中国民营医院发展报告（2016）
著（编）者：庄一强　2016年10月出版 / 估价：75.00元

能源蓝皮书
中国能源发展报告（2016）
著（编）者：崔民选　王军生　陈义和
2016年8月出版 / 估价：79.00元

农产品流通蓝皮书
中国农产品流通产业发展报告（2016）
著（编）者：贾敬敦　张东科　张玉玺　张鹏毅　周伟
2016年5月出版 / 估价：89.00元

期货蓝皮书
中国期货市场发展报告(2016)
著（编）者：李群　王在荣　2016年11月出版 / 估价：69.00元

企业公益蓝皮书
中国企业公益研究报告（2016）
著（编）者：钟宏武　汪杰　顾一　黄晓娟　等
2016年12月出版 / 估价：69.00元

企业公众透明度蓝皮书
中国企业公众透明度报告(2016) NO.2
著（编）者：黄速建　王晓光　肖红军
2016年5月出版 / 估价：98.00元

企业国际化蓝皮书
中国企业国际化报告（2016）
著（编）者：王辉耀　2016年11月出版 / 估价：98.00元

企业蓝皮书
中国企业绿色发展报告 NO.2（2016）
著（编）者：李红玉　朱光辉　2016年8月出版 / 估价：79.00元

企业社会责任蓝皮书
中国企业社会责任研究报告（2016）
著（编）者：黄群慧　钟宏武　张蒽　等
2016年11月出版 / 估价：79.00元

企业社会责任能力蓝皮书
中国上市公司社会责任能力成熟度报告（2016）
著（编）者：肖红军　王晓光　李伟阳
2016年11月出版 / 估价：69.00元

汽车安全蓝皮书
中国汽车安全发展报告（2016）
著（编）者：中国汽车技术研究中心
2016年7月出版 / 估价：89.00元

汽车电子商务蓝皮书
中国汽车电子商务发展报告（2016）
著（编）者：中华全国工商业联合会汽车经销商商会
　　　　　北京易观智库网络科技有限公司
2016年5月出版 / 估价：128.00元

汽车工业蓝皮书
中国汽车工业发展年度报告（2016）
著（编）者：中国汽车工业协会　中国汽车技术研究中心
　　　　　丰田汽车（中国）投资有限公司
2016年4月出版 / 估价：128.00元

汽车蓝皮书
中国汽车产业发展报告（2016）
著（编）者：国务院发展研究中心产业经济研究部
　　　　　中国汽车工程学会　大众汽车集团（中国）
2016年8月出版 / 估价：158.00元

清洁能源蓝皮书
国际清洁能源发展报告（2016）
著（编）者：苏树辉　袁国林　李玉崙
2016年11月出版 / 估价：99.00元

人力资源蓝皮书
中国人力资源发展报告（2016）
著（编）者：余兴安　2016年12月出版 / 估价：79.00元

融资租赁蓝皮书
中国融资租赁业发展报告（2015～2016）
著（编）者：李光荣　王力　2016年5月出版 / 估价：89.00元

软件和信息服务业蓝皮书
中国软件和信息服务业发展报告（2016）
著（编）者：洪京一　2016年12月出版 / 估价：198.00元

商会蓝皮书
中国商会发展报告NO.5（2016）
著（编）者：王钦敏　2016年7月出版 / 估价：89.00元

上市公司蓝皮书
中国上市公司社会责任信息披露报告（2016）
著（编）者：张旺　张杨　2016年11月出版 / 估价：69.00元

上市公司蓝皮书
中国上市公司质量评价报告（2015～2016）
著（编）者：张跃文　王力　2016年11月出版 / 估价：118.00元

设计产业蓝皮书
中国设计产业发展报告（2016）
著（编）者：陈冬亮　梁昊光　2016年5月出版 / 估价：89.00元

食品药品蓝皮书
食品药品安全与监管政策研究报告（2016）
著（编）者：唐民皓　2016年7月出版 / 估价：69.00元

世界能源蓝皮书
世界能源发展报告（2016）
著（编）者：黄晓勇　2016年6月出版 / 估价：99.00元

水利风景区蓝皮书
中国水利风景区发展报告（2016）
著（编）者：兰思仁　2016年8月出版 / 估价：69.00元

私募市场蓝皮书
中国私募股权市场发展报告（2016）
著（编）者：曹和平　2016年12月出版 / 估价：79.00元

行业报告类

皮书系列 2016全品种

碳市场蓝皮书
中国碳市场报告（2016）
著（编）者：宁金彪　2016年11月出版 / 估价：69.00元

体育蓝皮书
中国体育产业发展报告（2016）
著（编）者：阮伟 钟秉枢　2016年7月出版 / 估价：69.00元

土地市场蓝皮书
中国农村土地市场发展报告（2015~2016）
著（编）者：李光荣　2016年3月出版 / 定价：79.00元

网络空间安全蓝皮书
中国网络空间安全发展报告（2016）
著（编）者：惠志斌 唐涛　2016年4月出版 / 估价：79.00元

物联网蓝皮书
中国物联网发展报告（2016）
著（编）者：黄桂田 龚六堂 张全升
2016年5月出版 / 估价：69.00元

西部工业蓝皮书
中国西部工业发展报告（2016）
著（编）者：方行明 甘犁 刘方健 姜凌 等
2016年9月出版 / 估价：79.00元

西部金融蓝皮书
中国西部金融发展报告（2016）
著（编）者：李忠民　2016年8月出版 / 估价：75.00元

协会商会蓝皮书
中国行业协会商会发展报告（2016）
著（编）者：景朝阳 李勇　2016年4月出版 / 估价：99.00元

新能源汽车蓝皮书
中国新能源汽车产业发展报告（2016）
著（编）者：中国汽车技术研究中心
　　　　日产（中国）投资有限公司 东风汽车有限公司
2016年8月出版 / 估价：89.00元

新三板蓝皮书
中国新三板市场发展报告（2016）
著（编）者：王力　2016年6月出版 / 估价：69.00元

信托市场蓝皮书
中国信托业市场报告（2015～2016）
著（编）者：用益信托工作室
2016年1月出版 / 定价：198.00元

信息安全蓝皮书
中国信息安全发展报告（2016）
著（编）者：张晓东　2016年5月出版 / 估价：69.00元

信息化蓝皮书
中国信息化形势分析与预测（2016）
著（编）者：周宏仁　2016年8月出版 / 估价：98.00元

信用蓝皮书
中国信用发展报告（2016）
著（编）者：章政 田侃　2016年4月出版 / 估价：99.00元

休闲绿皮书
2016年中国休闲发展报告
著（编）者：宋瑞
2016年10月出版 / 估价：79.00元

药品流通蓝皮书
中国药品流通行业发展报告（2016）
著（编）者：佘鲁林 温再兴
2016年8月出版 / 估价：158.00元

医院蓝皮书
中国医院竞争力报告（2016）
著（编）者：庄一强 曾益新　2016年3月出版 / 定价：128.00元

医药蓝皮书
中国中医药产业园战略发展报告（2016）
著（编）者：裴长洪 房书亭 吴滌心
2016年5月出版 / 估价：89.00元

邮轮绿皮书
中国邮轮产业发展报告（2016）
著（编）者：汪泓　2016年10月出版 / 估价：79.00元

智能养老蓝皮书
中国智能养老产业发展报告（2016）
著（编）者：朱勇　2016年10月出版 / 估价：89.00元

中国SUV蓝皮书
中国SUV产业发展报告（2016）
著（编）者：靳军　2016年12月出版 / 估价：69.00元

中国金融行业蓝皮书
中国债券市场发展报告（2016）
著（编）者：谢多　2016年7月出版 / 估价：69.00元

中国上市公司蓝皮书
中国上市公司发展报告（2016）
著（编）者：中国社会科学院上市公司研究中心
2016年9月出版 / 估价：98.00元

中国游戏蓝皮书
中国游戏产业发展报告（2016）
著（编）者：孙立军 刘跃军 牛兴侦
2016年5月出版 / 估价：69.00元

中国总部经济蓝皮书
中国总部经济发展报告（2015～2016）
著（编）者：赵弘　2016年9月出版 / 估价：79.00元

资本市场蓝皮书
中国场外交易市场发展报告（2014~2015）
著（编）者：高峦　2016年3月出版 / 定价：79.00元

资产管理蓝皮书
中国资产管理行业发展报告（2016）
著（编）者：智信资产管理研究院
2016年6月出版 / 估价：89.00元

文化传媒类

传媒竞争力蓝皮书
中国传媒国际竞争力研究报告（2016）
著(编)者：李本乾 刘强
2016年11月出版 / 估价：148.00元

传媒蓝皮书
中国传媒产业发展报告（2016）
著(编)者：崔保国 2016年5月出版 / 估价：98.00元

传媒投资蓝皮书
中国传媒投资发展报告（2016）
著(编)者：张向东 谭云明
2016年6月出版 / 估价：128.00元

动漫蓝皮书
中国动漫产业发展报告（2016）
著(编)者：卢斌 郑玉明 牛兴侦
2016年7月出版 / 估价：79.00元

非物质文化遗产蓝皮书
中国非物质文化遗产发展报告（2016）
著(编)者：陈平 2016年5月出版 / 估价：98.00元

广电蓝皮书
中国广播电影电视发展报告（2016）
著(编)者：国家新闻出版广电总局发展研究中心
2016年7月出版 / 估价：98.00元

广告主蓝皮书
中国广告主营销传播趋势报告 NO.9
著(编)者：黄升民 杜国清 邵华冬 等
2016年10月出版 / 估价：148.00元

国际传播蓝皮书
中国国际传播发展报告（2016）
著(编)者：胡正荣 李继东 姬德强
2016年11月出版 / 估价：89.00元

纪录片蓝皮书
中国纪录片发展报告（2016）
著(编)者：何苏六 2016年10月出版 / 估价：79.00元

科学传播蓝皮书
中国科学传播报告（2016）
著(编)者：詹正茂 2016年7月出版 / 估价：69.00元

两岸创意经济蓝皮书
两岸创意经济研究报告（2016）
著(编)者：罗昌智 董泽平 2016年12月出版 / 估价：98.00元

两岸文化蓝皮书
两岸文化产业合作发展报告（2016）
著(编)者：胡惠林 李保宗 2016年7月出版 / 估价：79.00元

媒介与女性蓝皮书
中国媒介与女性发展报告(2015~2016)
著(编)者：刘利群 2016年8月出版 / 估价：118.00元

媒体融合蓝皮书
中国媒体融合发展报告（2016）
著(编)者：梅宁华 宋建武 2016年7月出版 / 估价：79.00元

全球传媒蓝皮书
全球传媒发展报告（2016）
著(编)者：胡正荣 李继东 唐晓芬
2016年12月出版 / 估价：79.00元

少数民族非遗蓝皮书
中国少数民族非物质文化遗产发展报告（2016）
著(编)者：肖远平（彝） 柴立（满）
2016年6月出版 / 估价：128.00元

视听新媒体蓝皮书
中国视听新媒体发展报告（2016）
著(编)者：国家新闻出版广电总局发展研究中心
2016年7月出版 / 估价：98.00元

文化创新蓝皮书
中国文化创新报告（2016）NO.7
著(编)者：于平 傅才武 2016年7月出版 / 估价：98.00元

文化建设蓝皮书
中国文化发展报告（2016）
著(编)者：江畅 孙伟平 戴茂堂
2016年4月出版 / 估价：108.00元

文化科技蓝皮书
文化科技创新发展报告（2016）
著(编)者：于平 李凤亮 2016年10月出版 / 估价：89.00元

文化蓝皮书
中国公共文化服务发展报告（2016）
著(编)者：刘新成 张永新 张旭
2016年10月出版 / 估价：98.00元

文化蓝皮书
中国公共文化投入增长测评报告（2016）
著(编)者：王亚南 2016年4月出版 / 定价：79.00元

文化蓝皮书
中国少数民族文化发展报告（2016）
著(编)者：武翠英 张晓明 任乌晶
2016年9月出版 / 估价：69.00元

文化蓝皮书
中国文化产业发展报告（2015~2016）
著(编)者：张晓明 王家新 章建刚
2016年2月出版 / 定价：79.00元

文化蓝皮书
中国文化产业供需协调检测报告（2016）
著(编)者：王亚南 2016年5月出版 / 估价：79.00元

文化蓝皮书
中国文化消费需求景气评价报告（2016）
著(编)者：王亚南 2016年5月出版 / 估价：79.00元

皮书系列 2016全品种

文化传媒类·地方发展类

文化品牌蓝皮书
中国文化品牌发展报告（2016）
著(编)者：欧阳友权　2016年4月出版 / 估价：89.00元

文化遗产蓝皮书
中国文化遗产事业发展报告（2016）
著(编)者：刘世锦　2016年5月出版 / 估价：89.00元

文学蓝皮书
中国文情报告（2015～2016）
著(编)者：白烨　2016年5月出版 / 估价：69.00元

新媒体蓝皮书
中国新媒体发展报告NO.7（2016）
著(编)者：唐绪军　2016年7月出版 / 估价：79.00元

新媒体社会责任蓝皮书
中国新媒体社会责任研究报告（2016）
著(编)者：钟瑛　2016年10月出版 / 估价：79.00元

移动互联网蓝皮书
中国移动互联网发展报告（2016）
著(编)者：官建文　2016年6月出版 / 估价：79.00元

舆情蓝皮书
中国社会舆情与危机管理报告（2016）
著(编)者：谢耘耕　2016年8月出版 / 估价：98.00元

地方发展类

安徽经济蓝皮书
芜湖创新型城市发展报告（2016）
著(编)者：张志宏　2016年4月出版 / 估价：69.00元

安徽蓝皮书
安徽社会发展报告（2016）
著(编)者：程桦　2016年4月出版 / 估价：89.00元

安徽社会建设蓝皮书
安徽社会建设分析报告（2015～2016）
著(编)者：黄家海　王开玉　蔡宪
2016年4月出版 / 估价：89.00元

澳门蓝皮书
澳门经济社会发展报告（2015～2016）
著(编)者：吴志良　郝雨凡　2016年5月出版 / 估价：79.00元

北京蓝皮书
北京公共服务发展报告（2015～2016）
著(编)者：施昌奎　2016年2月出版 / 定价：79.00元

北京蓝皮书
北京经济发展报告（2015～2016）
著(编)者：杨松　2016年6月出版 / 估价：79.00元

北京蓝皮书
北京社会发展报告（2015～2016）
著(编)者：李伟东　2016年7月出版 / 估价：79.00元

北京蓝皮书
北京社会治理发展报告（2015～2016）
著(编)者：殷星辰　2016年6月出版 / 估价：79.00元

北京蓝皮书
北京文化发展报告（2015～2016）
著(编)者：李建盛　2016年4月出版 / 定价：79.00元

北京旅游绿皮书
北京旅游发展报告（2016）
著(编)者：北京旅游学会　2016年7月出版 / 估价：88.00元

北京人才蓝皮书
北京人才发展报告（2016）
著(编)者：于淼　2016年12月出版 / 估价：128.00元

北京社会心态蓝皮书
北京社会心态分析报告（2015～2016）
著(编)者：北京社会心理研究所
2016年8月出版 / 估价：79.00元

北京社会组织管理蓝皮书
北京社会组织发展与管理（2015～2016）
著(编)者：黄江松　2016年4月出版 / 估价：78.00元

北京体育蓝皮书
北京体育产业发展报告（2016）
著(编)者：钟秉枢　陈杰　杨铁黎
2016年10月出版 / 估价：79.00元

北京养老产业蓝皮书
北京养老产业发展报告（2016）
著(编)者：周明明　冯喜良　2016年4月出版 / 估价：69.00元

滨海金融蓝皮书
滨海新区金融发展报告（2016）
著(编)者：王爱俭　张锐钢　2016年9月出版 / 估价：79.00元

城乡一体化蓝皮书
中国城乡一体化发展报告·北京卷（2015～2016）
著(编)者：张宝秀　黄序　2016年5月出版 / 估价：79.00元

创意城市蓝皮书
北京文化创意产业发展报告（2016）
著(编)者：张京成　王国华　2016年12月出版 / 估价：69.00元

创意城市蓝皮书
青岛文化创意产业发展报告（2016）
著(编)者：马达　张丹妮　2016年6月出版 / 估价：79.00元

创意城市蓝皮书
青岛文化创意产业发展报告（2016）
著(编)者：马达　张丹妮　2016年6月出版 / 估价：79.00元

地方发展类

创意城市蓝皮书
台北文化创意产业发展报告（2016）
著(编)者：陈耀竹 邱琪瑄　2016年11月出版 / 估价：89.00元

创意城市蓝皮书
无锡文化创意产业发展报告（2016）
著(编)者：谭军 张鸣年　2016年10月出版 / 估价：79.00元

创意城市蓝皮书
武汉文化创意产业发展报告（2016）
著(编)者：黄永林 陈汉桥　2016年12月出版 / 估价：89.00元

创意城市蓝皮书
重庆创意产业发展报告（2016）
著(编)者：程宇宁　2016年4月出版 / 估价：89.00元

地方法治蓝皮书
南宁法治发展报告（2016）
著(编)者：杨维超　2016年12月出版 / 估价：69.00元

福建妇女发展蓝皮书
福建省妇女发展报告（2016）
著(编)者：刘群英　2016年11月出版 / 估价：88.00元

福建自由贸易区蓝皮书
中国（福建）自由贸易区实验区发展报告（2015~2016）
著(编)者：黄茂兴　2016年4月出版 / 定价：108.00元

甘肃蓝皮书
甘肃经济发展分析与预测（2016）
著(编)者：朱智文 罗哲　2016年1月出版 / 定价：79.00元

甘肃蓝皮书
甘肃社会发展分析与预测（2016）
著(编)者：安文华 包晓霞 谢增虎　2016年1月出版 / 定价：79.00元

甘肃蓝皮书
甘肃文化发展分析与预测（2016）
著(编)者：安文华 周小华　2016年1月出版 / 定价：79.00元

甘肃蓝皮书
甘肃县域和农村发展报告（2016）
著(编)者：刘进军 柳民 王建兵
2016年1月出版 / 定价：79.00元

甘肃蓝皮书
甘肃舆情分析与预测（2016）
著(编)者：陈双梅 张谦元　2016年1月出版 / 定价：79.00元

甘肃蓝皮书
甘肃商贸流通发展报告（2016）
著(编)者：杨志武 王福生 王晓芳
2016年1月出版 / 定价：79.00元

广东蓝皮书
广东全面深化改革发展报告（2016）
著(编)者：周林生 涂成林　2016年11月出版 / 估价：69.00元

广东蓝皮书
广东社会工作发展报告（2016）
著(编)者：罗观翠　2016年6月出版 / 估价：89.00元

广东蓝皮书
广东省电子商务发展报告（2016）
著(编)者：程晓 邓顺国　2016年7月出版 / 估价：79.00元

广东社会建设蓝皮书
广东省社会建设发展报告（2016）
著(编)者：广东省社会工作委员会
2016年12月出版 / 估价：99.00元

广东外经贸蓝皮书
广东对外经济贸易发展研究报告（2015~2016）
著(编)者：陈万灵　2016年5月出版 / 估价：89.00元

广西北部湾经济区蓝皮书
广西北部湾经济区开放开发报告（2016）
著(编)者：广西北部湾经济区规划建设管理委员会办公室
广西社会科学院 广西北部湾发展研究院
2016年10月出版 / 估价：79.00元

巩义蓝皮书
巩义经济社会发展报告（2016）
著(编)者：丁同民　2016年4月出版 / 定价：58.00元

广州蓝皮书
2016年中国广州经济形势分析与预测
著(编)者：庾建设 沈奎 谢博能　2016年6月出版 / 估价：79.00元

广州蓝皮书
2016年中国广州社会形势分析与预测
著(编)者：张强 陈怡霓 杨秦　2016年6月出版 / 估价：79.00元

广州蓝皮书
广州城市国际化发展报告（2016）
著(编)者：朱名宏　2016年11月出版 / 估价：69.00元

广州蓝皮书
广州创新型城市发展报告（2016）
著(编)者：尹涛　2016年10月出版 / 估价：69.00元

广州蓝皮书
广州经济发展报告（2016）
著(编)者：朱名宏　2016年7月出版 / 估价：69.00元

广州蓝皮书
广州农村发展报告（2016）
著(编)者：朱名宏　2016年8月出版 / 估价：69.00元

广州蓝皮书
广州汽车产业发展报告（2016）
著(编)者：杨再高 冯兴亚　2016年9月出版 / 估价：69.00元

广州蓝皮书
广州青年发展报告（2015～2016）
著(编)者：魏国华 张强　2016年7月出版 / 估价：69.00元

广州蓝皮书
广州商贸业发展报告（2016）
著(编)者：李江涛 肖振宇 荀振英
2016年7月出版 / 估价：69.00元

广州蓝皮书
广州社会保障发展报告（2016）
著(编)者：蔡国萱　2016年10月出版 / 估价：65.00元

地方发展类

皮书系列 2016全品种

广州蓝皮书
广州文化创意产业发展报告（2016）
著（编）者：甘新　2016年8月出版 / 估价：79.00元

广州蓝皮书
中国广州城市建设与管理发展报告（2016）
著（编）者：董皞 陈小钢 李江涛　2016年7月出版 / 估价：69.00元

广州蓝皮书
中国广州科技和信息化发展报告（2016）
著（编）者：邹采荣 马正勇 冯 元　2016年8月出版 / 估价：79.00元

广州蓝皮书
中国广州文化发展报告（2016）
著（编）者：徐俊忠 陆志强 顾涧清　2016年7月出版 / 估价：69.00元

贵阳蓝皮书
贵阳城市创新发展报告·白云篇（2016）
著（编）者：连玉明　2016年10月出版 / 估价：89.00元

贵阳蓝皮书
贵阳城市创新发展报告·观山湖篇（2016）
著（编）者：连玉明　2016年10月出版 / 估价：89.00元

贵阳蓝皮书
贵阳城市创新发展报告·花溪篇（2016）
著（编）者：连玉明　2016年10月出版 / 估价：89.00元

贵阳蓝皮书
贵阳城市创新发展报告·开阳篇（2016）
著（编）者：连玉明　2016年10月出版 / 估价：89.00元

贵阳蓝皮书
贵阳城市创新发展报告·南明篇（2016）
著（编）者：连玉明　2016年10月出版 / 估价：89.00元

贵阳蓝皮书
贵阳城市创新发展报告·清镇篇（2016）
著（编）者：连玉明　2016年10月出版 / 估价：89.00元

贵阳蓝皮书
贵阳城市创新发展报告·乌当篇（2016）
著（编）者：连玉明　2016年10月出版 / 估价：89.00元

贵阳蓝皮书
贵阳城市创新发展报告·息烽篇（2016）
著（编）者：连玉明　2016年10月出版 / 估价：89.00元

贵阳蓝皮书
贵阳城市创新发展报告·修文篇（2016）
著（编）者：连玉明　2016年10月出版 / 估价：89.00元

贵阳蓝皮书
贵阳城市创新发展报告·云岩篇（2016）
著（编）者：连玉明　2016年10月出版 / 估价：89.00元

贵州房地产蓝皮书
贵州房地产发展报告NO.3（2016）
著（编）者：武廷方　2016年6月出版 / 估价：89.00元

贵州蓝皮书
贵州册亨经济社会发展报告（2016）
著（编）者：黄德林　2016年3月出版 / 定价：79.00元

贵州蓝皮书
贵安新区发展报告（2016）
著（编）者：马长青 吴大华　2016年4月出版 / 估价：69.00元

贵州蓝皮书
贵州法治发展报告（2016）
著（编）者：吴大华　2016年5月出版 / 估价：79.00元

贵州蓝皮书
贵州民航业发展报告（2016）
著（编）者：申振东 吴大华　2016年10月出版 / 估价：69.00元

贵州蓝皮书
贵州民营经济发展报告（2016）
著（编）者：杨静 吴大华　2016年3月出版 / 定价：79.00元

贵州蓝皮书
贵州人才发展报告（2016）
著（编）者：于杰 吴大华　2016年9月出版 / 估价：69.00元

贵州蓝皮书
贵州社会发展报告（2016）
著（编）者：王兴骥　2016年5月出版 / 估价：79.00元

海淀蓝皮书
海淀区文化和科技融合发展报告（2016）
著（编）者：陈名杰 孟景伟　2016年5月出版 / 估价：75.00元

海峡西岸蓝皮书
海峡西岸经济区发展报告（2016）
著（编）者：福建省人民政府发展研究中心
　　　　福建省人民政府发展研究中心咨询服务中心
2016年9月出版 / 估价：65.00元

杭州都市圈蓝皮书
杭州都市圈发展报告（2016）
著（编）者：董祖德 沈翔　2016年5月出版 / 估价：89.00元

杭州蓝皮书
杭州妇女发展报告（2016）
著（编）者：魏颖　2016年4月出版 / 估价：79.00元

河北经济蓝皮书
河北省经济发展报告（2016）
著（编）者：马树强 金浩 刘兵 张贵
2016年5月出版 / 估价：89.00元

河北蓝皮书
河北经济社会发展报告（2016）
著（编）者：郭金平　2016年1月出版 / 定价：79.00元

河北食品药品安全蓝皮书
河北食品药品安全研究报告（2016）
著（编）者：丁锦霞　2016年6月出版 / 估价：79.00元

河南经济蓝皮书
2016年河南经济形势分析与预测
著（编）者：胡五岳　2016年2月出版 / 定价：79.00元

河南蓝皮书
2016年河南社会形势分析与预测
著（编）者：刘道兴 牛苏林　2016年4月出版 / 定价：79.00元

25

地方发展类

河南蓝皮书
河南城市发展报告(2016)
著(编)者:谷建全 王建国 2016年5月出版 / 估价:79.00元

河南蓝皮书
河南法治发展报告(2016)
著(编)者:丁同民 闫德民 2016年6月出版 / 估价:79.00元

河南蓝皮书
河南工业发展报告(2016)
著(编)者:龚绍东 赵西三 2016年5月出版 / 估价:79.00元

河南蓝皮书
河南金融发展报告(2016)
著(编)者:河南省社会科学院 2016年6月出版 / 估价:69.00元

河南蓝皮书
河南经济发展报告(2016)
著(编)者:张占仓 2016年3月出版 / 定价:79.00元

河南蓝皮书
河南农业农村发展报告(2016)
著(编)者:吴海峰 2016年4月出版 / 估价:69.00元

河南蓝皮书
河南文化发展报告(2016)
著(编)者:卫绍生 2016年3月出版 / 定价:78.00元

河南商务蓝皮书
河南商务发展报告(2016)
著(编)者:焦锦淼 穆荣国 2016年4月出版 / 估价:88.00元

黑龙江产业蓝皮书
黑龙江产业发展报告(2016)
著(编)者:于渤 2016年10月出版 / 估价:79.00元

黑龙江蓝皮书
黑龙江经济发展报告(2016)
著(编)者:朱宇 2016年1月出版 / 定价:79.00元

黑龙江蓝皮书
黑龙江社会发展报告(2016)
著(编)者:谢宝禄 2016年1月出版 / 定价:79.00元

湖南城市蓝皮书
区域城市群整合(主题待定)
著(编)者:童中贤 韩未名 2016年12月出版 / 估价:79.00元

湖南蓝皮书
2016年湖南产业发展报告
著(编)者:梁志峰 2016年5月出版 / 估价:98.00元

湖南蓝皮书
2016年湖南电子政务发展报告
著(编)者:梁志峰 2016年5月出版 / 估价:98.00元

湖南蓝皮书
2016年湖南经济展望
著(编)者:梁志峰 2016年5月出版 / 估价:128.00元

湖南蓝皮书
2016年湖南两型社会与生态文明发展报告
著(编)者:梁志峰 2016年5月出版 / 估价:98.00元

湖南蓝皮书
2016年湖南社会发展报告
著(编)者:梁志峰 2016年5月出版 / 估价:88.00元

湖南蓝皮书
2016年湖南县域经济社会发展报告
著(编)者:梁志峰 2016年5月出版 / 估价:98.00元

湖南蓝皮书
湖南城乡一体化发展报告(2016)
著(编)者:陈文胜 刘祚祥 邝奕轩 等
2016年7月出版 / 估价:89.00元

湖南县域绿皮书
湖南县域发展报告NO.3
著(编)者:袁准 周小毛 2016年9月出版 / 估价:69.00元

沪港蓝皮书
沪港发展报告(2015~2016)
著(编)者:尤安山 2016年4月出版 / 估价:89.00元

京津冀金融蓝皮书
京津冀金融发展报告(2015)
著(编)者:王爱俭 李向前 2016年3月出版 / 定价:89.00元

吉林蓝皮书
2016年吉林经济社会形势分析与预测
著(编)者:马克 2015年12月出版 / 定价:79.00元

吉林省城市竞争力蓝皮书
吉林省城市竞争力报告(2015)
著(编)者:崔岳春 张磊 2016年3月出版 / 定价:69.00元

济源蓝皮书
济源经济社会发展报告(2016)
著(编)者:喻新安 2016年4月出版 / 估价:69.00元

健康城市蓝皮书
北京健康城市建设研究报告(2016)
著(编)者:王鸿春 2016年4月出版 / 估价:79.00元

江苏法治蓝皮书
江苏法治发展报告NO.5(2016)
著(编)者:李力 龚廷泰 2016年9月出版 / 估价:98.00元

江西蓝皮书
江西经济社会发展报告(2016)
著(编)者:张勇 姜玮 梁勇 2016年10月出版 / 估价:79.00元

江西文化产业蓝皮书
江西文化产业发展报告(2016)
著(编)者:张圣才 汪春翔 2016年10月出版 / 估价:128.00元

经济特区蓝皮书
中国经济特区发展报告(2016)
著(编)者:陶一桃 2016年12月出版 / 估价:89.00元

地方发展类 2016全品种

辽宁蓝皮书
2016年辽宁经济社会形势分析与预测
著（编）者：曹晓峰 梁启东
2016年1月出版 / 定价：79.00元

拉萨蓝皮书
拉萨法治发展报告（2016）
著（编）者：车明怀 2016年7月出版 / 估价：79.00元

洛阳蓝皮书
洛阳文化发展报告（2016）
著（编）者：刘福兴 陈启明 2016年7月出版 / 估价：79.00元

南京蓝皮书
南京文化发展报告（2016）
著（编）者：徐宁 2016年12月出版 / 估价：79.00元

内蒙古蓝皮书
内蒙古反腐倡廉建设报告 NO.2
著（编）者：张志华 无极 2016年12月出版 / 估价：69.00元

浦东新区蓝皮书
上海浦东经济发展报告（2016）
著（编）者：沈开艳 周奇 2016年1月出版 / 估价：69.00元

青海蓝皮书
2016年青海经济社会形势分析与预测
著（编）者：陈玮 2015年12月出版 / 定价：79.00元

人口与健康蓝皮书
深圳人口与健康发展报告（2016）
著（编）者：陆杰华 罗乐宣 苏杨
2016年11月出版 / 估价：89.00元

山东蓝皮书
山东经济形势分析与预测（2016）
著（编）者：李广杰 2016年11月出版 / 估价：89.00元

山东蓝皮书
山东社会形势分析与预测（2016）
著（编）者：涂可国 2016年6月出版 / 估价：89.00元

山东蓝皮书
山东文化发展报告（2016）
著（编）者：张华 唐洲雁 2016年6月出版 / 估价：98.00元

山西蓝皮书
山西资源型经济转型发展报告（2016）
著（编）者：李志强 2016年5月出版 / 估价：89.00元

陕西蓝皮书
陕西经济发展报告（2016）
著（编）者：任宗哲 白宽犁 裴成荣
2015年12月出版 / 定价：69.00元

陕西蓝皮书
陕西社会发展报告（2016）
著（编）者：任宗哲 白宽犁 牛昉
2015年12月出版 / 定价：69.00元

陕西蓝皮书
陕西文化发展报告（2016）
著（编）者：任宗哲 白宽犁 王长寿
2015年12月出版 / 定价：69.00元

陕西蓝皮书
丝绸之路经济带发展报告（2015~2016）
著（编）者：任宗哲 白宽犁 谷孟宾
2015年12月出版 / 定价：75.00元

上海蓝皮书
上海传媒发展报告（2016）
著（编）者：强荧 焦雨虹 2016年1月出版 / 定价：79.00元

上海蓝皮书
上海法治发展报告（2016）
著（编）者：叶青 2016年5月出版 / 估价：69.00元

上海蓝皮书
上海经济发展报告（2016）
著（编）者：沈开艳 2016年1月出版 / 定价：79.00元

上海蓝皮书
上海社会发展报告（2016）
著（编）者：杨雄 周海旺 2016年1月出版 / 定价：79.00元

上海蓝皮书
上海文化发展报告（2016）
著（编）者：荣跃明 2016年1月出版 / 定价：79.00元

上海蓝皮书
上海文学发展报告（2016）
著（编）者：陈圣来 2016年5月出版 / 估价：69.00元

上海蓝皮书
上海资源环境发展报告（2016）
著（编）者：周冯琦 汤庆合 任文伟
2016年1月出版 / 定价：79.00元

上饶蓝皮书
上饶发展报告（2015～2016）
著（编）者：朱寅健 2016年5月出版 / 估价：128.00元

社会建设蓝皮书
2016年北京社会建设分析报告
著（编）者：宋贵伦 冯虹 2016年7月出版 / 估价：79.00元

深圳蓝皮书
深圳法治发展报告（2016）
著（编）者：张骁儒 2016年5月出版 / 估价：69.00元

深圳蓝皮书
深圳经济发展报告（2016）
著（编）者：张骁儒 2016年6月出版 / 估价：89.00元

深圳蓝皮书
深圳劳动关系发展报告（2016）
著（编）者：汤庭芬 2016年6月出版 / 估价：79.00元

深圳蓝皮书
深圳社会建设与发展报告（2016）
著（编）者：张骁儒 陈东平 2016年6月出版 / 估价：79.00元

地方发展类·国家国别类

深圳蓝皮书
深圳文化发展报告(2016)
著(编)者:张骁儒　2016年5月出版 / 估价:69.00元

四川法治蓝皮书
四川依法治省年度报告 NO.2（2016）
著(编)者:李林　杨天宗　田禾
2016年3月出版 / 定价:108.00元

四川蓝皮书
2016年四川经济形势分析与预测
著(编)者:杨钢　2016年1月出版 / 定价:98.00元

四川蓝皮书
四川城镇化发展报告（2016）
著(编)者:侯水平　陈炜　2016年4月出版 / 定价:75.00元

四川蓝皮书
四川法治发展报告（2016）
著(编)者:郑泰安　2016年5月出版 / 估价:69.00元

四川蓝皮书
四川企业社会责任研究报告（2015～2016）
著(编)者:侯水平　盛毅　2016年4月出版 / 估价:79.00元

四川蓝皮书
四川社会发展报告（2016）
著(编)者:郭晓鸣　2016年4月出版 / 估价:79.00元

四川蓝皮书
四川生态建设报告（2016）
著(编)者:李晟之　2016年4月出版 / 估价:79.00元

四川蓝皮书
四川文化产业发展报告（2016）
著(编)者:向宝云　张立伟　2016年4月出版 / 定价:79.00元

体育蓝皮书
上海体育产业发展报告（2015～2016）
著(编)者:张林　黄海燕　2016年10月出版 / 估价:79.00元

体育蓝皮书
长三角地区体育产业发展报告（2015～2016）
著(编)者:张林　2016年4月出版 / 估价:79.00元

天津金融蓝皮书
天津金融发展报告（2016）
著(编)者:王爱俭　孔德昌　2016年9月出版 / 估价:89.00元

图们江区域合作蓝皮书
图们江区域合作发展报告（2016）
著(编)者:李铁　2016年4月出版 / 估价:98.00元

温州蓝皮书
2016年温州经济社会形势分析与预测
著(编)者:潘忠强　王春光　金浩　2016年4月出版 / 估价:69.00元

扬州蓝皮书
扬州经济社会发展报告（2016）
著(编)者:丁纯　2016年12月出版 / 估价:89.00元

长株潭城市群蓝皮书
长株潭城市群发展报告（2016）
著(编)者:张萍　2016年10月出版 / 估价:69.00元

郑州蓝皮书
2016年郑州文化发展报告
著(编)者:王哲　2016年9月出版 / 估价:65.00元

中医文化蓝皮书
北京中医药文化传播发展报告（2016）
著(编)者:毛嘉陵　2016年5月出版 / 估价:79.00元

珠三角流通蓝皮书
珠三角商圈发展研究报告（2016）
著(编)者:王先庆　林至颖　2016年7月出版 / 估价:98.00元

遵义蓝皮书
遵义发展报告（2016）
著(编)者:曾征　龚永育　2016年12月出版 / 估价:69.00元

国别与地区类

阿拉伯黄皮书
阿拉伯发展报告（2015～2016）
著(编)者:罗林　2016年11月出版 / 估价:79.00元

北部湾蓝皮书
泛北部湾合作发展报告（2016）
著(编)者:吕余生　2016年10月出版 / 估价:69.00元

大湄公河次区域蓝皮书
大湄公河次区域合作发展报告（2016）
著(编)者:刘稚　2016年9月出版 / 估价:79.00元

大洋洲蓝皮书
大洋洲发展报告（2015～2016）
著(编)者:喻常森　2016年10月出版 / 估价:89.00元

德国蓝皮书
德国发展报告（2016）
著(编)者:郑春荣　伍慧萍
2016年5月出版 / 估价:69.00元

东北亚黄皮书
东北亚地区政治与安全（2016）
著(编)者:黄凤志　刘清才　张慧智 等
2016年5月出版 / 估价:69.00元

东盟黄皮书
东盟发展报告（2016）
著(编)者:杨晓强　庄国土　2016年3月出版 / 定价:89.00元

国家国别类 皮书系列重点推荐

东南亚蓝皮书
东南亚地区发展报告（2015~2016）
著(编)者：厦门大学东南亚研究中心　王勤
2016年4月出版 / 估价：79.00元

俄罗斯黄皮书
俄罗斯发展报告（2016）
著(编)者：李永全　2016年7月出版 / 估价：79.00元

非洲蓝皮书
非洲发展报告 NO.18（2015~2016）
著(编)者：张宏明　2016年9月出版 / 估价：79.00元

国际形势黄皮书
全球政治与安全报告（2016）
著(编)者：李慎明　张宇燕
2015年12月出版 / 定价：69.00元

韩国蓝皮书
韩国发展报告（2016）
著(编)者：牛林杰　刘宝全
2016年12月出版 / 估价：89.00元

加拿大蓝皮书
加拿大发展报告（2016）
著(编)者：仲伟合　2016年4月出版 / 估价：89.00元

拉美黄皮书
拉丁美洲和加勒比发展报告（2015~2016）
著(编)者：吴白乙　2016年5月出版 / 估价：89.00元

美国蓝皮书
美国研究报告（2016）
著(编)者：郑秉文　黄平
2016年6月出版 / 估价：89.00元

缅甸蓝皮书
缅甸国情报告（2016）
著(编)者：李晨阳　2016年8月出版 / 估价：79.00元

欧洲蓝皮书
欧洲发展报告（2015~2016）
著(编)者：周弘　黄平　江时学
2016年7月出版 / 估价：89.00元

日本经济蓝皮书
日本经济与中日经贸关系研究报告（2016）
著(编)者：王洛林　张季风
2016年5月出版 / 估价：79.00元

日本蓝皮书
日本研究报告（2016）
著(编)者：李薇　2016年5月出版 / 估价：69.00元

上海合作组织黄皮书
上海合作组织发展报告（2016）
著(编)者：李进峰　吴宏伟　李伟
2016年7月出版 / 估价：98.00元

世界创新竞争力黄皮书
世界创新竞争力发展报告（2016）
著(编)者：李闽榕　李建平　赵新力
2016年5月出版 / 估价：148.00元

土耳其蓝皮书
土耳其发展报告（2016）
著(编)者：郭长刚　刘义　2016年7月出版 / 估价：69.00元

亚太蓝皮书
亚太地区发展报告（2016）
著(编)者：李向阳　2016年5月出版 / 估价：89.00元

印度蓝皮书
印度国情报告（2016）
著(编)者：吕昭义　2016年5月出版 / 估价：89.00元

印度洋地区蓝皮书
印度洋地区发展报告（2016）
著(编)者：汪戎　2016年5月出版 / 估价：89.00元

英国蓝皮书
英国发展报告（2015~2016）
著(编)者：王展鹏　2016年10月出版 / 估价：89.00元

越南蓝皮书
越南国情报告（2016）
著(编)者：广西社会科学院　罗梅　李碧华
2016年8月出版 / 估价：69.00元

越南蓝皮书
越南经济发展报告（2016）
著(编)者：黄志勇　2016年10月出版 / 估价：69.00元

以色列蓝皮书
以色列发展报告（2016）
著(编)者：张倩红　2016年9月出版 / 估价：89.00元

中东黄皮书
中东发展报告 NO.18（2015~2016）
著(编)者：杨光　2016年10月出版 / 估价：89.00元

中亚黄皮书
中亚国家发展报告（2016）
著(编)者：孙力　吴宏伟　2016年8月出版 / 估价：89.00元

社会科学文献出版社　　　皮书系列

❖ 皮书起源 ❖

"皮书"起源于十七、十八世纪的英国，主要指官方或社会组织正式发表的重要文件或报告，多以"白皮书"命名。在中国，"皮书"这一概念被社会广泛接受，并被成功运作、发展成为一种全新的出版形态，则源于中国社会科学院社会科学文献出版社。

❖ 皮书定义 ❖

皮书是对中国与世界发展状况和热点问题进行年度监测，以专业的角度、专家的视野和实证研究方法，针对某一领域或区域现状与发展态势展开分析和预测，具备原创性、实证性、专业性、连续性、前沿性、时效性等特点的公开出版物，由一系列权威研究报告组成。

❖ 皮书作者 ❖

皮书系列的作者以中国社会科学院、著名高校、地方社会科学院的研究人员为主，多为国内一流研究机构的权威专家学者，他们的看法和观点代表了学界对中国与世界的现实和未来最高水平的解读与分析。

❖ 皮书荣誉 ❖

皮书系列已成为社会科学文献出版社的著名图书品牌和中国社会科学院的知名学术品牌。2011年，皮书系列正式列入"十二五"国家重点出版规划项目；2012~2015年，重点皮书列入中国社会科学院承担的国家哲学社会科学创新工程项目；2016年，46种院外皮书使用"中国社会科学院创新工程学术出版项目"标识。

中国皮书网
www.pishu.cn

发布皮书研创资讯，传播皮书精彩内容
引领皮书出版潮流，打造皮书服务平台

栏目设置：

- 资讯：皮书动态、皮书观点、皮书数据、皮书报道、皮书发布、电子期刊
- 标准：皮书评价、皮书研究、皮书规范
- 服务：最新皮书、皮书书目、重点推荐、在线购书
- 链接：皮书数据库、皮书博客、皮书微信、在线书城
- 搜索：资讯、图书、研究动态、皮书专家、研创团队

中国皮书网依托皮书系列"权威、前沿、原创"的优质内容资源，通过文字、图片、音频、视频等多种元素，在皮书研创者、使用者之间搭建了一个成果展示、资源共享的互动平台。

自 2005 年 12 月正式上线以来，中国皮书网的 IP 访问量、PV 浏览量与日俱增，受到海内外研究者、公务人员、商务人士以及专业读者的广泛关注。

2008 年、2011 年，中国皮书网均在全国新闻出版业网站荣誉评选中获得"最具商业价值网站"称号；2012 年，获得"出版业网站百强"称号。

2014 年，中国皮书网与皮书数据库实现资源共享，端口合一，将提供更丰富的内容，更全面的服务。

权威报告　热点资讯　海量资源

当代中国与世界发展的高端智库平台

皮书数据库　www.pishu.com.cn

皮书数据库是专业的人文社会科学综合学术资源总库，以大型连续性图书——皮书系列为基础，整合国内外相关资讯构建而成。包含六大子库，涵盖两百多个主题，囊括了近十几年间中国与世界经济社会发展报告，覆盖经济、社会、政治、文化、教育、国际问题等多个领域。

皮书数据库以篇章为基本单位，方便用户对皮书内容的阅读需求。用户可进行全文检索，也可对文献题目、内容提要、作者名称、作者单位、关键字等基本信息进行检索，还可对检索到的篇章再做二次筛选，进行在线阅读或下载阅读。智能多维度导航，可使用户根据自己熟知的分类标准进行分类导航筛选，使查找和检索更高效、便捷。

权威的研究报告，独特的调研数据，前沿的热点资讯，皮书数据库已发展成为国内最具影响力的关于中国与世界现实问题研究的成果库和资讯库。

皮书俱乐部会员服务指南

1. 谁能成为皮书俱乐部成员？
● 皮书作者自动成为俱乐部会员
● 购买了皮书产品（纸质书/电子书）的个人用户

2. 会员可以享受的增值服务
● 免费获赠皮书数据库100元充值卡
● 加入皮书俱乐部，免费获赠该纸质图书的电子书
● 免费定期获赠皮书电子期刊
● 优先参与各类皮书学术活动
● 优先享受皮书产品的最新优惠

3. 如何享受增值服务？
（1）免费获赠100元皮书数据库体验卡
第1步 刮开皮书附赠充值的涂层（右下）；
第2步 登录皮书数据库网站（www.pishu.com.cn），注册账号；
第3步 登录并进入"会员中心"——"在线充值"——"充值卡充值"，充值成功后即可使用。

（2）加入皮书俱乐部，凭数据库体验卡获赠该书的电子书
第1步 登录社会科学文献出版社官网（www.ssap.com.cn），注册账号；
第2步 登录并进入"会员中心"——"皮书俱乐部"，提交加入皮书俱乐部申请；
第3步 审核通过后，再次进入皮书俱乐部，填写页面所需图书、体验卡信息即可自动兑换相应电子书。

4. 声明
解释权归社会科学文献出版社所有

皮书俱乐部会员可享受社会科学文献出版社其他相关免费增值服务，有任何疑问，均可与我们联系。
图书销售热线：010-59367070/7428 图书服务QQ：800045692 图书服务邮箱：duzhe@ssap.cn
数据库服务热线：400-008-6695 数据库服务QQ：2475522410 数据库服务邮箱：database@ssap.cn
欢迎登录社会科学文献出版社官网（www.ssap.com.cn）和中国皮书网（www.pishu.cn）了解更多信息

皮书数据库
www.pishu.com.cn

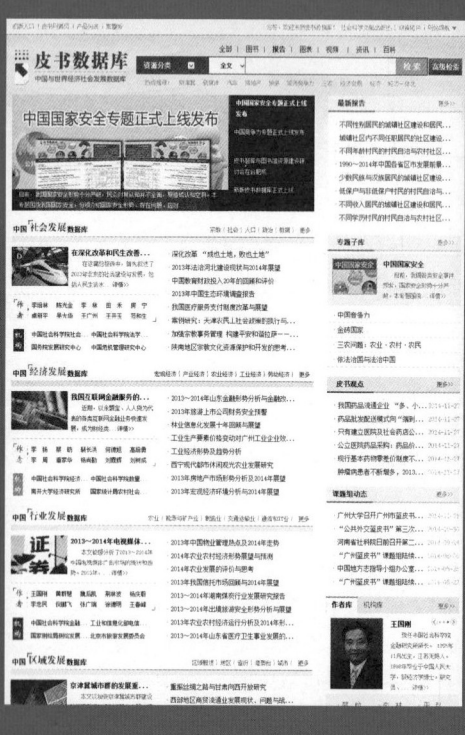

皮书数据库三期

- 皮书数据库（SSDB）是社会科学文献出版社整合现有皮书资源开发的在线数字产品，全面收录"皮书系列"的内容资源，并以此为基础整合大量相关资讯构建而成。

- 皮书数据库现有中国经济发展数据库、中国社会发展数据库、世界经济与国际政治数据库等子库，覆盖经济、社会、文化等多个行业、领域，现有报告30000多篇，总字数超过5亿字，并以每年4000多篇的速度不断更新累积。

- 新版皮书数据库主要围绕存量+增量资源整合、资源编辑标引体系建设、产品架构设置优化、技术平台功能研发等方面开展工作，并将中国皮书网与皮书数据库合二为一联体建设，旨在以"皮书研创出版、信息发布与知识服务平台"为基本功能定位，打造一个全新的皮书品牌综合门户平台，为您提供更优质更到位的服务。

更多信息请登录

中国皮书网
http://www.pishu.cn

皮书微博
http://weibo.com/pishu

中国皮书网的BLOG
http://blog.sina.cn/pishu
皮书博客
http://blog.sina.com.cn/pishu

皮书微信
皮书说

请到各地书店皮书专架/专柜购买，也可办理邮购

咨询/邮购电话：010-59367028　59367070　　邮　　箱：duzhe@ssap.cn
邮购地址：北京市西城区北三环中路甲29号院3号楼华龙大厦13层读者服务中心
邮　　编：100029
银行户名：社会科学文献出版社
开户银行：中国工商银行北京北太平庄支行
账　　号：0200010019200365434
网上书店：010-59367070　　qq：1265056568
网　　址：www.ssap.com.cn　　www.pishu.cn

皮书大事记
（2015）

☆ 2015年11月9日，社会科学文献出版社2015年皮书编辑出版工作会议召开，会议就皮书装帧设计、生产营销、皮书评价以及质检工作中的常见问题等进行交流和讨论，为2016年出版社的融合发展指明了方向。

☆ 2015年11月，中国社会科学院2015年度纳入创新工程后期资助名单正式公布，《社会蓝皮书：2015年中国社会形势分析与预测》等41种皮书纳入2015年度"中国社会科学院创新工程学术出版资助项目"。

☆ 2015年8月7~8日，由中国社会科学院主办，社会科学文献出版社和湖北大学共同承办的"第十六次全国皮书年会（2015）：皮书研创与中国话语体系建设"在湖北省恩施市召开。中国社会科学院副院长李培林，国家新闻出版广电总局原副总局长、中国出版协会常务副理事长邬书林，湖北省委宣传部副部长喻立平，中国社会科学院科研局局长马援，国家新闻出版广电总局出版管理司副司长许正明，中共恩施州委书记王海涛，社会科学文献出版社社长谢寿光，湖北大学党委书记刘建凡等相关领导出席开幕式。来自中国社会科学院、地方社会科学院及高校、政府研究机构的领导和近200个皮书课题组的380多人出席了会议，会议规模又创新高。会议宣布了2016年授权使用"中国社会科学院创新工程学术出版项目"标识的院外皮书名单，并颁发了第六届优秀皮书奖。

☆ 2015年4月28日，"第三届皮书学术评审委员会第二次会议暨第六届优秀皮书奖评审会"在京召开。中国社会科学院副院长李培林、蔡昉出席会议并讲话，国家新闻出版广电总局原副局长、中国出版协会常务副理事长邬书林也出席本次会议。会议分别由中国社会科学院科研局局长马援和社会科学文献出版社社长谢寿光主持。经分学科评审和大会汇评，最终匿名投票评选出第六届"优秀皮书奖"和"优秀皮书报告奖"书目。此外，该委员会还根据《中国社会科学院皮书管理办法》，审议并投票评选出2015年纳入中国社会科学院创新工程项目的皮书和2016年使用"中国社会科学院创新工程学术出版项目"标识的院外皮书。

☆ 2015年1月30~31日，由社会科学文献出版社皮书研究院组织的2014年版皮书评价复评会议在京召开。皮书学术评审委员会部分委员、相关学科专家、学术期刊编辑、资深媒体人等近50位评委参加本次会议。中国社会科学院科研局局长马援、社会科学文献出版社社长谢寿光出席开幕式并发表讲话，中国社会科学院科研成果处处长薛增朝出席闭幕式并做发言。